谨以此书
向攀钢建设者致敬！

昔日弄弄坪

今朝弄弄坪

艰苦奋斗　勇攀高峰

三线之光

攀钢向共和国报告

主　编　张治杰

副主编　张邦绪（执行）　吴铁军

总执笔　吉广林

北　京

冶金工业出版社

2024

内 容 提 要

建设攀钢是党和国家为备战、改变中国钢铁工业布局，开发攀西资源，建设"大三线"做出的重大战略决策。建设攀钢是三线建设的重中之重，攀钢是三线建设的成功典范。

本书以攀西资源综合利用为主线，以攀钢建设发展为基本脉络，以奋斗、创新和变革为基本点，解读三线建设和攀钢发展取得的巨大成就及内在逻辑，展现了攀钢近六十年波澜壮阔的发展历程。

本书可供三线建设者、三线企业和有意了解攀钢发展历程的读者阅读，为三线建设研究者提供参考和借鉴。

图书在版编目（CIP）数据

三线之光：攀钢向共和国报告/张治杰主编 .—北京：冶金工业出版社，2024.3（2024.7 重印）

ISBN 978-7-5024-8790-4

Ⅰ.①三⋯　Ⅱ.①张⋯　Ⅲ.①钢铁厂—概况—攀枝花市　Ⅳ.①F426.31

中国国家版本馆 CIP 数据核字（2023）第 215271 号

三线之光——攀钢向共和国报告

出版发行	冶金工业出版社	**电　话**	(010)64027926
地　址	北京市东城区嵩祝院北巷 39 号	**邮　编**	100009
网　址	www.mip1953.com	**电子信箱**	service@ mip1953.com

责任编辑　刘小峰　曾　媛　**美术编辑**　彭子赫　**版式设计**　彭子赫
责任校对　李　娜　**责任印制**　禹　蕊
北京博海升彩色印刷有限公司印刷
2024 年 3 月第 1 版，2024 年 7 月第 2 次印刷
710mm×1000mm　1/16；22.5 印张；333 千字；326 页
定价 79.00 元

投稿电话　(010)64027932　**投稿信箱**　tougao@cnmip.com.cn
营销中心电话　(010)64044283
冶金工业出版社天猫旗舰店　yjgycbs.tmall.com
（本书如有印装质量问题，本社营销中心负责退换）

　　建设初期,攀枝花的工作、生活条件极其艰苦,"三块石头架口锅,帐篷搭在山窝窝""白天杠杠压,晚上压杠杠",建设者没有条件创造条件,艰苦奋斗建设攀钢。

攀钢是在不通铁路、没有城市依托的情况下开始建设的，施工条件差，大型设备需要通过水运、汽运到达攀枝花。很多设备还要依靠人肩扛、手提运到安装现场。

1969年12月4日，周恩来总理代表党中央，向攀枝花、东风钢铁公司和有关方面负责人做出重要指示：1970年7月1日以前成昆铁路通车，攀钢出铁。为落实党和国家的要求，1970年1月17日，攀枝花举行了夺铁誓师大会。

攀枝花出铁是毛泽东思想的伟大胜利

1970年7月1日，攀钢1号高炉生产出第一炉铁水，标志着攀钢建设取得重大成果，打破了外国专家断定攀西钒钛磁铁矿是"呆矿"的结论。

备战、备荒、为人民！

　　1971 年 10 月 1 日，当时中国最大的 120 吨氧气顶吹转炉在攀钢建成投产，炼出第一炉钢水。图为上午 7 点 30 分在 1 号转炉前进行动员。

　　1974 年 8 月 16 日，轨梁厂轧制出 162 毫米方钢，标志着攀钢一期工程基本建成。

　　1973 年 4 月 11 日至 13 日，中国共产党攀枝花钢铁公司第一次代表大会召开，选举产生中共攀钢第一届委员会，孟东波任党委书记。

　　1981 年，日本新日铁公司负责人到攀钢交流，在公司经理黎明的陪同下参观厂区。

　　1987 年 5 月 28 日，攀钢向国际银团贷款 2.1 亿美元用于二期建设签字仪式在北京人民大会堂举行，公司经理赵忠玉代表攀钢签字。

　　攀钢成为首家进入国际金融市场融资的国有大型工业企业。1996 年 5 月 28 日，攀钢按期还清本息。

　　1989 年 9 月 25 日，攀钢 4 号高炉建成投产。公司经理赵忠玉（左二）陪同孟东波（右二）等人在投产祝捷大会上剪彩。

1992 年 12 月 22 日，攀钢热轧生产线过钢，轧出西部第一卷。

1993 年 10 月 18 日，攀钢板坯连铸生产线建成投产。

　　1993 年 3 月 12 日，攀钢集团板材股份有限公司成立；1996 年 11 月 15 日，攀钢板材（SZ.000629）股票在深圳证券交易所上市交易，是四川省首批上市公司之一。

　　1994 年 11 月 14 日，四川省委书记谢世杰（中）在公司党委书记薛世成的陪同下视察攀钢。

1996 年 6 月，西部最大最先进的冷轧厂在攀钢建成投产。

1997 年 7 月 23 日，攀枝花钢钒股份有限公司成立，四川省省长宋宝瑞（左一）和（集团）公司董事长赵忠玉（右一）向总经理洪及鄙（右二）、副总经理罗泽中（左二）授牌。

  2001年6月12日，冷轧酸轧连机改造开工，攀钢三期工程拉开序幕。公司董事长洪及鄢（左五）、党委书记黄容生（左一）陪同攀枝花领导参加开工典礼。

  三期工程包括连铸、微细粒级钛精矿、白马铁矿开采、万能轧机生产线、新3号高炉和冷轧3号镀锌线等重点工程，推进了"材变精品"战略的实施。

  2004年，方坯连铸生产线建成投产，攀钢实现了全连铸。

2004 年 4 月 30 日，国内首条冷轧镀铝锌板生产线在攀钢投产。

2004 年 12 月 29 日，中国首支 100 米长尺钢轨在攀钢诞生，攀钢成为全球第三家采用万能轧制工艺生产百米长尺钢轨的企业。

2007年8月29日，攀钢与凉山州人民政府签订《关于攀钢（集团）公司在凉山州投资建设西昌钒钛钢铁新基地的框架协议》，公司董事长樊政炜（前左）代表攀钢签字，标志着攀钢西昌钒钛资源综合利用项目正式启动。

2007年12月5日，攀钢集团钢城企业总公司正式移交攀枝花市政府管理，标志着攀钢集团主辅分离辅业改制工作取得新进展。公司总经理余自甦（前左）代表攀钢在移交协议上签字。

　　2010 年 7 月 28 日，鞍钢与攀钢重组大会在北京京西宾馆召开，攀钢成为鞍钢集团公司全资子公司。

　　2011 年 11 月 22 日，攀钢西昌钒钛资源综合利用项目竣工投产。

2011 年 1 月 31 日，鞍钢集团总经理张晓刚（前排右一）到攀钢调研。

2012 年 10 月 18 日，鞍钢集团党委书记、董事长张广宁（前排左三）到攀钢调研。

2016 年 10 月 17 日，鞍钢集团党委书记、董事长唐复平（前排左一）到攀钢调研。

2018 年 9 月 29 日，四川省委书记彭清华（前排右一）到攀钢调研，鞍钢集团党委常委、副总经理，攀钢党委书记、董事长段向东陪同调研。

2019 年 4 月 18 日，鞍钢集团党委副书记、总经理戴志浩（左二）到攀钢调研。

2019 年 7 月 20 日，鞍钢集团党委书记、董事长姚林（左三）到攀钢调研。

2019 年 10 月 30 日，鞍钢集团党委书记、董事长谭成旭（右二）到攀钢调研。

2022 年 8 月 12 日，鞍钢集团党委常委、副总经理，攀钢集团党委书记、董事长李镇（右五），陪同四川省委书记王晓晖（右三）调研攀钢。

2024年2月1日，鞍钢集团党委常委、副总经理，攀钢董事长徐世帅（右三）到攀钢钒轨梁厂走访慰问全国劳模、轨梁厂首席工程师陶功明（左二）。

2024年1月25日，攀钢党委书记、总经理谢俊勇（中）到钒钛股份公司走访慰问"四川省五一劳动奖章"获得者、鞍钢劳模、攀枝花钒制品分公司钒合金作业区王乖宁（右）。

2013 年 7 月，积微物联成立，现已发展成为西南最大的大宗商品全产业链服务平台、四川智能制造和工业大数据创新中心。

2019 年 12 月 31 日，攀钢高端钛及钛合金生产线项目开工仪式举行。

2020 年，攀钢建成国内首条钒氮合金数字化生产线。

2023 年 10 月，攀钢海绵钛扩能改造工程完成，形成 6 万吨/年海绵钛生产能力，成为全球最大的单体海绵钛工厂；攀钢作为我国唯一的 100% 用攀西钛精矿生产高端海绵钛的企业，为我国解决高端钛原料主要依赖进口的问题做出了贡献。

奖状

0610010

为表扬在我国科学技术工作中作出重大贡献者，特颁发此奖状，以资鼓励。

受 奖 者：攀枝花钢铁公司选矿厂
合作完成的成果：攀枝花钒钛磁铁矿高炉冶炼

全国科学大会
一九七八年

科技进步奖
证书

为表彰在促进科学技术进步工作中做出重大贡献者，特颁发国家科技进步奖证书，以资鼓励。

获奖项目：钒钛磁铁矿高炉强化冶炼新技术

获奖单位：攀枝花钢铁（集团）公司

奖励等级：一等奖

奖励时间：一九九九年十二月

证书号：10-1-001-01

朱研兰

国家科学技术进步奖
证书

为表彰国家科学技术进步奖获得者，特颁发此证书。

项目名称：国产1450热连轧关键技术及设备研究与应用

奖励等级：二等

获奖者：攀枝花钢铁（集团）公司

证书号：2006-J-215-2-04-001

国家科学技术进步奖
证书

为表彰国家科学技术进步奖获得者，特颁发此证书。

项目名称：客运专线钢轨成套技术开发与应用

奖励等级：二等

获奖者：攀枝花钢铁（集团）公司

证书号：2009-J-254-2-01-003

全国先进基层党组织
中共中央组织部
二〇〇六年六月

全国文明单位
中央精神文明建设指导委员会
二〇〇五年十月

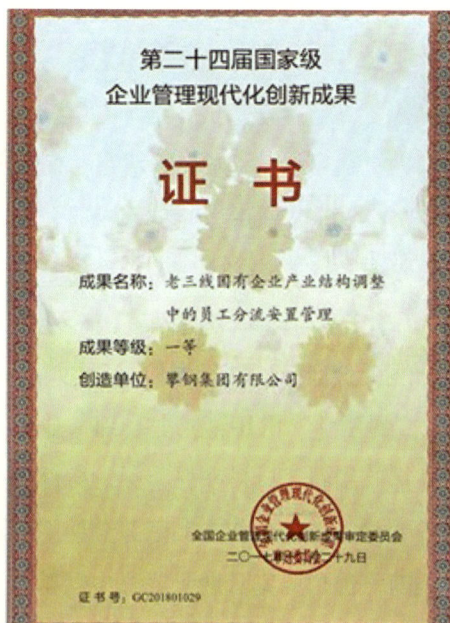

五一劳动奖状
攀枝花钢铁公司在社会主义双文明建设中，成绩优异，特授予全国先进集体称号，颁发五一劳动奖状。
中华全国总工会

国家认定
企业技术中心
国家发展改革委　财政部
海关总署　国家税务总局

SKL
钒钛资源综合利用
国家重点实验室
State Key Laboratory of Vanadium and Titanium
Resources Comprehensive Utilization
中华人民共和国科学技术部
The Ministry of Science and Technology of the People's Republic of China

国家技术创新示范企业
工业和信息化部

第二十四届国家级
企业管理现代化创新成果

证 书

成果名称：老三线国有企业产业结构调整
　　　　　中的员工分流安置管理

成果等级：一等

创造单位：攀钢集团有限公司

全国企业管理现代化创新成果审定委员会
二〇一七年五月二十九日

证书号：GC201801029

序

　　攀钢的同志要我为总结回顾攀钢近六十年发展历程、展望新时代攀钢美好前景而编写出版的这本书作序。我一个 85 岁的老人，有理由推辞，但我的内心告诉我，这是历史赋予我的一份责任和使命，也是我作为一名攀钢建设者的光荣，是不能推卸的。

　　1965 年初，我从鞍山到西昌，参加建设攀钢的炼钢设计工作。1970 年，我有幸参加了攀钢炼钢厂投产准备工作，见证了攀钢炼出的第一炉钢水。在此后的几十年里，我也多次到攀钢进行调研，参与攀钢重大建设项目的论证，目睹了攀钢发展取得的光辉成就。

　　攀钢所处的攀西地区钒钛磁铁矿资源储量丰富，其中铁资源储量排名国内第二，钒资源储量占全国的 60% 以上，钛资源储量占全国的 95%，排在世界第一。攀钢投产近六十年来，砥砺奋进，现已成为全球唯一实现钒钛磁铁矿资源中铁、钒、钛综合利用的企业，全球第一的产钒企业，全国最大的钛原料生产企业和全产业链钛加工企业。攀钢是对我国铁路建设特别是高速铁路建设用钢轨贡献最大的企业；攀钢还在板带材产品上如汽车和家电用薄板的生产技术和品种质量上，取得了显著进步，为改善和优化我国西部地区钢铁生产结构做出了突出贡献；投产近六十年来，攀钢人依靠自主创新形成了一批在国内外首创、具有国际领先水平的核心技术，这些都是引以为傲的。这一切都说明，攀钢作为位于祖国大西南的钒钛钢铁生产和技术研发创新基地，在中国钢铁工业中的重要战略地位至今仍是无可替代的。

攀钢这次邀我为书作序，我虽然只看了书的章节目录，但能充分体会到书的内容丰富多彩，对攀钢人艰苦奋斗、无私奉献、团结协作、勇于创新的精神，感同身受，由衷的钦佩。一代又一代的攀钢人用行动铸就和不断丰富的攀钢文化和企业精神，也是中国钢铁行业精神文明宝库中闪光发亮的重要组成部分。这本书不但能激励新时代的攀钢人不忘初心、牢记使命，勇往直前、勇攀高峰，推动攀钢创新发展，也必将为中国钢铁行业的精神文明建设做出新贡献。

在我国加快形成以国内大循环为主体、国内国际双循环相互促进、实施新时代西部大开发战略、成渝地区双城经济圈建设新发展格局形势下，我作为在钢铁行业工作近六十年的钢铁老战士，衷心期待攀钢以习近平新时代中国特色社会主义思想为指导，把创新作为引领发展的第一动力，走高质量发展之路，履行好国家赋予的战略使命，早日实现"打造世界一流新材料企业"的新攀钢建设目标，谱写更加灿烂辉煌的新篇章。

吴溪淳

2020年9月12日

作者曾任冶金工业部副部长、党组成员（1993年8月—1996年），中国钢铁工业协会会长（1999—2004年），20世纪60年代曾亲身参加三线建设和攀钢建设。

目 录

第一章　总论

时代决定使命。建设攀钢是党和国家为备战、改变中国钢铁工业布局、开发攀西资源、建设大三线，做出的重大战略决策。

攀钢用近六十年的时间，在"不毛之地"艰苦奋斗，竞争成长，谱写了攀西资源综合利用的壮丽诗篇。

攀钢是中国钢铁工业的骄傲！

第二章　奋斗篇

攀西地区因储藏着丰富的钒钛磁铁矿资源，具备钢铁生产的基础条件，满足备战需要等，成为三线建设的主战场和重中之重。攀钢因此从无到有，走到了三线建设的舞台中央。

攀钢的实践证明，奋斗是成功的基础，艰苦奋斗意味着无私奉献。攀钢的建设发展史，就是一部奋斗史。

第三章 创新篇

坚持创新驱动发展，攀钢的建设发展史，就是科技创新史。

依靠科技创新，攀钢形成了独特的第一代、第二代重大技术成果，为发展提供了战略支撑。面对新攀钢建设的使命，攀钢又开始了以突出低成本制造、高价值应用、绿色制造和智能制造为重点，构建第三代钒钛资源综合利用技术体系的新征程。

第四章 变革篇

攀钢建设发展的近六十年，是我国经济社会巨变与转型的重要时期；变革创新，是攀钢发展的重要推动力量。

攀钢有着对变化的战略性前瞻与远见驭势能力。在建设、体制、机制、市场、人才和区域位置等存在先天不足的情况下，把握机遇，实施三次管理变革，推动企业艰难转型，不断"赋能与激活人"，努力实现从逆势到驭势的跨越。

第五章　旗帜篇

党的领导是攀钢建设和发展的根本保证，攀钢取得的成就和跨越，都离不开党的坚强领导，离不开党支部的战斗堡垒作用和党员的先锋模范作用。

党领导攀钢创造建设发展奇迹，战胜经营困难，推动新攀钢建设取得新成绩；攀钢一定会在党的领导下，在高质量发展中实现更大作为。

第六章　文化篇

诞生于三线建设的攀钢文化，魅力无限，是攀钢建设发展的精神动力。

攀钢的文化基因和精神特质，创新传承，发扬光大，内化为思想和行动，成为激活攀钢高质量发展的原动力，激励攀钢人完成新使命、建设新攀钢。

第七章　责任篇

攀钢始终牢记使命，勇担责任，体现出央企的担当。

面对新发展格局和新挑战，攀钢初心如磐。攀钢坚决贯彻国家产业政策，履行战略使命，走绿色低碳、智能化发展的道路，打造高质量发展的世界级新材料基地，努力做履责担当的典范企业。

附　　录

攀钢历任主要领导

写在后面的话

第一章

总论

时代决定使命。建设攀钢是党和国家为备战、改变中国钢铁工业布局、开发攀西资源、建设大三线，做出的重大战略决策。

攀钢用近六十年的时间，在"不毛之地"艰苦奋斗，竞争成长，谱写了攀西资源综合利用的壮丽诗篇。

攀钢是中国钢铁工业的骄傲！

何来攀钢

攀钢因国家战略而生

攀枝花地区丰富的钒钛磁铁矿资源，为建设攀钢奠定了基础；风云变幻的国际形势和要准备打仗的战略部署，加速了决策和建设攀钢的步伐。

党和国家决策建设攀钢，最早可以追溯到 1958 年。当年 3 月，在中共中央成都会议期间，毛泽东主席听取了关于建设攀枝花钢铁厂的汇报，当时就表示支持；在中共中央政治局扩大（成都）会议的一份报告中，他批准了建设攀钢的设想。

当年 7 月，在西南建委的领导下，国家着手集结队伍筹建西昌钢铁公司。8 月 15 日，西昌钢铁公司正式成立；同时，冶金部抽调力量，展开对攀枝花钒钛磁铁矿冶炼的研究工作。1962 年，因国家经济困难，西昌钢铁公司下马。

20 世纪 60 年代，国际政治形势严峻，中国周边局势紧张，美国和苏联对中国虎视眈眈，新中国面临巨大的战争威胁。在中国西南面，1962 年爆发了中印边界冲突，中国被迫发起自卫反击战；在中国东南面，美国与东南亚的许多国家和地区签订条约，结成反华同盟，建立了数十个军事基地，对我国形成了"半月形"包围圈，威胁中国安全，美国轰炸越南北方，把战火烧到中国南大门；台湾国民党政权在美国的支持下准备"反攻大陆"；在北方，中苏关系持续恶化。

毛泽东主席高瞻远瞩，在总结第二次世界大战苏联第三线战略构想经验教训后，把中国地理划分为"三线"，包括沿海地区（一线）、战略后方（三线）

和中间地带（二线）。"三线"是当时按照国土距离边防和海防的远近来确定的，指乌鞘岭以东、京广铁路以西、雁门关以南、韶关以北的广大地区。从行政区划上说，三线地区基本包括了四川（含今天的重庆）、云南、贵州、陕西、青海、甘肃和宁夏7个省、自治区，以及山西、河北、河南、湖南、湖北、广西等省、自治区靠近内地的部分地区。习惯上将西南和西北地区称为"大三线"，而其他省、自治区靠近内地的腹地称为"小三线"。从当时的战争形态看，与美苏开战必定首先在沿海、沿边地区进行，其次是中部地区。当时的西部地区，经济和工业极其落后，如果开战，难以对战争起到支撑作用。毛泽东主席从战略和国家安全角度考虑，提出要加快三线建设。

1964年5月到6月间，党中央在北戴河召开会议，中共中央和毛泽东主席面对恶劣的国际环境和安全威胁，做出了与"帝修反"争时间、抢速度、强国家，在西南、中南、西北纵深腹地建立战略大后方的决策。

开发攀枝花、建设攀钢作为三线建设的重点工程，党中央和毛泽东主席高度关注和重视。毛泽东主席做了一系列重要指示，其中心思想是：在我国纵深的攀西地区建设新的大型钢铁工业基地，是战略布局问题。他强调："攀枝花是战略问题，不是钢铁厂问题。"[1]"不建攀枝花，是没有道理的。不是早知道攀枝花有矿藏，为什么不搞？"[2]"我要骑着毛驴下西昌，搞攀枝花没有钱，我把稿费拿出来。"[3]"酒泉、攀枝花钢铁厂还是要搞，不搞，我总是不放心，打起仗来怎么办？"[4]"攀枝花建不成，我睡不着觉。"[5]"攀枝花钢铁工业基地的建设要快，但不要潦草。"[6]

从1964年起，毛泽东主席就已经下定决心："钉子就要钉在攀枝花"[7]。

[1][7] 载于《学习时报》2021年11月29日A6版文章《毛泽东如何统筹军事建设与经济发展布局》。
[2][3] 载于《中共党史专题资料丛书——中国共产党与三线建设》（中共党史出版社，2014年）中的大事记。
[4] 载于《中共党史专题资料丛书——中国共产党与三线建设》（中共党史出版社，2014年）中的《毛泽东：不搞酒泉和攀枝花钢铁厂打起仗来怎么办（1964年5月10、11日）》。
[5] 载于《中共党史专题资料丛书——中国共产党与三线建设》（中共党史出版社，2014年）中的《西南三线建设回忆——扎根大西南投身三线建设》。
[6] 载于《若干重大决策与事件的回顾》（中共中央党校出版社，1991年）。

基于做好战争准备和改变中国钢铁工业布局的综合考量，毛泽东主席庄严地下达了建设攀钢的动员令。

1964 年 12 月 26 日，冶金部批准成立四〇公司，后来攀钢将这一天定为公司成立日；1965 年 3 月 4 日，毛泽东主席在吕东、徐驰给薄一波关于攀枝花建设情况的报告上批示"此件很好"，揭开了开发攀枝花资源、建设攀钢的序幕；3 月 4 日，也成为攀枝花的建市日。

党和国家其他领导人十分关心、并亲自领导开发攀枝花资源和建设攀钢。周恩来总理从建设方针到物质条件准备等都亲自领导和布置，协调解决建设中的具体问题。邓小平亲自到建设现场，确定攀钢选址，盛赞攀枝花"这里得天独厚"。老一辈党和国家领导人彭真、李富春、薄一波、贺龙、彭德怀、郭沫若、余秋里、李井泉、谷牧、程子华、吕正操等，在 20 世纪 60 年代中期陆续到攀枝花视察指导，热情支持和关注攀钢建设；1978 年至 1987 年，方毅副总理曾先后 8 次到攀枝花，指导攀枝花资源综合利用，对攀钢生产建设和科学发展做出了很多重要指示，对攀钢建设发展起到了重要推动作用。

党和国家领导人胡耀邦、宋任穷、钱伟长、邓力群、王鹤寿、乔石、胡乔木、宋健、江泽民、邹家华、杨汝岱、朱镕基、李鹏、吴邦国、曾庆红、成思危、罗豪才、宋平、李铁映、黄菊、温家宝等都曾先后视察攀钢，对攀钢建设发展做出了重要指示。

新中国是在工业基础薄弱、一穷二白的基础上建设起来的。我国在西方孤立和封锁中，在农业国的基础上建设攀钢，面临诸多困难。为此，国家对攀钢建设采取了特殊的领导和建设体制。

国务院直接部署落实战略决策。1964 年 5 月，周恩来总理主持召开中共中央工作会议，传达落实党中央和毛泽东主席关于开发攀枝花、建设攀钢的指示，决定建设攀钢的日常工作由李富春、薄一波两位副总理负责，确定了攀枝花钢铁基地的建设规模、设计原则、设备制造，以及建设管理体制等重大问题，要求由国务院有关部委组成联合规划组，要深入到攀西地区实地调查资源、交通、水源等情况，研究配套建设冶金、煤炭、电力和矿山等工作，提出建设方案和厂址选择建议。会后，程子华作为考察组组长，就开始准备对攀西地区进行考察调研。6月23日，国家计委、经委，中国科学院、地质部、冶金部、交通部、电力部、铁道部、林业部、一机部、西南局、四川省、云南省、贵州省等360多名专家、学者、领导干部汇聚成都，沿乐山、泸沽、西昌、攀枝花一线，进行实地考察。9月9日，由程子华等主持会议，在攀枝花大田召开"大田会议"，确定了攀枝花工业区的总体规划，并选定弄弄坪为攀钢厂址。

1965年1月18日，周恩来指示："攀枝花成立特区政府，仿大庆例，政企合一。成立党委，由冶金部党委为主，四川省委为辅，实行双重领导。"他对建设攀钢提出了指示和要求："成昆铁路、攀枝花要加快建设起来……""三线建设，渡口很好。""要全力以赴，保证明年'7·1'以前成昆铁路全线通车，渡口出铁。""攀枝花就得提倡综合利用，不能单打一。"❶

1965年11月，邓小平同志视察了贵州后，很关心攀钢建设。他亲自到攀枝花，听取了冶金部副部长、攀枝花特区党委书记徐驰等关于攀钢建设情况的汇报。在十三栋招待所内的攀钢规划沙盘模型旁，小平同志认真地听徐驰的讲解，并不断提出问题。小平同志感叹地说："攀钢选在这里建设，很好，这里得天独厚。"❷

从全国调集设计力量。1964年，国家组织了10个部委的21个勘察、设计单位共计1300多人集中到攀枝花地区，进行现场勘察设计。其中，重庆黑色冶金设计院承担工程总承包设计和冶炼轧制等主要项目设计；长沙矿山设计院承担矿山和烧结厂的设计；鞍山焦耐设计院承担了焦化厂和耐火厂的设计；此外，上海机电产品设计院等单位承担了120吨转炉等主体设备设计任务，保证了攀钢设计工作高水平、协同、快速完成。

建设队伍来自五湖四海。从1964年底，来自全国29个省、自治区和直辖市的5万多名英雄儿女，奔赴攀枝花，开始了声势浩大的建设大会战；几个月后，来自全国各地各行各业的会战大军，人数达到20多万，高潮时期，甚至达到60多万人。

❶ 载于《攀枝花开发建设史大事记》，中共攀枝花市委党史研究室编，成都科技大学出版社，1994年。
❷ 载于《巴蜀山水"三线情"》212—213页，王春才著，人民出版社，2018年。

由北京、辽宁、河南、山东、安徽五省市抽调的五大车队组成的运输队，总人数达4650人，各类汽车1500多辆，主要担负从成都和昆明两个城市运输建设、生产、生活物资到攀枝花的任务。在昆明专门成立的大型运输车队，配备大型牵引车58台、拖车39辆、20吨货车40辆，专运高、长、重件。1970

来自五湖四海的建设者在金沙江畔集结

年成昆铁路通车后，五大车队和大型运输车队完成使命，陆续撤离；1964年11月，冶金部在北京召开专题会议，将富有经验和善打硬仗的第一冶金建设公司，兵分两路参加四川三线建设，其中一路负责建设西昌试验厂及筹建攀钢。1966年6月1日，从一冶分离出来的1.6万人，正式组成第十九冶金建设公司；冶金部还从三冶、四冶、五冶、十三冶、十四冶等建设公司抽调人员，汇聚优秀力量，建设攀钢。

余秋里在谈到攀枝花大会战时说："这样的项目，一个'五年计划'也建不了几个。攀枝花基地建设大会战，从我们国家来讲，是一个前所未有的会战，这是以攀枝花为中心的三位一体的建设大会战，这里使用的队伍曾达到60万人，使用了我们国家的主要力量。"

国家采取"对口包建"的体制。1966年5月20日，中共中央、国务院本着老基地带新基地、老厂矿带新厂矿、老工人带新工人的"三老带三新"原则，决定由鞍钢对攀钢进行"对口帮建"，从筹建施工到建成投产，一包到底。"包建"制还被应用到开发攀枝花的其他领域，使攀钢建设需要的运输、煤炭、电力、生产等配套工作迅速实施；林业管理、汽车修理、机械制造、公共交通、卫生系统、商贸等社会服务体系也迅速在攀枝花建立起来，为又好又快建设攀钢和攀枝花正常运转奠定了基础。

1970年，攀钢出铁被总结为"是毛泽东思想的伟大胜利，是全国人民高度发扬共产主义大协作精神的丰硕成果"，也体现了全国大协作对建成攀钢极其重要的保证作用。

攀钢作为我国第一家完全依靠中国人民自己的力量建设起来的大型钢铁企业，结束了我国西部没有大型钢铁企业的历史，改变了中国工业的布局，为我国进行工业结构调整打下了坚实基础；对利用好攀西资源、加强国防建设、带动西部地区经济发展等，起到了重要作用。

攀钢因国家战略而生，自始就承载着国家的战略使命。

攀钢因科技创新而立

攀钢是依托攀西丰富的钒钛磁铁矿资源优势、依靠科技进步起家、依靠科技进步发展的，没有科技进步就没有攀钢的今天。

自 1965 年建设以来，技术进步和科技创新始终伴随着攀钢建设发展的各个阶段。从攻克用普通高炉冶炼高钛型钒钛磁铁矿的世界性难题，完成一期建设，确保攀钢投产和顺利达产，到二期建设攀钢品种规模迈上新台阶，实现"由坯到材"，到三期实现"材变精品"，再到建设西昌新基地，新攀钢建设，构建在世界钒钛领域的领先优势，均离不开立足特色资源、依靠科技发展，使攀钢在国内冶金行业独具特色，在世界钢铁企业具有独特地位，开创了钒钛资源综合利用的新篇章。

1956 年，我国曾首次将攀枝花地区的钒钛磁铁矿矿石小样运往苏联进行试验，得到的结论是"呆矿"，不能冶炼；1959 年 5 月、11 月，我国又把 16.5 吨钒钛磁铁矿矿样，两次运往苏联选矿研究院和苏联科学院冶金研究所进行试验。其结论是：渣铁分离不开，不能冶炼。同时，国外从 19 世纪初，就进行过用普通高炉冶炼高钛型钒钛磁铁矿的冶炼试验，均没有取得成功。

为保证攀枝花开发和攀钢建成投产有绝对的把握，必须解决钒钛磁铁矿冶炼问题。国家把科技自立自强作为重要的战略支撑，在攀枝花工业区筹建初期，就对钒钛磁铁矿资源进行了不同容积的小高炉试验，并进行了艰苦攻关。

1964 年 1 月，冶金部从武钢大冶铁矿、乌龙泉矿，重钢，江油钢厂和老西钢 4 家企业，抽调地质专业人员 109 人，组成采样队，开始对攀枝花地区

攻克用普通高炉冶炼高钛型钒钛磁铁矿技术世界难题的"108 将"

的朱家包包、兰家山、尖包包三个矿区进行矿样采集工作，先后采集矿石小样 270 多吨、矿石大样 7000 多吨。采集后，因为没有运输条件，他们就人挑、肩扛，把矿样运到金沙江畔，并转运到各试验场，进行工业试验。

由于攀枝花矿与承德矿成分十分接近，为突破攀西磁铁矿的冶炼难关，为攀钢提供可靠的铁矿石供应，1964 年 8 月，冶金部和国家科委专题研究技术攻关问题，制订了攀西磁铁矿冶炼试验"三步走"方案。第一步，先在河北承德利用河北的钒钛磁铁矿做模拟试验；第二步，在模拟试验基础上，到西昌利用攀西原矿进行验证试验；第三步，到昆明（后改为首钢）用大高炉进行工业试验。

1965 年 1 月，冶金部从国内 14 家钢铁企业、大专院校和科研单位抽调一大批工程技术人员组成工作组，在李公达、蔡博、周传典等著名冶金专家率领下到承钢进行冶炼攻关。承钢抽调 600 多名科技人员和工人配合工作，开始了攀西磁铁矿冶炼攻关试验。到 1966 年 6 月，在长达一年半的试验中，他们转战承德、西昌、首钢，经过 1200 多次试验，终于证实，攀枝花钒钛磁铁矿完全可用普通高炉冶炼，为建设攀钢打下了坚实基础。

　　国家对攻克攀西钒钛磁铁矿冶炼的重视程度有多高？据悉，用承德含钛低的钒铁精矿配钛精矿的模拟方法，由李富春副总理亲自批准；国家要求，攀西钒钛磁铁矿试验的数据要直报中央政治局。1967 年，要在首钢进行第三步试验时，由周恩来总理和李先念副总理亲自批准方案。

　　从 1956 年到 1967 年，我国先后开展了从小到大，从模拟试验到用攀枝花矿试验，从实验室试验、工业试验到生产性试验，终于摸索出用普通高炉冶炼高钛型钒钛磁铁矿的独创技术和操作方法，用"铁"的事实向世人证明：中国人完全可以依靠自己的力量，解决普通高炉冶炼高钛型钒钛磁铁矿的世界性难题。

　　为综合利用好攀西高钛型钒钛磁铁矿，变特色资源为特色产业和经济优势，攀钢以科学求实的态度，把创新作为引领发展的第一动力，把科技作为战胜困难的法宝，推动攀西资源综合利用不断取得新成绩。

　　攀钢建成投产后，在炼铁生产过程中频繁出现渣铁不分、粘渣等问题和生产事故，生产一度十分被动；攀钢坚持从问题和事故中找教训、寻规律、破解难题，不断改进工艺流程，不断调整原料配比，不断改进操作方法，攻克一个个技术难关，突破了渣铁不分、粘渣、粘罐和泡沫渣等难题，逐渐实现了冶炼生产顺行，实现了攀钢正常生产。

　　1979 年 12 月，备受瞩目的"攀枝花高钛型钒钛磁铁矿高炉冶炼技术"，荣获中华人民共和国国家科学技术委员会授予的国家发明一等奖，国务院副总理方毅亲自签署发明证书。这是党和国家给予参与攀西钒钛磁铁矿冶炼技术研究者的最高荣誉，也打牢垫厚了攀钢发展的基石，再次验证了这一独创技术所具有的战略地位和经济价值。

　　科技创新为攀钢发展赋能，攀钢依靠创新为国争光。攀钢坚持创新驱动，依靠科技进步，生产国家急需和市场竞争力强的产品。攀钢的重轨、钒产品、家电板、汽车用钢、钛产品等，在国内甚至世界上都处于领先水平。重轨做到了全国第一，是世界上公认的一流产品；家电板产品，比许多国外的产品还好，在家电板产品品牌中名列前茅；钒产品在品种、规模和质量等方面，世界第一；对钛资源的综合利用持续突破，使钛精矿做到了全国第一，高炉渣提钛示范线整体实现重大突破，基本具备大型化产业化条件，钛材、海绵钛、钒铝合金三条产线通过专业质量管理体系认证，氯化法钛白粉、超软海绵钛等产品形成批量生产能力，钛材深加工产品快速起步，蓄势待发，为攀西战略资源开发做出了重要贡献。

攀钢因科技创新而立，科技创新的能力不断增强。 2020 年 11 月，攀钢收到《工业和信息化部关于公布 2020 年国家技术创新示范企业名单的通知》，全国 63 家企业上榜，钢铁及相关行业的 6 家企业入选，攀钢榜上有名。截至 2023 年 10 月，攀钢已获得国家级科技奖 20 项，获得省部级以上科技奖励 481 项，获得国家发明专利 6695 项、国际专利 148 项，牵头制定（修订）国际标准 4 项、国家及行业标准 78 项。攀钢连续多年被评为中国"最具专利创新力钢铁企业"。

没有对攀西钒钛资源的持续攻关，没有科技攻关与科技创新，攀西资源只能是"好看但拿不出来的瓶中花"。攀钢依靠科技促投产、促达产、对资源进行深度利用，已成为世界钒钛磁铁矿综合利用原创技术的策源地。科技进步是攀钢的生命线，对攀钢建设发展起着决定性作用，助推攀钢迈向产业链中高端。

攀钢因改革开放而兴

国家建设攀钢采取"全面规划、集中领导、统一管理"的特区体制，为攀钢建设注入了活力，保证了攀钢在极其艰难的自然环境中、在"十年动乱"的历史条件下，在没有成功可借鉴的情况下，较快地建成投产，也为攀钢注入了改革创新基因。

1978 年 12 月，中国共产党第十一届三中全会召开，开启了中国改革开放的序幕。改革开放，深刻地改变了中国，激活了攀钢。

攀钢抓住国家改革开放的机遇，以敢为人先的担当和勇气率先出发。 1980 年 11 月，财政部同意攀钢试行利润定额包干上交办法，攀钢不再吃国家"大锅饭"。1984 年 9 月，国家又批准攀钢"实行上缴利润递增包干"的经营承包责任制，推动攀钢体制机制改革和企业迅速发展。承包经营 10 年，攀钢盈利能力不断增强，相当于为国家赚回了两个攀钢。1987年，面对国家投资体制改革，攀钢自加压力谋发展，做第一个"吃螃蟹的人"，率先向国际银团贷款建设二期工程，推动攀钢由"钢坯公司"变成"钢材公司"。1993年，攀钢积极推动管理体制改革，创立了板材股份公司，成立了财务公司，设立攀西集团和攀钢集团，企业管理向集团化管理迈进；先行先试"三不要"人才引进机制，即采取"不要档案、不要户口、不要粮食关系"的方式，在全国"抢"人才、聚英才，形成了难得的"孔雀西南飞"现象，提高了公司的人力竞争力；积极推进"三项制度"改革、精干主体、分离辅后，还企业本质，为攀钢发展注入了活力。

攀钢面对社会经济的巨大变革，适应市场竞争的需要，不断提高竞争力，顽强地生存与成长。"十二五"以来，攀钢面对严峻的生存形势，贯彻落实党中央、国务院深化国有企业改革的决策部署，按照鞍钢集团综合改革试点要求，深化供给侧结构性改革，实施战略重构，明确发展目标，2016年提出了"新攀钢建设"战略构想，科学调整发展规划，促进攀钢永续发展；推进结构调整，加速转型发展，主动淘汰过剩产能，狠抓传统产业提质增效和新兴战略产业发展，推进企业高质量发展；变革管控模式，赋予子分公司（单位）管理权限，全面实行主业一贯制管控，进一步激发企业活力，提升企业利润；变革运营体制，推进日常运营管理体系变革，实施契约化管理，推进混合所有制改革和机构改革；实施人力资源优化改革，劳动用工总量不断减少，劳动效率不断提升，攀钢活力持续迸发。

攀钢强力推进发展战略、产业结构、管控模式、运营体系、人力资源、科研体制等变革创新，有效扭转了生产经营的被动局面，提升了企业核心竞争力，使企业在保持盈利态势的基础上，基本解决了历史遗留问题，经营活动现金净流量、自有资金池规模大幅上升，资产负债率大幅下降；钢铁产业、钒钛产业、新兴产业、特色非钢产业收入占比分别为43%、10%、35%、12%，产业结构更趋合理，具备年产铁精矿1200万吨、粗钢1050万吨、钒制品（以 V_2O_5 计）5.2万吨、钛精矿150万吨、钛白粉24.5万吨、高钛渣24万吨、海绵钛6万吨、钛材1.1万吨的综合生产能力。

没有改革开放，没有攀钢主动作为的深化改革，就没有今日经受住市场竞争考验，不断成长的攀钢。

攀钢因供给侧改革而新

2016 年是中国供给侧结构性改革元年，也是攀钢生产经营最为困难的时期。

2011—2016 年，攀钢累计亏损高达 276 亿元，2012 年的亏损接近 80 亿元。曾经骄傲和辉煌的攀钢，负债规模急剧上升，资金链近乎断裂，2016 年末的资产负债率高达 91.82%；历史包袱极其沉重，2015 年吨钢人工成本 338 元，较行业平均高 201 元，已经高到难以承受的程度。

攀钢到了生死存亡的时刻。一个因战略而生的三线企业，能否浴火重生？这关系到攀钢能否履行使命，为国家做出贡献；关系到攀钢人把建设者交到手里的企业能否建设发展好；关系到攀钢职工和家属的生活幸福。

面对生存发展的困境，攀钢人艰苦奋斗，勇攀高峰，攻坚克难，逐梦前行。

2016 年以来，攀钢遵循国家供给侧结构性改革的战略指引，坚持以习近平新时代中国特色社会主义思想为指引，深入学习贯彻国务院国资委深化国有企业改革"1+N"政策文件，始终坚持"改革无止境"的理念，明晰改革发展思路、策略和目标，实施第三次管理变革。

第三次管理变革的核心，是以"新攀钢建设"战略统领改革发展全局，深入剖析改革发展面临的困难、挑战及机遇，提出了"正派经营"不容妥协、"安全"不容妥协、"品质"不容妥协的经营理念，"平台、跨界、产融、生态"的经营思路，"一体两翼、积微速成、深彻变革"的经营策略，坚定不移地关闭淘汰落后钢铁产能，大力延伸产业价值链，推动传统产业结构优化和提档升级，坚定不移地推进全要素深彻变革，实施针对性、系统性、彻底性的变革创新，全面构建市场化的体制机制，坚定不移地发展壮大战略性新兴产业，全力推动新兴产业高速发展，坚持用现代物联手段和现代金融方法改造产业链，建立健全相关多元产业经营机制，盘存量、释潜力，解决历史遗留问题，减轻企业负担，推动攀钢实现战略转型，产业升级，重构核心竞争力，实现了质量更高、效益更好、结构更优发展。

2017年，攀钢在夯实发展基础上盈利5.71亿元，结束了长达6年的亏损历史；2018年，实现经营利润53亿元；2019年，在钢铁行业利润大幅下滑的情况下实现经营利润30.23亿元。2020年6月16日召开的攀钢第九次党代会，确立了坚持以新攀钢建设为统领，牢记初心使命，深彻变革创新，聚焦攀西资源综合利用，为打造世界一流新材料企业而努力奋斗的宏伟蓝图和行动纲领，引领攀钢进入到了立足新发展阶段、贯彻新发展理念、构建新发展格局的新征程。2020年，攀钢克服新冠疫情等的影响，实现利润26.56亿元。2022年，受国际政治和安全形势动荡以及疫情影响，世界经济复苏乏力，国内经济承压前行，需求收缩、供给冲击、预期转弱三重压力在持续演化，钢铁行业所处的外部环境极其严峻，在行业经营惨淡的形势下，攀钢实现经营利润10.35亿元。2023年，在钢铁行业"短期严峻复杂、长期不容乐观"的严峻形势下，攀钢牢记"三个务必"，扎实推进"五项重点攻坚"，坚定抓好"六项重点工作"，踔厉奋发、攻坚克难，全年实现盈利10亿元，经营绩效跑赢大盘，各项事业实现新发展，推进新攀钢高质量发展取得阶段性成果。

攀钢经受住了市场竞争的考验，在竞争中成长，证明了在特殊政治经济背景下建设的三线企业，同样具备适应竞争并取胜的潜力，能成为共和国的脊梁。

攀钢没有辜负党和国家的期望，没有辜负建设者的付出与嘱托，以最有特色的世界钒钛钢铁生产基地、世界最优质的钢轨生产基地、最大的钒钛制品企业等特征，成为三线建设的明珠。

何为攀钢

站在高处看攀钢，攀钢就是一幅画。攀钢的主厂区弄弄坪被金沙江环绕，现代化的钢铁钒钛生产线，精心雕琢在 3 级大台阶、23 级小台阶上，各类管道空中交织，厂区道路纵横，绿树如荫；美丽的攀钢全景，备受参观者赞誉，攀钢夜景，明珠般灿烂。

1991 年 4 月 18 日，江泽民同志视察攀钢，并题词"努力把攀钢建设成为现代化的钢铁钒钛基地"，他盛赞攀钢："攀钢的确很美，攀钢人自力更生、严格管理的精神，长了中国人民的志气。"❶

1965 年建设、1970 年出铁、1971 年出钢。攀钢在极其困难、极其艰苦的条件下建成，体现了中国精神和中国速度。

攀钢是三线建设的成功典范。"典范"者，楷模也。今日美丽的攀钢，倒映往日建设的艰难、智慧与创造。

坚定践行国家战略

攀西大地"外秀内慧"，储藏着近百亿吨的钒钛磁铁矿，拥有占全国 20% 的铁、62.5% 的钒、95% 的钛和 60% 的钴，钒资源储量居世界第三，钛资源储量世界第一；攀西钒钛磁铁矿还伴生有钴 90 万吨、镍 70 万吨、镓 18 万吨、钪 25 万吨以及大量的铬、铜等多种稀有金属，及稀土、碲、铋等战略资源，是富甲一方的"聚宝盆"。

---

❶ 载于《人民日报》1994 年 12 月 8 日的文章《为中国争气的攀钢人》。

1970 年 2 月，攀钢独创的雾化提钒技术
获得成功

科技创新是攀钢的"本"。开发攀西资源是政治责任，攀钢从建设之初就牢记国家赋予的使命，经过近六十年的建设发展，推动中国钒钛磁铁矿资源综合利用技术达到世界领先水平。

1974 年，攀钢首创的雾化提钒工艺应用于生产，使中国由钒进口国一跃成为钒出口国。1979—1999 年，攀钢开发出高技术含量、高附加值、具有资源特色的钒钛钢铁系列产品，实现了铁、钒、钛的有效回收和经济利用。

攀钢对攀西钒资源的综合利用，以钒氮合金生产为重要标志。2002 年，攀钢实现了钒氮合金产业化，技术达到世界领先水平。攀钢还成功开发了宇航级钒铝合金产品，结束了我国没有宇航级钒铝合金的历史。2015 年，攀钢 1.8 万吨氧化钒清洁生产线达产达效，推动钒产品向绿色生产发展。

攀钢对攀西钛资源的利用取得重要成果。1981 年，突破了对钛原料的选别技术难题，结束了钒钛磁铁矿中钛资源不能利用的历史。1997 年，攻克微细粒级钛铁矿回收技术，提升了对钛资源利用水平。2011 年，生产出海绵钛，推进钛资源利用向高端发展。2018 年，3D 打印用球形钛合金粉制备技术获得突破，紧接着生产出钒铝合金。2022 年，生产出高纯钒，钛材深加工产业稳步推进，达到世界级水平。

今天的攀钢，已经成为全球少有的实现对钒钛磁铁矿中铁、钒、钛资源进行规模化综合利用的企业，并将主导产品培育成了国际国内知名品牌，满足市场多样化、个性化、优质化的需求，成为攀西国家级战略资源创新开发试验区的核心企业，对钒钛资源的综合利用，已经成为攀钢新的竞争优势和经济增长点。

全力打造世界一流新材料基地

攀钢经过一次次地观念改变，管理升级，科技突破，产品上台阶，资本促裂变，越挫越勇，砥砺前行。

2013年3月，攀西国家级战略资源创新开发试验区成立，这是至今全国唯一获准设立的资源开发综合利用试验区。攀钢作为试验区的核心企业，围绕提高资源利用率、提升资源利用价值、节能减排绿色发展三大目标，提出了打造"钒钛资源综合利用世界一流新材料企业"的战略目标。

攀钢正在成为基于攀西钒钛磁铁矿资源低成本、绿色高效分离及产业化开发利用的创新型企业，基于铁、钒、钛、铬等元素中高端材料研发及提供定制化材料解决方案的综合服务型企业。

攀钢作为三线企业，作为"中国钢铁工业的骄傲"，成为世界一流的新材料企业，展现了三线建设战略决策的深远历史意义。

担当基因强的卓越企业

爱国奉献是攀钢的品格。在三线建设中，建设者表现出的爱国心、使命感和完成使命的自豪感，成为建设攀钢的重要精神力量。

攀钢建设者满怀爱国热情，艰苦努力，无私奉献，在"不毛之地"绘蓝图，建成攀钢。建设攀钢形成的大局意识和担当精神，持续汇聚积淀，浸润心灵，成为攀钢文化的核心基因。

攀钢敢于担当，只要国家需要，再难也要上，干了就要干成。1977年，煤炭部急需19号槽帮钢，攀钢一次试轧成功，产品质量达到国外先进水平；1978年，铁道部急需310乙字钢，国内的很多企业不愿干、干不了，攀钢接下这个任务，很快轧制成功；216履带板是国防建设需要的重要产品，以前国家要花大量外汇从国外购买，攀钢依靠科技自信主动请缨，很快轧制成功。

这些产品和诸多类似的产品，攀钢敢于接过来，也干得很成功。这些产品填补了我国冶金产品的空白，为我国国防军工和经济建设做出了重要贡献。

时任攀钢党委书记、董事长段向东曾多次强调，攀钢文化的核心基因是"艰苦奋斗，勇攀高峰"，"艰苦奋斗，勇攀高峰"是对攀钢发展史的全面总结和诠释，是攀钢人干出来的，是攀钢文化的根和动力源。攀钢在艰难困苦的环境中诞生，攀钢企业精神在创新奋进的征程中锤炼凝聚，在勇攀高峰中丰富升华，是攀钢改革发展的精神动力。

攀钢的企业文化和企业精神与时代相融而充满生命力，推动攀钢发展与成长；攀钢在兼并重组过程中，树立"大攀钢"理念，实现了不同企业、不同区域、不同利益群体间的文化融合，兼收并蓄，借人之长，补己之短，推动企业重生与涅槃，促进攀钢扩张式发展。

鞍攀联合重组后，攀钢积极落实"创新、求实、拼争、奉献"的鞍钢核心价值观，推动新攀钢建设，攀钢文化建设达到了新高度，具有了更强的生命力。

共和国不会忘记的功勋企业

按照国际惯例，建设大型钢铁企业必须具备两个条件，一是要交通发达，特别是要通铁路；二是要靠近大城市，为建设提供生产和生活支撑。攀钢在高山峡谷的狭窄的坡地上建设，中国仅有，世界罕见。

建设前，攀钢的主厂区所在地弄弄坪，只有"七户人家一棵树"。当时的攀枝花，连基本的生活保障条件都不具备，更难以满足特大型工程建设的需要。

"两山夹一沟，大沟连小沟，走路凭两腿，运货靠肩头"是攀枝花当时运输条件的真实写照。在生活上，无路（铁路、公路）、无水（自来水），蔬菜和副食品都要从成都、昆明等地运来，且难以保证及时、充足供应，建设者只能长期吃粉条、海带和干粮，喝浑浊的金沙江水。不少职工因此拉肚子、患肝炎；绝大多数参战者都不适应攀枝花的亚热带干热河谷气候，白天累一天，晚上睡不好，还常常流鼻血。

"除了天，除了地，建设者们所拥有的只有自己的双手"，形象地说明了当时攀枝花建设条件的艰苦。攀枝花是当年诸葛亮"五月渡泸"的地方，被称为"不毛之地"，到处是荒山野岭，人烟稀少，还有野狼出没。但建设者们十分清楚，建设攀钢事关国家战略，事关国家安危，建成攀钢是最好的爱国行动。5 万建设大军，像野战军一样，风餐露宿，没有床就睡在地上，没有水就从山顶下到金沙江边，把水一盆盆地传递上山。他们没有条件创造条件也要上，团结协作，不畏艰难，无私奉献，在建设伟大工程的精神感召下，建设者在恶劣的环境中奋战 1800 多个日日夜夜，开挖 4200 多万立方米的土石方，建起 165 万平方米的工业建筑，安装了 14 万多吨的设备。用 5 年的时间，在攀西僻壤建起了一座现代化钢城。

建设攀钢的很多设计工作是在席棚子和干打垒中完成的，更为重要的是在艰苦的环境中，攀钢设计还独具匠心。攀钢与国内同规模的钢铁厂相比，工厂用地少一半，建设系数高 10%-20%，厂区铁路线少 90 公里，少挖土石方三分之二，国外冶金专家把它赞为"象牙微雕钢城"。

同时，设计团队敢于担当。在土建设计时，国家计委曾派员来攀枝花检查建设执行"山、散、洞"的情况，要求轨梁厂从弄弄坪迁到瓜子坪，在建设指挥部和设计同志的共同说服下，未能施行；很多几十吨、上百吨的设备，全是用汽车运到攀枝花，在沟深、坡陡的地方，汽车上不去，一些设备只能靠人搬运到建设现场；在整个建设过程中，建设者严格执行毛泽东主席"建设要快，但不要潦草"的指示精神，千方百计保证工程质量。攀钢投产后，没有发生因主体工程质量影响生产的情况，这更是一个了不起的奇迹。

完成建设攀钢的任务，需要奋斗和奉献，而奋斗就是付出与担当，甚至需要付出生命。当中国由钒进口国到钒出口国，再到世界第一产钒国的时候，很多人会想到一个人的名字，他叫江耀华。

"如果我走了，请把我埋在能看得见高炉的山上，让我天天能看见高炉里冒出的烟。"这是攀钢雾化提钒领军人物江耀华留给攀钢人的最后嘱托。江耀华要钒不要命，41 岁就英年早逝，倒在了攀西钒钛磁铁矿综合利用的路上！

20 世纪 70 年代初，攀钢眼睁睁地看着宝贵的钒渣白白抛掉，然而国家却要用 20 吨花生油的代价从国外换回 1 吨五氧化二钒。

攀钢人不服气，江耀华要争气。他为攀钢的提钒工作做出重要贡献，却由于劳累过度，患上严重的冠心病，并累倒在工作岗位上，为攀钢生产出"争气钒"并献出了生命。

在攀钢的建设发展史上，无私奉献的建设者，何止江耀华一人！攀钢建设者和攀钢人，讲大局担责任，靠吃苦流汗、靠勇敢奉献、靠流血，甚至献出生命，建成攀钢、发展攀钢。

1988年7月11日，以攀钢为原型的电影故事片《共和国不会忘记》在攀钢开拍，还原了建设攀钢和攀钢人的故事。2021年9月，反映攀枝花资源开发与攀钢建设的电视剧《火红年华》在中央电视台播出，又把人们带回了建设攀钢的峥嵘岁月。

攀钢就是这样一家从历史走来，不忘初心、牢记使命的企业；就是这样一家履行使命、勇攀高峰的企业，是党和国家靠得住、信得过、勇于担当的卓越企业。

新时代新攀钢

2013 年，鞍钢集团第一次党代会提出了"铭记长子担当，矢志报国奉献，加快转型升级，做强做优做大，建设具有全球竞争力的世界一流企业"的战略目标。

攀钢落实鞍钢集团要求，立足新攀钢建设，重新审视近六十年的建设发展历程，研究问题、分析困难、制订解决方案。

先天不足

近六十年来，攀钢不忘初心，自加压力，压实责任，做出了巨大努力。

攀钢启动重大项目建设，建设二期工程、三期工程，建设西昌新基地；坚持科技进步、管理变革、文化驱动，推动企业改革发展；转变企业发展方式，实施兼并重组扩张，建设成都、重庆、江油、北海等发展基地；实施减员、增资、降工资等超常规措施，竭尽全力，消灭亏损；通过股票上市、发行可转债和分离交易可转换债券，通过证券市场直接融资……

国家对攀钢发展给予高度重视和倾力支持。包括批准攀钢在冶金行业首推上交利润定额包干和上交利润递增包干办法，成立集团、成立财务公司，发行股票，批准发行 H 股，对钒钛产品增值税先征后返，对矿山开采的铁矿石以 1996 年课税总量为基数，对基数以外的课税数量比照独立矿山，按规定税额的 40% 征收资源税，实施债转股等。国家把支持企业发展的政策措施，在很大程度上都给予了攀钢。

攀钢励精图治，国家大力支持，员工艰苦奋斗，为什么还会不断陷入困境，甚至要经历生死存亡的考验？

历史从哪里开始，逻辑就从哪里开始。

攀钢建设存在先天不足。 2014年12月，中国工程院主席团名誉主席，曾任中国工程院院长、上海市市长的徐匡迪，在接受媒体采访时说：攀钢是作为一个军工企业，一个大型原材料企业来建设的，在荒山沟里没有城市依托，缺少后勤支持，又建城市又建厂，包袱特别重，人又特别多。当时建设的时候，因为只建这么一个厂，其他的配套设施都不够，把攀钢与其他特别是一些现代化的钢铁企业相提并论，显然是不公平的，而且也是不合适的。

建设攀钢和攀钢发展的成绩世人瞩目，攀钢作为一家企业，影响竞争发展的因素也是客观存在的。

当兵凶战危缓解，国家的工作重点转向经济建设时，攀钢的问题就显现出来了。

国家对攀钢规模和产品的预设，满足战略与战备需要的印迹明显。一期设计的生产规模为年产生铁160万吨至170万吨，钢锭150万吨，钢材110万吨，钒渣8.9万吨（折合量），主要定位是"原料生产基地"；同时，攀钢远离市场，又增加了原料与产品的运输成本。

攀西钒钛磁铁矿具有特殊性。 经过近六十年的研究和冶炼实践，攀钢对攀西资源的认识越来越清晰：钒钛铁矿资源虽丰富，但作为铁矿资源并不优质，用"含有钒钛等元素的特色资源"概括更为准确，其价值在综合利用，而要深化钒钛资源综合利用，实现高端化、价值化利用，需要突破核心技术，还需要有市场的需求与规模化支撑。

曾有人抱怨攀钢在攀西资源利用上"抱着金饭碗不作为"，并去北京找到时任中国工程院副院长的干勇，希望能够介绍更好的科研院所，对攀西资源进行研究与应用。干勇告诉他们，你们是舍近求远，世界上最牛的研究院不是中国独有，但对攀枝花钒钛资源研究和形成规模应用的研究院，只有中国攀钢有，攀钢研究院最牛。

为了利用好攀西资源，国家在建设前期就组织力量科技攻关；攀钢投产后，攻关多年才实现达产；又攻关几十年，才取得在铁钒资源利用上的技术进步。为实现对攀西资源全要素的高价值利用,攀钢可谓是使出了"洪荒之力",付出巨大代价,但仍有许多重大关键技术有待突破。

办"社会"加重了攀钢负担。建设初期,国家强调"凡是新建的工厂,必须是'小而全',而不是'大而全'……非生产的建设,必须因陋就简"。攀钢在"因陋就简"的形势下建设,在没有城市依托的情况下,要支撑和服务企业发展,只能自己办"社会"。

20世纪80年代,时任攀钢党委书记的刘京俊曾深入基层,用一周的时间,跟踪调查炼钢厂一位车间主任的工作。他发现这位车间主任"眉毛胡子一把抓"、抓非生产重于抓生产的情形,已经到了难以想象的地步:他抓生产管理的时间,只占工作时间的10%左右,他把更多的时间,用在了"婆婆妈妈"的事情上。

攀钢"办社会",分散了管理、降低了效率、增加了成本、影响了效益。人多、企业办社会,一直困扰和影响着攀钢,直到供给侧结构性改革,在国家支持下,攀钢才逐渐剥离"社会功能",实施人力资源优化改革,才逐渐还原了企业本质。

在特殊的背景和环境下建设攀钢,技术体系需要完善、工艺设备隐患多、攻关时间长、生产组织难度大、成本高等系列问题,极大地影响了企业的正常生产和创效能力。

在管理上存在一定不足。纵观攀钢的发展历程,攀钢重视战略规划和战略管理,但在战略规划的持续性、稳定性方面存在不足,缺乏具有整体性、连贯性的目标定位和清晰的实施策略和路径,部分战略存在"重短期效益,轻长远发展",一些资本运营因决策和实施问题,没有达到促进企业发展的作用,甚至带来一定的负面影响,而战略上的迷失难以用战术上的努力进行弥补;组织架构难以支撑产业发展,使攀钢错失产业整合机遇,对产业的整合力度不够,缺乏与产业相适应、高度匹配、运转顺畅、高效规范的管理体制,构建产业格局的战略难以落实到位;集团化管控模式有待进一步优化,对生产制造、新兴产业和非钢等二级单位的差异化管控体系有待完善;人多、劳动效率低等问题非常突出;产业管理条块化分割严重,缺乏有效整合和整体协同,资源配置效率不高,未形成整体创效能力;中长期激励约束机制缺乏,股权、期权、分红权等中长期激励约束机制运用不足，未建立起企业和员工风险共担、利益共享的机制，还需要进一步调动员工的能动性和积极性。

回望来时路，艰辛如歌；向未来，任重道远。

攀钢人相信，只要牢固树立"革故鼎新、突破自我、包容并蓄、一切可变"理念，深彻变革，就一定能建设一个更有竞争力的攀钢。

战略重构

面对先天不足和企业自身经营管理等方面存在的问题，攀钢系统谋划新攀钢建设，提出了"聚焦攀西资源综合利用，打造世界一流新材料企业"的新攀钢建设目标，并实施"平台、跨界、产融、生态"新攀钢建设战略，重构企业竞争力。

新攀钢建设的愿景是打造世界一流新材料企业，即：基于攀西钒钛磁铁矿资源低成本、绿色高效分离及产业化开发利用的技术创新型企业，基于铁、钒、钛、铬等元素高端材料研发及提供定制化材料解决方案的综合服务型企业，让社会尊重、客户满意、员工幸福。

为完成新攀钢建设目标，攀钢确定了两步走的目标。第一步，到 2025 年，实现营业收入 1200 亿元以上，综合盈利能力排名进入行业前 10 名左右；

2020 年 6 月 16 日，攀钢第九次党代会召开，明确了为打造世界一流新材料企业而努力奋斗的宏伟蓝图与行动纲领

"1+1+4+4"产业（即做强做优研发创新产业，做强做优矿产资源，做强做优钒、钛、特钢、普钢四大主要产业，做大做强积微物联（CⅢ）、产业链金融（DⅢ）、产业链贸易（GⅢ）以及相关多元产业四大基础支撑产业）高水平全面发展；员工人均收入增幅高于行业平均水平，获得感和幸福感持续增强。

第二步，到 2035 年，持续提升经营绩效，盈利能力跻身行业前列；主要核心产业占据市场主导地位；员工人均收入达到行业先进水平，归属感和自豪感显著提升。

战略重构，意味着一场攻坚战。战略重构，再现攀钢当年奋斗创新与拼搏超越的精神，是攀钢重视战略和高质量发展的突破战略。

实施平台战略，突破自我。攀钢通过跨业整合，缩短产业链，构建价值链，让竞争要素之间在平台自由流动，实现企业转型与突破，筑牢企业创新与创效根基。

实施跨界战略，求新求变。攀钢以跨界的方式推进产业间反向介入，加强销售、供应、物流、金融等业务跨界协作，进入新经济领域，颠覆传统企业经营界限，挖掘新的增长点，重塑企业自身价值。

实施产融战略，为产业发展插上翅膀。结合钢铁行业产业链长的特点，打造具有自身特色的投融资平台，促进金融与产业深度融合，打造产业资本与金融资本"双驱动"增长模式。

实施生态战略，构建生态圈，带动生态圈整体升级。把握区域供应端和市场端主导权，努力做生态圈中的"水和阳光"，打造生态链，构建共享共赢生态圈。

新攀钢建设是新时代赋予攀钢的新使命。经历风霜雨雪，攀钢激昂出发，企业再现勃勃生机。

构建发展新体系

2018 年 2 月，习近平总书记在视察四川时指出，三线建设使一大批国有企业和科研院所来到四川，这些都是四川发展的宝贵财富。

攀钢认真学习贯彻习近平总书记的重要讲话精神，发扬三线精神，迎接新挑战。当攀钢人分析建设新攀钢面临的形势任务时，有了又回到近六十年前的感觉：重返建设攀钢战略，向着更高目标出发。

攀登路上无坦途。解题要有思路，攻坚需握利器。攀钢从建设新体系入手，破解发展问题。

建设创新发展新体系。深刻领会立足新发展阶段、贯彻新发展理念、构建新发展格局的内涵，坚持创新驱动，把科技创新作为战略支撑，面向国家重大需求和企业发展需要，完善创新体系。

新攀钢建设的体系包括，构建第三代技术体系，推进第三次管理变革，推进数字化智能化转型，构建绿色低成本运营体系，构建高品质知名品牌体系，推进新兴产业跨越式发展，坚定实施党建强企工程，构建与企业发展高匹配度的人力资源体系，持续推进"文化浸润"工程。

新攀钢建设重点抓好"五个深入""五个打造"。深入推进科技强企，打造高质量发展的动力引擎；深入推进深彻变革，打造高质量发展的体制机制；深入推进产业升级，打造高质量发展的多元格局；深入推进提质增效，打造高质量发展的战略支撑；深入推进民生工程，打造高质量发展的共享体系。

构建产业新体系。建设新攀钢，关键是要有新发展观，产业要"新"，"新"融合着新攀钢建设的使命、目标和措施。

第一新，做强做优科技创新与矿产资源产业。

从国家产业战略和企业发展战略的高度，聚焦攀西钒钛资源综合利用，搭建"互联网+"研究院、国家钒钛新材料产业创新中心等创新平台；建立以市场为基础、机制高效灵活、技术成果转化能力强的协同创新体系，支持与孵化高成长型科技企业，以科技创新引领产业发展。

重点围绕先进基础材料、关键战略材料、前沿新材料三大领域，研发推广航空航天、海洋工程、舰船陆装用高端钛合金板、钛焊管、钛粉等材料，引领研发体系和产业向价值链的中高端延伸，实现以研发创新打造新产业目标。

实现对攀西资源的高价值利用，是攀钢的职责和使命，代表攀钢竞争力。

攀钢坚持依靠技术创新推动资源利用水平提升，实现资源价值最大化；多措并举，形成对区域内资源的控制力，保持攀钢在全国铁精矿生产规模第

矿产资源是攀钢的诞生之源、生产之基、发展之本

二、钛精矿生产规模第一的地位；以全新的体制和机制，谋划红格南矿的建设与开发，打造从开发、管理到综合利用全新的矿山开发体制，为企业发展提供源源不断的矿产资源供应，创新资源开发模式，提升钒钛战略资源利用率，壮大规模，为攀西资源开发再做贡献。

第二新，做强做优钒、钛、特钢、普钢四大支柱产业。

钒产业，综合发挥资源、规模和技术优势，重点开发高纯钒、钒铝合金等特种新材料，拓展钒在非钢领域的应用，提升钒产品国际市场占有率，成为世界钒标杆企业，打造世界一流品牌，成为钒产业发展的引领者。

钛产业，做大钛原料，扩大钛白粉产销规模，突出抓好纳米钛白、高档汽车漆用钛白粉、高品质钛粉、高端钛及钛合金等功能性材料的研发，积极进军航天军工、海洋工程、医疗器械等高端钛材市场，打造全国知名品牌，成为具有国际竞争力的钛化工和钛金属企业。

特钢产业，挖掘五十多年来积淀的和形成的技术优势，实施品牌战略，把拳头产品做到国内最优，打造全国最优特钢品牌。

普钢产业，成为西南地区具有市场主导地位的供应服务商，打造国际领先的铁路用钢品牌，国内一流的汽车用钢、家电用钢和能源用钢品牌，西南最佳的建筑用钢品牌。

以新的四大支柱产业，实现成为世界一流新材料企业的目标。

第三新，做强做优战略性新兴产业和特色相关多元产业。

打造积微物联（CⅢ）的龙头地位，推进积微高端智慧产业园建设，努力成为领军企业。提升天府惠融（DⅢ）的融合能力，打造西部一流的产业链金融服务平台。让物贸公司（GⅢ）互联万家，成为共享、共融、共兴的产业链贸易平台。

发展相关多元产业。逐步在区域市场形成强大的比较竞争优势，力争到2025年新培育2-3家产业集团。

新攀钢建设，是攀钢立足新发展阶段、贯彻新发展理念、实现高质量发展的新战略、新措施的实践过程，建设意义重大，前途光明。

艰难困苦，玉汝于成。

近六十年来，攀钢人始终听党话、跟党走，用心血和汗水绘就了攀西资源综合利用的壮丽诗篇，以卓越的成绩，成为一家受尊重的企业。

一个肩负国家使命的企业，需要迎难而上，砥砺前行；一个胸怀伟大梦想的企业，需要伟大的精神指引。

回顾攀钢从无到有、在不毛之地建设起来，从自我修复、自我改造向自我发展、自我创造的奋斗历程，攀钢能够在磨砺中成长，再次焕发生机，攀钢始终牢记使命。2016年，攀钢在经营困难重重的严峻时刻，寻源寻力三线精神，从来路找出路看未来，提出了"深化保命经营　加快改革发展　以坚定的决心和勇气推动新攀钢建设"的目标，再图逆境崛起；2020年，第九次党代会进一步明确了新攀钢建设的战略目标、战略措施，攀钢进入到高质量发展的新阶段。

党的二十大召开以来，攀钢深入学习贯彻二十大精神，深刻领会中国式现代化的中国特色和本质要求，牢牢把握新时代新征程的中心任务，准确把握前进道路上的重大原则，自觉把党中央决策部署贯彻落实到企业发展中，胸怀国之大者，担当作为，求真务实。坚定地抓好生产经营，强力支撑高质量发展；坚定地抓好科技创新，加速驱动高质量发展；坚定地抓好深化改革，高效牵引高质量发展；坚定地抓好转型升级，深度赋能高质量发展；坚定地抓好党的建设，全面保障高质量发展；坚定地抓好共建共享，持续助力高质量发展，为中国式现代化建设做贡献。

近年来，攀钢立足新发展阶段，贯彻新发展理念，融入新发展格局，服务国家战略，专注钒钛资源综合利用和解决国家"卡脖子"材料技术难题，坚定不移提高科技支撑、提质降本、市场服务、深化改革、生态友好、效率提升"六种能力"，加快打造成为鞍钢集团建设世界一流企业的战略支撑级、世界一流新金属材料企业。

攀钢建设发展的近六十年，是中国经济社会巨变与转型的时期，充满着变革与挑战。攀钢建设者，打赢艰苦建设大会战，建成攀钢、创造精神财富，令人尊敬；攀钢人闯过市场竞争的难关，为国家做贡献，为企业谋发展，争得了荣誉和尊重；面对高质量发展的新征程，攀钢将抢抓机遇谋发展，奋力打造鞍钢集团建设世界一流企业的战略支撑极，成为我国钒钛产业领军企业和世界级钒钛钢铁产业基地！

勇攀高峰的攀钢

三线建设建成攀钢，孕育了攀钢文化，诞生了攀钢企业精神；三线精神是攀钢企业文化的"魂"。

三线精神是攀钢的力量之源

在开发攀枝花、建设攀钢的过程中，来自全国各地的建设者胸怀爱国主义的情怀和伟大理想，藐视困难，迎难而上，在恶劣环境中安营扎寨，站稳脚跟，艰苦奋斗，创新攻关，打赢了建设攻坚战。在建设过程中，孕育了独特的攀钢文化，形成了"艰苦奋斗，勇攀高峰"的企业精神。

"艰苦奋斗，勇攀高峰"是攀钢的文化根基和动力之源

20 世纪 70—80 年代，经济建设成为党和国家的中心工作，国民经济全面复苏，攀钢也迎来发展新阶段。

1978 年，攀钢结束连续 8 年亏损的历史，开始盈利。1980 年，攀钢的产品产量和各项技术经济指标全面达到设计水平，三年累计实现利税 2.74 亿元，基本弥补了前 8 年的亏损，从 1981 年到 1985 年，经济效益大幅度增长，利税平均每年递增 20% 以上，五年累计实现的利税总额，相当于国家对攀钢一期工程建设的总投资。

在这一时期，攀钢开始全面总结建设发展经验，对攀钢文化进行总结提炼。1986 年，提出了攀钢企业文化的核心为"艰苦奋斗，勇攀高峰"，内涵为"不畏艰难的创业精神，尊重科学的求实精神，团结奋斗的协作精神，勇于创新的开拓精神"。

"艰苦奋斗，勇攀高峰"是对攀钢建设发展历史的高度浓缩。

攀钢的企业精神在三线建设过程中产生，重在奋斗，贵在进取，胜在创新，赢在诚信，旨在和谐，在攀钢建设发展中孕育成长，为攀钢的建设发展提供了不竭动力，是三线精神的重要组成部分。

三线建设为攀钢孕育了宝贵精神财富

三线建设经历了"三五""四五""五五"三个五年计划，国家共投入2050 亿元资金，动用了几百万的人力，安排了几千个建设项目。规模之大、时间之长、动员之广、行动之快，史无前例。

三线项目按照备战的原则建设，无论是内迁还是新建，大都在偏僻、隐蔽、靠山的地方展开，建设条件极其艰苦；按照军事化方式进行管理，只讲任务，不讲条件；建设者身怀国家与民族大义，以为国分忧、为国献身的爱国精神，艰苦创业，升华形成了"艰苦创业、团结协作、勇于创新、无私奉献"的三线精神。

三线建设形成的物质成果和精神成果，是中华民族永久的宝贵财富。在艰苦的环境中建设攀钢、开发攀枝花资源，与全国众多三线建设项目一样，艰苦卓绝。艰苦的建设环境，磨炼了攀钢人的品格。建设者表现出来的"惊天地、泣鬼神""震寰宇、撼世人"的气概，无私奉献，凝聚成巨大的精神力量。

攀钢是三线精神重要的实践者。"艰苦奋斗，勇攀高峰"的企业精神，蕴含丰富的三线基因，是三线精神的重要组成部分，是攀钢人的奋斗精神。

艰苦奋斗是攀钢文化的基本品格。建设攀钢体现了中国人民强烈的爱国精神，这种精神的核心是不怕艰苦，用奋斗创造未来；在发展攀钢过程中，攀钢人一直坚持着艰苦奋斗、勇攀高峰的品格。

二期工程建设时，攀钢负责工程建设的干部职工，整整放弃了104个星期天的休息，没有拿过一分钱的奖励或补贴。

作为既参与打破被国外专家称为"呆矿"断言的"108将"之一，又是攀钢二期工程建设重要指挥者的原攀钢副总经理马家源，在谈起这段经历时说："中国的起飞总要有人做一点牺牲。我们不休息，正是为了将来人们生活、休息得更好。"

正因为有了这种精神，攀钢才能把一个个"不可能"变成现实，创造世界奇迹。

攀钢在适应市场经济竞争中，同样经历了向死而生的艰难。攀钢人以勇攀高峰的志气奋斗，在充满不确定性的世界里创造可能，在竞争中不断发展，为艰苦奋斗的品格赋予了时代生命力。

无私奉献是攀钢文化的重要内涵。无私奉献就是国家利益高于一切！在建设攀钢时期，建设者"舍小家，为大家"，面对艰难险阻，义无反顾。

建设攀钢需要奉献，发展攀钢同样需要奉献。当国家利益与企业利益冲突时，攀钢总是把保国家利益摆在第一位。

1993年，国家为突破交通运输的瓶颈，大力开展铁路建设。攀钢承接了为铁道部生产34万吨钢轨的任务。那一年的上半年，全国生产资料总指数上升了44.7%，钢铁产品价格飞涨，钢铁企业的业绩节节攀高，可攀钢却只能看着别人赚钱。因为国家采购钢轨的价格"稳稳地保持不变"，仍然很低，只值"废钢价"。攀钢按照国家定价供应钢轨，一年要少收入近7亿元人民币！

完成钢轨供应任务，如同从企业的"钱包"中往外"掏"钱，谁都会心疼，但攀钢人却只认一个死理：这利益那利益，祖国的利益高于一切，只要国家需要攀钢就干。

为全力保证国家铁路建设用钢的需要，攀钢专门成立了"重轨生产领导小组"，由总经理亲自挂帅，每月两次召开协调会，雷打不动。攀钢还把重轨生产工序进行"捆绑"考核，形成利益共同体，拿出 100 万元，重奖对重轨生产有功的人员。

攀钢就是以这样的认真劲儿，为国家做贡献，并以对中国铁路建设特别是高速铁路做出的突出贡献受到赞扬。有一位铁道部领导称赞攀钢"对中国高速铁路建设发挥了战略支撑作用"。

在攀钢，曾经有 15000 多名的单身职工。他们距家路途遥远，或者因家居偏僻，很多人一年才休一次探亲假，在家的时间常常不足一个月。他们把攀钢当家，在攀枝花度过了青春韶华，"献了青春献终身，献了终身献子孙"。对于有血有肉、有情有义的人来说，他们的奉献与牺牲，难以用语言来表达。

在新攀钢建设时期，我们又看到了另外一批奉献者，他们都是在攀钢干了大半辈子的人。为了支持攀钢供给侧结构性改革、实施人力资源优化改革，提高企业生存发展能力，有数万人离开了攀钢。在人们更重视利益的时代，当无私奉献显得"稀缺"的时候，他们仍然以大局为重，选择了奉献！

攀钢人的选择再次诠释了什么叫无私奉献。艰苦奋斗就是放弃个人利益，无私奉献就是舍小利顾大局。攀钢正是有了这样的传统和这样的职工，在成长过程中虽遇到艰难，仍能砥砺前行。

团结协作是攀钢文化的鲜明底色。建设攀钢是一件艰难的任务，唯有团结协作，方能成功；建设攀钢充分体现了社会主义制度的优越性，是大协作的典范。

全国人民支持攀钢建设，各路建设大军到达攀枝花安营扎寨，卧薪尝胆，艰苦创业；发扬"南泥湾"精神，没有条件创造条件，搭席棚子建干打垒，开荒种菜，生活的事情自己办，发愤图强，建成攀钢。

值得一提的是，攀钢一期的设备国产化率达到 97%。其中，沈阳重型机器厂承担烧结机，上海冶金机器厂承担环冷机，富拉尔基第一重型机器厂承担初轧开坯机、轨梁轧机和高炉，大连工矿车辆厂承担翻车机和堆取煤机，上海重型机械厂承担转炉，太原重机厂承担脱锭吊车，武汉锅炉厂承担蒸汽锅炉，杭州制氧厂承担制氧机……这些大型设备要求技术要新，而且要兼顾山区建厂特点，很多设备是首次中国造，制造难度大。但机械制造厂的干部职工，克服困难，加班加点，提前和按期交货，保证了攀钢建设的需要。

根据 1982 年全国第二次人口普查统计，攀枝花的城市人口 99.5% 来自全国 29 个省、自治区、直辖市，其中来自省外的人员占 38.3%，来自四川省其他地市州的人口占 61.2%，从各行各业、各条战线的职工来源情况看，与人口普查的统计基本相同。

建设攀钢、开发攀枝花资源，是全国人民大协作的结果，攀枝花是一座典型的"协作城""移民城"。

协作汇聚力量，协作能办大事，协作能够形成更大的发展力量。

攀钢重视产业协作，上游为下游创造条件，后勤辅助支持主体，全体攀钢人共下一盘大棋；科技攻关与技术进步，历来都是整个攀钢的事，大课题"大攻关大协作"、小课题"小攻关小合作"，都是调集力量一起干；攀钢在四川钒钛钢铁产业发展的新时期，团结引领和帮助其他企业发展，同样发挥了龙头企业的作用。

勇于创新是攀钢文化的主旋律。科技是攀钢的生命线，创新变革是攀钢的"本"，构建了攀钢的竞争发展之基。

攀钢人的创新，大到对攀西资源的综合利用，小到在车间班组的小改小革。1994 年 11 月，新华社记者在初轧厂见到了大班长黄明安。

黄明安带领全班针对设备的薄弱环节，3 年完成四项较大的革新项目，共创效益 40 万元，他还带领全班主动修旧利废，创造价值 200 多万元。

黄明安作为一名班长的举动，让新华社记者十分惊讶，他们以《中国的脊梁》为题，报道了"为中国争气的攀钢人"。攀钢的创新，有时显得冒险和"出格"。

为了用好"洋债"，攀钢二期工程建设创新了以业主为主体的管理模式，作为甲方，实施对施工各个环节的质量监督、检查和确认，在任何时候、任何情况下都具有质量否决权；设计单位派人到现场服务，从工艺技术上对工程施工进行管理把关；施工单位建立全面质量管理体系，有专兼职质量管理人员，确保施工质量。

甲方为主体、三方高度协调统一的业主管理模式，取得显著成效。攀钢二期工程建设质量达到优良标准。4 号高炉系统获冶金部"优质工程"称号，1992 年还获得了国家"鲁班奖"。优质的二期工程，推动攀钢由"钢坯公司"变成"钢材公司"，推动攀钢的工艺技术装备水平迈上新台阶。

"出格"的背后是自信和智慧，攀钢的出格总是会不同凡响。

在攀钢建设发展的近六十年里，攀钢人发扬三线精神，继承传统、艰苦奋斗、履责担当、拼搏超越，推动企业建设发展渡难关，抓住机遇谋发展，不断站在创新发展的新起点和新高度。

攀钢是三线建设的重中之重，是三线建设的成功典范，是三线精神的生动体现。三线精神将为新攀钢建设提供强大的精神动力！

三线建设是攀钢的根，三线精神是攀钢的魂，创新变革是攀钢的本。开发攀西资源、在"不毛之地"建设攀钢，使攀枝花成为令世界瞩目的城市和重要的钒钛钢铁基地，回顾攀钢近六十年的建设发展过程，我们能够触摸到时代进步发展的脉搏，探寻到企业发展的规律，看到"英雄攀钢"的过往今来；循着新攀钢建设"打造世界一流新材料企业"的目标，我们看到了攀钢的美好未来。

攀钢人

钢铁人生——赵忠玉

他，不是诗人，却谱写了攀钢快速发展的壮丽诗篇；

他，不是画家，却绘制了攀钢走向世界的壮美画卷。

"成则庆功酒、败就喝卤水"的铮铮誓言，体现改革者的气魄与胆识！

攀钢人的骄傲，与他的名字，紧紧相连！

1950年，赵忠玉18岁，这一年他进入鞍钢工作。当时，百废待兴的新中国对鞍钢恢复生产寄予厚望，也给鞍钢职工提出了"大干快上"的要求。自此，赵忠玉的人生与钢铁结缘。

十余年的时光，赵忠玉与鞍钢一起成长。

1965年，鞍钢担负"包建"攀钢的任务，赵忠玉的人生轨迹因此改变。他从鞍山来到攀枝花，参加攀钢建设。

1980年4月，赵忠玉担任了攀钢公司副经理。那一年，攀钢迎来了快速发展的新机遇，生产经营进入了快车道。1982年4月，攀钢经理黎明调任冶金部任职，他充满希望地对赵忠玉说，你们一定要把攀钢建设得更美。

1983年6月，赵忠玉成为攀钢公司的掌舵人。攀钢作为我国三线建设的最大企业，完全依靠我国自己的力量建设发展起来。赵忠玉自上任之始，就面临着是"攻"还是"守"的艰难抉择。

建设二期工程是赵忠玉最重要的决断之一。在攀钢第二招待所五会议室，赵忠玉做过很多艰难的决策，特别是攀钢向国际银团借贷，深刻地影响了攀钢。

在国家改变投资模式和对企业的管理方式后，为了筹措资金建设二期工程，他在国内难以解决资金的情况下，战略性地把眼光转向国外。经过与团队广泛讨论，甚至争论，他逐渐理清思路，下定决心——借"洋债"建设二期工程。

赵忠玉也怕背"洋债"，但他更怕公司不发展。

当时的攀钢站在从"钢坯公司"向"钢材公司"转变的命运交会路口。不上二期工程，国家综合开发攀西资源的战略只能是"规划蓝图"；不上二期工程，攀钢就只能是"钢坯公司"。上二期工程，企业又要冒谁也不能预测的巨大风险。

关键时刻，赵忠玉决定一搏！他说，建二期工程，我一手拿庆功酒，一手拿卤水。搞好了，喝庆功酒；搞不好，喝卤水！

赵忠玉横下一条心，率领十万攀钢人，在改革开放的大潮浪尖中放手一搏，到世界舞台上展示攀钢人的风采。

1987年5月28日，北京，人民大会堂黑龙江厅。

赵忠玉坐在树立着中华人民共和国国旗的签字桌旁，代表攀钢向国际银团借款，开了中国工业企业"国际贷款"先河。攀钢从此成为中国冶金行业中第一家借外债、既有内债又有外债的企业。

1986年，攀钢二期建设正式启动。赵忠玉亲任总指挥长，率领一班人靠前指挥，亲自部署和指挥一个个重大工程战役，攻克了一道道技术难关。

1996年5月28日，攀钢严格按照协议还清本息共2.87亿美元的商业贷款。当天，攀钢在北京召开新闻发布会，场面喜庆，晚宴热烈。

当天晚上，赵忠玉喝了半斤白酒！胜利的喜悦让他陶醉！

二期工程建成投产后，被誉为"象牙微雕钢城"的攀钢，实现了从"钢坯公司"到"钢材公司"的嬗变，在金沙江畔，崛起了一座现代化的崭新钢铁集团和中国最大的钒钛生产基地，也改变了我国钢铁产业北多南少、东重西轻的布局，为西南地区经济发展提供了充足的钢材保障。

赵忠玉敢为天下先，带领攀钢处处争先。

攀钢在全国工业企业中率先实行经营承包责任制，打破企业吃国家"大锅饭"、职工吃企业"大锅饭"的弊端，激活了攀钢生产经营与企业发展，也为国有企业体制机制改革进行了有益探索，提供了经验；他积极推进劳动、人事和分配三项制度改革。1992年，攀钢的"三项制度"改革经验成为全国冶金企业标杆。1993年，在他的推动下，攀钢率先组建攀钢集团板材股份有限公司，组建攀钢集团，进行现代企业改革，实施集团化管理，在香港成立公司布局海外市场，组建财务公司进入金融市场……由此，一家三线企业，成为行业首批拥有上市公司和国内最早一批拥有财务公司、海外公司的特大型企业集团。

赵忠玉担任攀钢总经理、董事长期间，是攀钢建设发展史上发展较快、创新最多、影响力强的重要时期。他创造了很多奇迹，也创造了诸多"名言"。

"饭菜里面有钢铁"是他的经典之作。为了让攀钢职工吃好饭、干好活、做贡献，他把职工食堂作为建设一流钢铁公司的一项重要指标。

经过努力，攀钢的厂区食堂让人刮目相看。琳琅满目的饭菜，可以让职工半个月吃得不重样，食堂提供的"包席"服务，"绝不比成都的大馆子差"，让攀钢职工身在攀枝花，可以吃遍全国。

为了让职工们欢度春节，攀钢曾举办"万人宴"，宴请广大一线职工，干部们夹道欢迎这些"无名英雄"。在"万人宴"上，赵忠玉向一线的职工敬酒感谢，场面温馨。

平日里拿上几十公斤机具都稳如泰山的炉前工们，端起酒杯时，手却颤抖了，他们对企业给予他们的厚爱，激荡回肠。

那个时候，攀钢单身职工成为成昆线上的一道风景线。他们探亲休假时，拖着单位发的旅行箱，成为流动的攀钢标签。

不少干部坦言是被赵忠玉的演讲感动，来到了攀枝花。

那个时期，攀钢急需各类专业人才，国家"统分统配"来的大学生杯水车薪，有的分到攀钢但不报到。赵忠玉多次率队前往清华大学、北京科技大学、东北大学、重庆大学等著名学府，给应届毕业生们介绍攀钢的情况，展示攀钢的未来，希望他们毕业了来攀钢。

被誉为演说家的赵忠玉常常不喝一口水，就能滔滔不绝地讲上两个小时；很多人因此爱上他、跟随他，冲着他那句"要干事业，就到攀钢来"的肺腑之言，无数青年学子，怀抱着振兴中国钢铁钒钛事业的梦想，来到攀钢，成为攀钢发展的重要力量。

赵忠玉曾有近200个"宝贝"，都是优秀的管理及专业技术人才。他开玩笑地说，谁都可以调走，但这些人我一个都不放，因为他们是攀钢生产经营与建设发展的顶梁柱。

管理出效益，这位有着丰富实践和理论经验的儒将，一生都在抓管理，处处讲的都是如何创新管理。1989年，赵忠玉站在东北工学院的讲台上给学管理的研究生讲课时，他的睿智和担当，深深地吸引了那群研究生，引起学生们的阵阵掌声。

攀钢因此成为一批批优秀人才"西南飞"的梧桐树。

赵忠玉一直强调，攀钢是"国家队"要参加"奥运会"，要到国际市场上参与国际竞争。在他的带领下，攀钢的国际竞争力与行业影响力不断提升，在钒钛磁铁矿综合利用和钢轨、钒钛等领域，攀钢一直保持世界领先的地位；

攀钢坚持管理创新，荣获全国冶金工业企业管理优秀奖；1993 年 6 月，攀钢（集团）公司成立，赵忠玉出任董事长兼总经理，攀钢一跃成为冶金行业四大国家级企业集团之一，赢得了"中国钢铁工业骄傲"的美誉。

赵忠玉以其远见、睿智的眼光，规划和领导攀钢发展，引领攀钢取得优异成绩，成为企业改革发展的典范，他也获得诸多荣誉。他是党的十三大代表和第八届全国人大代表；1990 年，他被评为全国优秀企业家，荣获"金球奖"；1995 年，赵忠玉被评为全国劳动模范。

赵忠玉以其对党的忠诚，对事业的执着和奉献，对企业和员工的热爱，对攀钢建设发展做出的巨大贡献，赢得尊重，谱写了自己辉煌的钢铁人生。

赵忠玉因此成为很多攀钢人感谢和怀念的人。他说，攀钢人爱他，是他最大的幸福！

第二章

奋斗篇

攀西地区因储藏着丰富的钒钛磁铁矿资源，具备钢铁生产的基础条件，满足备战需要等，成为三线建设的主战场和重中之重。攀钢因此从无到有，走到了三线建设的舞台中央。

攀钢的实践证明，奋斗是成功的基础，艰苦奋斗意味着无私奉献。攀钢的建设发展史，就是一部奋斗史。

攀西资源综合利用的
第一次腾飞

激情燃烧的岁月

国家在国力不强和不具备建设条件情况下，出于战略考虑决策建设攀钢，注定这是一场需要艰苦付出的攻坚战。

攀西地区自然环境恶劣，加之不通铁路，物资供应能力差，建设条件缺乏，生活条件艰苦，建设攀钢的难度，在世界冶金史上绝无仅有。

好人好马上三线

2021 年，吴德素已经 75 岁了。在她的家中，有一张"全家福"照片，是她与家人在攀枝花市瓜子坪隆庆公园拍摄的，画面中洋溢着幸福快乐。

闲暇时，她时常会望着这张照片，回忆建设攀钢时的峥嵘岁月。每每这个时候，她会热泪盈眶，为付出、为贡献、为荣誉、为自己、为时代，也为未来。

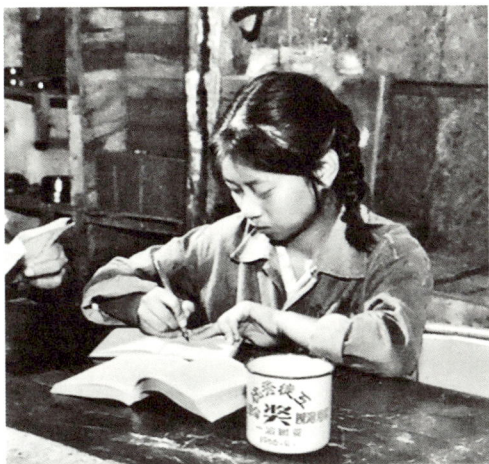

"六朵金花"之一　吴德素

1964 年 11 月，冶金部决定将第一冶金建设公司的一部分人员安排到四川，负责建设西昌试验厂及筹建攀枝花钢铁基地。吴德素就是在这个时候，从一冶特种工程处来到渡口市 2 附 10 信箱（冶金指挥部特种公司渡口工程处），从事汽车备件的保管工作。

吴德素和她的同事们，是攀钢的第一批建设者。当时，攀枝花生活条件相当艰苦，他们就"三块石头架口锅、帐篷搭在山窝窝"。他们的主战场，在金沙江畔一块斜劈的 2.5 平方公里的坡地上，2021 年 9 月，中央电视台播出的大型电视剧《火红年华》，展现的就是当年在弄弄坪建设攀钢的场景。

弄弄坪是当时攀枝花最平坦、最宽敞的地方，但仍然山高、地窄、难通行，难以"弄弄就平"。

她到攀枝花后，苦练专业技术，对掌管的 580 余种、1 万余件汽车备件做到了过目不忘、烂熟于心，掌握了"一抓准"的过硬本领。

1966 年 2 月 18 日，在渡口总指挥部政治部召开的会战誓师大会上，她因"心中有一本活账，货架有一本实物账，单子上有一本名称、数字账"，成为"三过硬的红姑娘"，成为会战大军中的"六朵金花"之一。

吴德素作为一名攀枝花开发和建设参与者，看着攀钢一砖一瓦地建起来，看到百里钢城崛起，自己生活在亲手建设起来的城市里，心里充满幸福和荣誉感。

在"好人好马上三线"的号令下，争取去三线最光荣。一批批像吴德素这样的祖国优秀儿女，从五湖四海汇聚攀枝花，参加到建设攀钢的大会战，开始了"来到攀枝花就是一辈子"的人生。

2020 年 11 月，我们有幸在攀枝花中国三线建设博物馆看到了吴德素当年被评为"金花"的工作照和"六朵金花"的合影。

今昔对比，让我们十分感慨。

时光荏苒，当年的"金花"红姑娘，与其他建设者一样，都不再年轻，但他们建设的攀钢正在快速发展，这座城已成为"钒钛之都"，他们作为建设功臣，人们将会永远铭记！

白天杠杠压，晚上压杠杠

1970 年 4 月，21 岁的谭定忠结束在鞍钢四年的机车检修技术培训，和工友们从沈阳坐火车到昆明，再从昆明坐了两天的汽车，一路颠簸地到达攀枝花朱家包包铁矿。

谭定忠来自革命老区仪陇县观紫镇新华村，他做好了吃苦受累的心理准备。尽管建设攀钢已进行五年，但攀枝花的艰苦程度还是超出了他的想象。席棚子、油毛毡、茅草屋、干打垒分布在金沙江两岸的山坳里、缓坡上，全市看不到一幢两层以上的建筑。"住"，成了谭定忠们到攀枝花时要解决的第一个难题。

他和工友们自己动手平场地，搭起茅草棚，用钉子将小树干和粗树枝钉在一起，上面再铺上席子，就成了一张床。十几个工友挤在一起，算是有了安身的住所。但好景不长，住了不到一周，一个工友丢烟头引燃了废纸，片刻工夫，茅草棚就被烧了个精光，他们再次"无家可归"。

那个时期，攀枝花的简易住房因气候干燥、易燃等原因经常着火，"火烧连营"成为一道特别的"景观"。1973 年 4 月 14 日，攀钢原电修厂向阳村家属区火灾烧毁房屋三百余间；1974 年 1 月 29 日，一场大火席卷了炼铁厂等单位在荷花池的家属区，数百间房屋很快被烈焰吞噬。

许多家庭的所有家当，顷刻间灰飞烟灭。他们省吃俭用积攒下来的钱和粮票，以及并不多的家具和衣服，都随着风与火永远地消失了。

帐篷搭在山窝窝

建设攀钢在"先生产后生活"背景下进行，生活条件异常艰苦。炎热干燥的气候，达不到卫生条件的饮用水，使传染病、肝炎成了当时攀枝花的常见病；流鼻血、拉肚子、睡不好觉，几乎是攀钢早期建设者都曾经历过的"三线"生活。

极端艰苦的生活条件，并没有磨灭攀钢建设者的意志，反而点燃了他们的激情，激发了他们的力量。十九冶机动公司担负着从金沙江边泵站到矿山的水管安装任务。其中，从5号泵站到兰家火山硫磺沟的一段，上有悬崖，下有深沟，水管很难抬上去。无奈之下，工人们只好冒着摔下悬崖的危险爬上山，然后用钢丝绳架起一条索道，将直径245毫米、总共1000多米长的水管，一节一节地拉上山。在铺设6号泵站管道时，水管、几吨重的水泵、变压器设备，都是靠人抬上山去的。

当时在攀枝花拍摄采样队工作的中央新闻纪录电影制片厂的摄影师，用镜头记录下了这幕动人场面：一队队工人抬着物资、设备，喊着号子，近乎匍匐着前行，腰被压弯，但脚步坚定，他们以这样的姿势走完了14公里的羊肠山道……纪录片呈现的，是攀钢早期建设者奋斗、奉献的一个缩影。

从渡口501电厂到密地选矿厂，兰尖铁矿架设110千伏输电线，同样是一场恶仗。整个工程要在连绵起伏的高山顶上竖起24座铁塔，架设23公里长的高压线路。工程需要的水泥、沙子和角钢、电线等材料及施工用水，全部靠人用肩扛上山。参与这项工程建设的十九冶机电公司水电队与五公司的职工们，肩膀磨破、红肿、疼痛难耐，依然不下火线，坚持施工。

矿山施工测量队，每天早上披星出发，背着干粮、仪器，扛着标尺、镐头，抬着混凝土标桩，上山测量；晚上披星戴月回驻地，以惊人速度，两个月就完成了矿山定点测量任务。

攀枝花开发之前，仅有一条等级很低的川西线公路经过攀枝花，离建设攀钢的主体厂址弄弄坪还有50多公里。这条始建于抗战时期的公路，坡陡、弯多，年久失修，通过能力极差，大量超大超长的设备和部件根本无法通过。为改变交通堵塞状况，打开攀枝花的"大门"，上万名建设者头顶炎炎烈日，

1965 年 7 月开工建设的渡口大桥，1966 年 12 月 12 日建成通车，
是中国 20 世纪 60 年代第一座跨径最大的钢铁拱公路桥

逢山开路、遇水架桥，只用一年时间，就搬走 330 多万立方米石头，挖掉 126 万多立方米土石方，修建 50 座中、小桥梁和 765 个涵洞，新建、改建干线公路 3 条，打通基地内、工厂区干线通道，疏通金沙江航道 80 多公里，架起了攀枝花通连外面世界的通道。

连接攀枝花金沙江两岸的大桥，也是建设攀钢的重要生命运输线。从 1965 年开始，攀枝花陆续建设了 180 多座桥梁，被誉为"桥梁博物馆"。当年的雅砻江大桥、渡口大桥、密地大桥，被称为 01 号、02 号、03 号桥，分别于 1966 年 1 月、1965 年 7 月、1969 年 5 月建成通车，对加速建成攀钢起到了重要作用。

"抢晴天、战雨天，大雨小干、小雨大干，晴天一天顶一天半"。建设者们"守山餐，伴山眠，风梳头，汗洗脸"，迎难而上，通力协作，原计划三年完成建设攀钢的前期工作，只用不到一年时间就基本完成。

1966 年，建设者们又发起了建设煤矿、铁矿、水泥厂、发电厂以及攀钢

1号高炉系统等大会战，每一次会战都异常艰难，每一次都没有挡住英勇善战的建设者。

不想爹，不想妈，不出铁，不回家

"在人们急切地期盼中，当天9点左右，火红的铁水从1号高炉铁口喷涌而出。那一刻，锣鼓喧天，鞭炮齐鸣，口号声此起彼伏，人们欢呼雀跃，沉浸在出铁的喜悦中。"

建设中的攀钢1号高炉

攀钢炼铁厂（现攀钢钒炼铁厂）1号高炉首任副炉长王安惠在《见证攀钢第一炉铁》中这样描述当时的场面。这一天，是1970年7月1日；这一天，攀钢建设者如期实现了党中央的殷殷嘱托；这一天，是属于攀钢建设者的节日。

为了这一天，数十万建设者，付出了难以想象的艰辛，贡献了"创世纪"的智慧；也克服了"文革"的干扰。

到1969年底，攀钢主厂区除焦化厂的主体土建工程、烧结厂的主厂房吊装和原料系统基本完成外，其他工程还处于初期施工阶段，1号高炉系统只完成了建筑安装量的27%；炼焦煤原计划从六盘水调入，也因发生武斗，计划落空。

关键时刻，周恩来总理亲自要求：力保攀钢建设顺利进行。1969年12月4日，他在接见四川省和攀枝花市（即渡口市）在京参加中央举办的学习班全体学员时，代表党中央要求四川省和攀枝花军民："要以大局为重，以三线建设为重，一定要全力以赴，保证1970年'七一'以前攀钢出铁。"

攀钢的建设者牢牢记住了党中央的嘱托。为保证1970年"七一"出铁，确保1号焦炉、第一台烧结机、1号高炉以及相关的机修、供水、供电、蒸汽、煤气和铁路等配套工程同步竣工，在建设施工现场，举行了有五万人参加的誓师大会。

夺铁大决战，在党中央的亲自关怀下，在攀西大裂谷打响。十九冶、十四冶、一冶、攀钢、建工、交通、电力、林业、铁五师、851部队、02部队等11个系统3万多人参加会战。

参战队伍由冶金指挥部（2号信箱）统一安排施工计划和调遣力量，打破行业、专业界限，把1号高炉系统的主体、辅助工程包干到单位，全面开工，不允许有任何项目跟不上、掉链子。

1970年1月17日，一场"大兵团""多兵种"立体交叉的夺铁大会战，在弄弄坪拉开了序幕。

领导干部把指挥部搬到现场，供应部门把货物送到现场，职工家属把一杯杯的凉茶摆到现场，职工食堂把锅灶设在现场。建设大军不分昼夜，不分上班下班，吃在现场、睡在现场、全力以赴。有的职工累得说不出话，有的人走路时就睡着了，有的人生病了住院，稍有好转就又回到工地。很多建设者连著名歌唱家郭兰英的慰问演出也顾不上看，大家心中只有一个目标：让攀钢早日出铁。

炼铁要有煤。攀钢炼焦所需的肥煤，原计划由贵州六盘水调入，到距出铁只有几个月时，由于建矿时间推迟，计划落空。而成昆铁路还没有通车，炼铁需要的煤不可能从其他地方运到攀枝花。

1970 年 3 月 10 日，接到肥煤由攀枝花自己解决的任务后，煤炭指挥部连夜召开紧急会议，研究实施方案，成立肥煤资源调查小组。调查小组第二天就深入到攀枝花龙洞地区走访当地的 20 多个小煤窑，摸清肥煤资源，并在现场绘制了草图，仅用 3 天时间就拿出了建设方案。

3 月 16 日，龙洞煤矿建设会战正式展开。煤炭指挥部派出 1000 多名职工组成最强施工力量，创造条件抢时间，展开夺煤保卫战。与此同时，攀枝花建设总指挥部动员 19 个单位协同作战，有 3000 多人参加保煤会战。

经过 75 天的连续奋战，年产 21 万吨的龙洞煤矿于 1970 年 6 月 25 日建成投产，且做到了投资少、质量好，为攀钢 1 号高炉 7 月 1 日投产创造了条件，

龙洞煤矿指挥部

同时创造了我国煤矿建矿史上的一个奇迹。

为了有充足的电力供应 1 号高炉系统施工，确保"七一"出铁，电力系统的职工靠肩挑背扛，把成千上万吨的钢材、水泥、沙石运到高坡险峰，在千岩万壑中架起了无数铁塔。施工中，有的工人背扛 100 公斤水泥，累计日行 42 公里；有的肩挑 30 公斤黄沙，攀登上千米陡坡，一天往返 5 次。

建工、建材、后勤保障等部门，也以革命加拼命的精神，废寝忘食地工作，想一线所想、急一线所急，全力保供。

1970 年初夏，距离攀钢 1 号高炉出铁仅剩下两个月时间。此时，正值攀枝花一年中的旱季，天气干燥炎热，星星之火，便会瞬间将山上的野草燃成火海；干酥的尘土，遇风就会漫天飞扬，但建设者没有任何退缩。

承担 1 号高炉主体设备安装任务的十九冶机电公司，12 天完成通常需要两个月才能完成的工作量；十九冶筑炉公司用了不到 24 天的时间，就完成了烧结百米烟囱砌筑的任务。

4 月 29 日，1 号高炉开始点火烘炉，但由于鼓风机、蒸汽机和空压机等问题，鼓风机运转不到 51 个小时就跳闸停风，空压机 3 天内两次停机。5 月，眼看快要试车了，焦炉拦焦车又出现问题。6 月 11 日，高炉装料完毕开始点火送风，由于高炉烘得不好，送风后各风口都往外流水。

面对接踵而至的重重困难，十九冶机电公司职工经过七天七夜的努力，最终排除了鼓风机跳闸停风和空压机停机等"拦路虎"。攀钢动力厂的干部职工和工程技术人员，日夜奋战，与炼铁厂紧密配合、精心操作，千方百计排除隐患，战胜了高炉接连出现的大小故障，为高炉投产打下了动力基础。

1970 年 6 月下旬，攀钢 1 号高炉系统工程基本完成。建设者用"不想爹不想妈，不想孩子不想家，不出铁水不回家"的豪迈誓言，表现了中国工人以国家利益为重的高贵品质，表达了力保攀钢 7 月 1 日出铁的坚定信心和坚强意志。

建设者以无所畏惧的创业精神，弥补建设条件的不足，建成攀钢，打开了攀枝花资源开发利用的大门；沉睡亿万年的资源，终被勤劳勇敢的中国人唤醒，在攀钢人的手里成了造福人民的财富。

冶炼人生

辽宁人民出版社 1958 年出版的《炼铁学》，是汤乃武与同事们合写的一本工人科普读物。

那一年，他刚刚从鞍钢调到武钢，任中央实验室主任，参加了武钢大高炉技术攻关等众多课题研究。

1964 年 5 月，受三线建设的感召，汤乃武踌躇满志地一路向西，来到了为开发利用攀西资源而建设的西昌中试基地。

为了攻克普通高炉冶炼高钛型钒钛磁铁矿这个世界性技术难题，冶金部组织了 108 人的攻关试验组，汤乃武是技术负责人之一。

首钢试验时，汤乃武的脚被炉渣烫伤，溃烂红肿，迟迟不好。他仍坚持一瘸一拐地到炉前作业区，参加试验工作。为实现用普通高炉冶炼高钛型钒钛磁铁矿做出了贡献。

汤乃武在攀钢工作期间，解决了攀钢高炉布料反常等问题，为攀钢高炉强化冶炼提供了技术保证。他还组织并领导了攀枝花磁选矿尾矿选钛、攀枝花铁精矿氧化球团高炉冶炼试验和钢渣返回烧结、高炉冶炼等多项试验。

1979 年，汤乃武担任了攀枝花钢铁研究院副院长，组织和实施了大量重大科研项目。

1982 年 9 月，汤乃武感觉身体不适；12 月，他住进了医院。经检查，他得了胆管细胞腺癌，已经扩散到整个腹腔。

1983 年 1 月 11 日，攀钢组织攀枝花六家医院的权威医生为他会诊，准备为他做手术。请他签字的时候，他颤抖着写下一行字"坚持就是胜利"。

第二天下午，汤乃武因病去世，终年 57 岁。冶金部闻讯噩耗，专门给攀钢公司发来唁电，电文中称："汤乃武同志生前对钢铁科学技术工作做出了贡献，他的去世是我国钢铁科技战线上的损失。"

冶金部的唁电，对汤乃武为中国钢铁工业发展做出的贡献，给予了高度肯定。

中国钢铁工业的骄傲

攀钢投产初期，问题成堆，故障频现，投产之日就是冶炼和系统攻关之时。

投产初期，1号高炉生产由于掺用普通富铁矿比例较高，冶炼较为顺利；后因富铁矿不够，用的钒钛精矿比例增加，高炉就"娇气"起来，问题频发。

"高炉拉肚子，机关洗裤子"，一句职工编排的顺口溜，诙谐里道出攀钢早期炼铁的窘况。由于钒钛磁铁矿冶炼没有可借鉴的经验，掌握的冶炼规律有限，造成渣子太黏，铁水出不来。无奈之下，只得周期性用普通矿洗炉，人手不够，机关干部也要上高炉帮助清渣。

炼铁厂的高炉渣口经常烧坏，渣罐冒泡溢出，炽热炉渣烧坏或凝住道轨，造成运输不畅，出不了渣，高炉被迫经常休风；焦化厂堆取煤机时常发生故障，煤来了卸不下来；炼钢厂的一台转炉因轴断裂而残废，另一台不能正常抽风、送氧，"三天打鱼两天晒网"；两座可以各装1300吨铁水的混铁炉不敢装铁水，不是炼钢影响炼铁，就是炼铁影响炼钢，或是炼铁炼钢一起"生病卧床"。

1972年，攀钢全年仅生产56万吨铁和4万吨钢，让建设者心疼，让攀钢人心堵。能否在攻克钒钛磁铁矿冶炼技术的同时，实现生产顺行，达产达效，成为摆在攀钢人面前的又一项重大课题。在冶金部的高度重视和大力支持下，攀钢开展了持续多年的顺产达产攻关。

炼铁、炼钢工艺是技术攻关的重点，其中设备攻关任务最重要。钢铁工艺攻关首先攻的是混铁炉装铁水这一关。混铁炉是炼铁和炼钢之间的铁水仓库，要随时保证能接收高炉的铁水，保障供给转炉成分和温度相对稳定的原料。没有它，只靠铁水罐在高炉与转炉之间周转，会出现炼钢等铁水、炼铁等出钢的状况，即使其他问题解决了，攀钢仍然生产不出来多少钢。

混铁炉究竟能不能装钒钛铁水？刚从"牛棚"出来的攻关组负责人，心存忧虑，不敢下决心。据传，南非的一家钢铁厂的两座转炉，1969年装含钒铁水时因炉渣冻结，造成报废的重大事故，让人难免犹豫。一些资料认为，攀枝花钒钛铁水不能进入混铁炉，进了就会把混铁炉凝死，由此攀钢混铁炉建成一年多一直不敢装铁水。

无论是流言还是资料，都让部分领导和技术人员对混铁炉装入钒钛铁水，感到十分担心。

"可以装铁水，不会出问题！"参加过首钢试验的西南钢铁研究院（现攀钢研究院）老工程师陈亮很有底气地说。

陈亮的无畏直言，来自他的真知灼见。他回顾首钢试验场景后认为，首钢开始试验时铁水并未凝块，后因煤气停了 4 天，铁水才出现凝块。攻关组获知这一信息后，看到了希望，并慎重、迅速地把用混铁炉装入钒钛铁水的计划，报告给当时的冶金部副部长高扬文。

高扬文十分重视陈亮的意见，决定用混铁炉装铁水试验。经过反复摸索，精心试验，科技人员找到了炉内加热的合适温度，既能保持铁水的流动性，又不会烧损炉壁。

1972 年 12 月 25 日，混铁炉开始烘炉，次年 1 月 10 日装入第一炉铁水，接着又进行了多次试验，找到了混铁炉装铁水规律。就这样，混铁炉不敢装铁水的问题，终于在转炉投产 15 个月后被攻下来。其他攻关同时进行，硬仗相继打响。

在这一场攻坚战中，曾经吃着每月 50 斤最高口粮，以"能干"和"能吃"闻名的炉前工郑思友是典型的代表。

为了保"七一"出铁，能吃的他却常常累得吃不下饭，还患上了严重的皮肤病，双腿疼痛难忍，但他依然坚守在炉前。他和工友们的"能干"，换来了攀钢用普通高炉冶炼钒钛磁铁矿技术的进步，他以突出的工作业绩，当选为党的十一大代表。

付出终有回报，风雨后见彩虹。经过 10 年不懈地攻关，10 年韧性地较量，攀钢终于掌握了高钛型钒钛磁铁矿冶炼规律，掌握了主动权，相继在高炉冶炼工艺和操作技术，转炉造渣和转炉钢质量，烧结、焦化工艺技术完善，轧钢工艺优化等方面取得突破，形成了一套完整成熟的大高炉冶炼高钛型钒钛磁铁矿技术，攀钢逐渐建立起了一整套生产管理制度管理体系，生产逐步走上正轨。

攀钢的创新攻关取得了巨大成功。从 1977 年开始，攀钢生产三年迈出三大步：1978 年，攀钢生铁产量比 1977 年增长 30%，达到 144.16 万吨；钢产量比 1977 年增长 46%，达到 97.06 万吨；钢材产量比 1977 年增长 50.37%，达到 70.5 万吨。1979 年，铁、钢、材再次刷新上年纪录，铁、钢、材产量分别达到 176.71 万吨、133.90 万吨、94.45 万吨；到 1980 年，全年实现生铁 195 万吨、钢 162 万吨、钢材 110 万吨、钒渣 4 万吨，主要产品产量超过了设计水平。

从 1983 年开始，攀钢的三座高炉均进入了全国特等高炉行列。

攀钢突破用普通高炉冶炼高钛型钒钛磁铁矿的技术壁垒，解决了困扰世界冶炼史一百多年的难题，实现了对攀西资源综合利用的第一次腾飞；在世界钒钛磁铁矿冶炼史上，写下"中国攀钢"的名字，并持续保持着世界领先的地位。

攀钢人

矿山雄鹰——沈世荣

矿山是攀钢的"钢铁粮仓",确保采场安全,实现钒钛磁铁矿资源优质保供,
是沈世荣毕生的追求。

他以深耕卓见,务实创新,创造奇迹,被誉为"矿山雄鹰"!

1981 年 7 月，沈世荣从长春冶金地质学校毕业。在那届毕业生中，有 6 人分到四川，只有他来到了攀枝花。

沿着黄褐色的金沙江前行，汽车接近保果大桥时，他看见了群山下若隐若现的矿区。

参加工作后，沈世荣跟着师傅和同事们每天都要去采场，走遍了兰尖铁矿和周边区域的沟沟坎坎。他记录每个采点的数据，手绘的草图、数据表及分析材料记满了几大本，掌握了第一手参数。

三十而立，当有所作为。

1987 年初，沈世荣毛遂自荐成为地测科边坡工程地质组组长。没多久，一道难题摆在了他的面前。

在尖山采场南帮边坡工程地质补充调查过程中，沈世荣发现尖山采场南帮露出一块 200 米长、105 米宽的大理岩。出现这种状况，必须尽快复核矿脉的分布，给采掘提供依据。

经反复复核确认，沈世荣向兰尖铁矿提交了"关于修改尖山采区边坡境界线的建议"。按此方法实施，可少剥岩 584 万吨，多采矿石 151 万吨，节约剥岩费约 1500 万元，还有助于延长矿山寿命。

矿山成立了"尖山边坡挖潜研究"重点科研攻关项目，由沈世荣担任副组长。矿山的课题项目，一般都需要较长的研究周期，为取得精准数据，沈世荣和项目组的同事们，不分白天黑夜地忙碌在阶梯状采场。

他们每天都攀缘在边坡掌子面，稍不留神就会刮伤手脚，同时还要小心跌落。但他们坚持不懈，直到完成全部工作。

项目完成了，"尖山边坡挖潜研究"部级成果鉴定会在北京密云召开，获得与会专家们的一致认可，项目达到国际先进水平，具有很高的参考借鉴价值。

在科研的道路上，沈世荣越走越有信心，越干越有收获，他根植于巍峨矿山，用心呵护着每一平方米的采场。

1994 年，沈世荣荣获冶金部"劳动模范"称号。1996 年起连续多年成为攀钢英杰之一，这只翱翔的雄鹰，成为攀钢矿业公司杰出的代表人物，用执着和奉献，诠释着钢铁"粮仓"的拼搏追求。

　　沈世荣十分关心攀钢"粮仓"的未来和稳定供应。

　　他结合尖包包矿区由露天转地下开采的实际，提前研究，认真思考，为安全开采保供、延续矿山寿命和地下开采做准备。

　　2012年，他的研究文章《尖包包矿区露天转地下开采地质工作的思考》在《矿山工程》上刊载，较全面地记录了他的思考。

　　他在文章中总结了攀枝花矿区所有的地质工作成果，对如何做好尖包包矿露天转地下开采的地质工作提出了建议，并分析了开展和做好露天转地下开采地质工作的意义，为实现矿井安全生产提供了可靠的依据。

　　沈世荣对矿山的热爱和为矿山发展做出的贡献，得到攀钢的肯定，他因此也被誉为"矿山雄鹰"，成为攀钢职工的优秀代表。

攀西资源综合利用的第二次腾飞

曲折奋进的脚步

攀钢从计划经济走向市场经济，跳出计划经济和战备思维看自己，看攀西资源，看发展前景，看清了自己，看到了不足，发展的紧迫感、危机感和再出发的使命感不断增强。

借款建二期：钢坯公司变钢材公司

攀钢解决了普通高炉冶炼高钛型钒钛磁铁矿的世界性技术难题，为企业提高对攀西资源的综合利用能力奠定了技术基础；改革开放推动中国经济快速发展，对钢铁产品产生巨大需求，为攀钢加快发展提供了市场条件；在国家财力有限、投资体制改革的形势下，如何借助市场的力量谋发展，成为攀钢发展的一项重大课题。

时代把攀钢人推到了一个新的历史转折点，攀钢人把考验变成了发展新机遇。

早在1972年8月，国家和四川省有关部门就提出了建设攀钢二期工程的设想，并进行了准备；1976年3月、1978年1月，冶金部又两次向国家计委提交了关于攀钢二期工程建设的报告。

1983年，攀钢在冶金部和四川省委、攀枝花市委的领导和支持下，进行了二期工程建设的准备；第二年，国务院原则同意攀钢二期工程建设；1985年4月，国家批准了攀钢二期工程建设方案。

1986 年 1 月 14 日，攀钢二期工程破土动工典礼举行

当时冶金部批准的攀钢二期工程总投资为 32.60 亿元，后因建设内容增加、物价上涨、工期延长等原因，投资总额预计高达 103.6 亿元。而自 1985 年开始，国家投资体制改革，投资主体由国家转向企业，攀钢建设二期工程，只能走负债建设的路子。

干还是不干？一座看似不可逾越但充满希望的山峰横亘在攀钢面前。攀钢敢不敢、能不能再攀高峰？

干的好处显而易见：规模发展，保持在国家的战略地位；实现工序平衡，提升竞争力，由"钢坯公司"变"钢材公司"；提高综合利用攀西资源能力，服务国家资源战略。不干的理由也充分：还不了债怎么办，谁敢拍胸脯打保票！

攀钢站在历史的十字路口，做出了坚定选择。

1987 年 5 月 28 日，一个寻常又不平凡的日子。

这一天，攀钢二期工程建设向国际银团贷款 2.1 亿美元的签字仪式，在北京人民大会堂隆重举行。时任攀钢经理的赵忠玉，在贷款协议上郑重地签下了自己的名字。攀钢因此成为中国进入国际金融市场的第一家工业企业，为中国企业国际融资开了先河。

赵忠玉因此被人们称为"个子小、胆子大"的中国企业"巨人"！

攀钢为什么要走这一步险棋？

赵忠玉在接受记者采访时说，企业负债不可怕，最怕不发展。1980年，攀钢形成了年产150万吨钢的综合生产能力，但规模很小，且铁多钢少、材更少。当时，攀钢只有一家轨梁厂和线材厂，是产品单一的"钢坯公司"；攀钢要发展，规模必须要上去，钢水必须变成优质材。

钱有了，债也来了。

"早一天建成二期工程，就少付几十万元的外债利息"。好的队伍压不垮！风险就是责任，"后门"是堵死的，只能不断地压任务。

攀钢借外债，压出来了一支上下拧成一股绳的好队伍。

攀钢连铸是中国第一台立足国内设计、制造的首台百万吨级大型板坯连铸机。1991年1月10日，连铸工程开工。时任炼钢厂副总工程师的王中元，晴天一身土、雨天一身泥，日日夜夜坚守在连铸工地。即使在医院做肝肿瘤切除手术时，她依然牵挂着连铸机的安装调试，医生要她休养半年，可她才休息38天，就又出现在建设工地上。

段永民，时任攀钢烧结厂副厂长，领衔二期工程烧结分指挥部时，他已经55岁。为了建设好4号烧结机，他不计节假日，哪里有问题，就会出现在哪里，浑身有使不完的劲。

路是走出来的，攀钢是干出来的。靠着这样的拼劲，攀钢二期工程建设快马加鞭。1997年3月31日，攀钢二期工程收官；而早在1996年，攀钢就已如期还清外债本息2.87亿美元。

二期工程建成后，攀钢总体装备水平达到20世纪80年代末、90年代初国内先进水平，产量规模大幅提高，产品品种结构显著改善，具备了年产热轧板卷100万吨、冷轧薄板50万吨、重轨55万吨、线材20万吨的综合生产能力，材钢比例由1985年的55%上升至82%，形成了大中型材、板材、化工产品和钒钛制品四大支柱产品系列，攀钢对攀西资源综合利用的能力，如虎添翼。

当年赵忠玉借外债时说，一手拿卤水，一手拿五粮液。建成还上外债，喝五粮液，建不成还不上外债，"喝卤水"。

1996 年 6 月 28 日，攀钢在北京国际饭店召开全部还清外债新闻发布会。赵忠玉高兴地请大家喝了五粮液。

为了这一天，攀钢人苦战了十一年！这一天来得不易，这一天来的时候，全是喜庆。

钢铁梦，璞玉心。借债建设，逆势起飞，攀钢人导演了一出威武雄壮的发展大剧！弄弄坪可以作证，二期工程促进了攀钢转型升级，由"钢坯公司"变为"钢材公司"。攀钢因此而改变。

小故事　　　　　　　老骥伏枥战二期

看着视野里奔流直下的金沙江，段永民平添了一股老当益壮的干劲。作为攀钢烧结厂的副厂长，55 岁披挂上阵，担当了攀钢二期建设的急先锋。

1985 年 7 月，烧结厂以 2300 万元的总投资，向攀钢公司承包了二期工程的重要子项目——4 号烧结机的建设任务，擂响了攀钢二期建设的战鼓。

首战，老段便遇到了生产与工程矛盾冲突的难题。

被赞美为微雕钢城的弄弄坪，场地狭窄。新项目的一个基础需要修建挡墙，可是部分位置被老厂设施占用，如何快速地推进工期呢？段永民通过召开"诸葛会"，大胆地采用铆接方式，将一、二期的挡墙连成一体，巧妙地解决了这个"拦路虎"。

干了一辈子管理工作的段永民，有着丰富的设备及工程管理经验，在 4 号烧结机的建设中，他创新地强化甲乙双方的项目管理职能，为攀钢二期建设提供了可复制的管控模式。不当"甩手掌柜"，双方共同努力地确保网络进度。

抽烟机是烧结机组的"心脏"，安装过程中，曾因为精度的原因，造成进气不匹配和轴瓦温度偏高等问题。老段带领工程技术人员，认真地复查基准，组织9名钳工师傅，用半个月的时间，靠着手工打磨，将中机壳高出的2毫米台阶给磨平，确保了试车成功。

经过18个月的鏖战，4号烧结机如期建成。还没等段永民缓过劲来，他又接到了赵忠玉下达的新任务：工程量相当于4号烧结机三倍的6号烧结机建设工程拉开序幕，同样的工期，难度可想而知。

段永民在工程项目开工会上代表全体参战职工发出了掷地有声的誓言：拼上老命，也要拿下项目，为1989年6月4日4号高炉如期出铁，奉献烧结人的力量。

"三五"纾困，努力消灭亏损

攀枝花的七月，潮湿闷热。面对亚洲金融危机的冲击和激烈的市场竞争，受历史包袱沉重等影响，攀钢经营陷入困难。

1998年平常而平凡的7月，在攀钢建设发展史和职工的心中，却有着分水岭的意义。7月24日，攀钢召开六届六次职工代表大会，通过了从当月到2000年6月全员降工资10%等九项超常规举措。

一石激起千层浪，震惊攀钢人。攀钢怎么了，一家荣誉企业，何以到了要降工资的程度。

"降工资"是企业背水一战的措施和决心，也成了攀钢"新闻"。在攀钢人的记忆中，从此增加了"超常规"和"降工资"等热词。

这一天的出现并非偶然。

从1995年起，攀钢受市场、资金、运输、政策等影响，连年出现巨额减利因素。1997年1月2日，攀钢召开干部大会，提出"万众一心渡难关，消化6.2亿元的减利因素，保证全年持平不亏"的工作方针。

攀钢艰苦努力，不让企业亏损，甚至采取特殊措施控亏，期待经营出现转机，渡过难关。攀钢面对的经营困境并非只限于攀钢。

1997 年，在国家 39 个大行业中，有 18 个全行业亏损，多数国有企业陷入经营困境。1998 年，《经济日报》曾这样描述当时的情况："三分之二的国有企业亏损，在国家统计局统计的 5.8 万户国有企业中，国有及国有控股企业亏损额近千亿元。全部国有企业亏损比上年同期增加 23%"。

1998 年，国家打响了国企扭亏攻坚战。时任国务院总理朱镕基用"地雷阵"来描述当时的悲壮，他亲自下达了国企"三年脱困"的"军令状"。

金融危机导致世界钢铁产能过剩；国家投资体制改革导致攀钢自筹资金建设二期，资产负债率陡增；攀钢地处偏僻，导致生产成本和运输成本居高不下；二期产能和效益还在形成中；人力资源结构不合理、企业"办社会"等问题，让攀钢雪上加霜。

1998 年攀钢提出"三年解困、五年步入良性循环"目标

特别关注攀钢经营状况的四川省和冶金部，在调研攀钢后向国务院做了专题报告。报告估算，到 2004 年，攀钢将出现 64 亿元的现金断流，累计亏损将达 46 亿元，攀钢情况十分危险。

"64"与"46"之和是"110"。这两个数据的偶合给攀钢预警，让攀钢警醒。"企业不消灭亏损，亏损就将消灭企业"。

面对困难和重压，攀钢采取超常规措施。

1998 年 7 月 24 日，攀钢召开六届四次职代会，全面分析生产经营面临的形势和机遇，出台了"三年解困、五年步入良性循环"的五大目标和八大措施。这些目标包括：2000 年实现销售收入 140 亿元、利润 1 亿元，资产负债率低于 65%；2002 年实现销售收入 150 亿元，消化历年减利因素后盈利 5 亿元，实现 1.5 万人生产 300 万吨钢，非钢收入占比 30%。

超常规措施扭转了攀钢经营下滑的势头，特别是国家对攀钢采取债转股措施，给攀钢生产经营带来转机。2000 年，攀钢铁产量突破 400 万吨，钢产量突破 350 万吨，实现销售收入 100.34 亿元、利税 14.33 亿元、利润 3.62 亿元，2002 年实现利润 5.5 亿元，提前一年实现三年解困目标。

人类最难的事情莫过于认识自我和战胜自我并实现胜利。攀钢被迫采取的超常规措施，让攀钢人体会到市场无情，竞争惨烈；严酷的形势和竞争的惨烈，也让攀钢人知道，攀钢需要付出更大努力实现蜕变。

债权转股权，国家助攀钢解困

20 世纪 90 年代后期，攀钢债务负担沉重。

1999 年 4 月 19 日，江泽民总书记、吴邦国副总理等党和国家领导人视察攀钢，对攀钢的各项工作给予充分肯定，明确指示要给予攀钢债转股政策，以帮助攀钢渡过难关。

7 月 15 日，攀钢债转股方案上报国家经贸委。方案提出，将攀钢整体作为债转股主体，和银行、信达资产管理公司共同出资设立攀枝花钢铁有限责任公司。其中，攀钢以净资产作为投入，国家开发银行、中国建设银行以攀钢所欠的长期贷款本息符合债转股条件的部分投入，申请债转股金额 54.99 亿

2000 年 12 月 24 日，攀钢债转股后，由国家开发银行、中国信达资产管理公司
与攀钢（集团）公司联合组成的攀枝花钢铁有限责任公司成立

元，设计新公司总资产为 166.67 亿元，资本金 108.26 亿元，负债 58.41 亿元，
资产负债率 35.05%；攀钢投入 53.27 亿元，银行投入 54.99 亿元，按 1:1 折股，
股东结构为：攀钢投入 53.27 亿元，占总股本的 49.21%；国家开发银行投入
39.76 亿元，占总股本的 36.73%；中国建设银行投入 15.23 亿元，占总股本的
14.07%。

2000 年 7 月 8 日，攀钢在北京与国家开发银行、中国信达资产管理公司
签订了额度为 46.73 亿元的《债转股协议书》，其中国家开发银行转股债权为
31.50 亿元，中国信达资产管理公司为 15.23 亿元。

2000 年 11 月 14 日，国家经贸委下发文件，批准攀钢债转股方案，新公
司的股权结构为，攀钢投资 51.23 亿元、股权比例为 52.06%，国家开发银行
投资 31.5 亿元、股权比例为 31.95%，中国信达资产管理公司投资 15.23 亿元、
股权比例为 15.45%。

国家支持攀钢实施债权转股权，使攀钢负债率由 71% 下降到 45%，缓解
了攀钢的资金压力，对攀钢渡过难关求发展起到了重要作用，增强了攀钢发

展后劲；攀钢实施"下岗分流、减员增效"，深化改革等解困措施，转换企业经营机制，推动企业不断发展。

抓住机遇建三期：材变精品

攀钢人一直有着把"材变精品"、打磨企业国际竞争力的构想。为实现这个目标，攀钢实施了三期工程建设。

2000年12月8日，攀钢将《攀枝花钢铁（集团）公司关于"十五"规划的报告》上报国家发展改革委员会，开始启动三期建设。

建设三期工程的主要目的是，"结合攀钢资产重组和生产要素优化配置，开发生产高技术含量高附加值的产品，争取最大的经济效益"。同时，三期工程提出攀钢整体上要达到生态园林式工厂标准，为保攀枝花一片青山绿水和蓝天，为建设长江上游生态绿色屏障履行责任。

2001年6月12日，攀钢冷轧酸轧联机技改项目开工，标志投资84亿元

2005年12月14日，攀钢万能轧机生产线竣工投产

的三期工程正式启动。这是攀钢在新世纪、新起点，实现新发展，提高经济效益和核心竞争力的重大举措。

三期工程低调潜行，没有热烈的仪式与刻意的宣传，每一个工程却都极具标志性和重要性。主要包括钢铁主业技术改造、钒钛资源综合利用、环保节能三大系统，进行全连铸改造、热轧技改、冷轧酸轧联机改造、建设轨梁万能轧机生产线、冷轧热镀铝锌机组、钒氮合金生产线等十大标志性工程。

以"精雕细刻"为重要特征的三期工程，是对攀钢生产系统化、产品精品化、利用高端化、生产绿色化的改造，是攀钢发展的战略性工程。

攀钢三期工程的设计与施工十分困难。新建项目基本上是在攀钢主体生产区的"心脏"部位进行，既要保生产，又要保工程，施工难度大、工期紧、节点要求高，是对设计与建设能力的一次大考验。

攀钢人有着在不毛之地建设一期、二期工程的成功经验，再雕刻的刀功更加娴熟，只用五年时间，就完成了在弄弄坪上的再创造。

2004年12月29日，中国首根100米长尺钢轨在攀钢轨梁厂诞生；2005年底，三期工程基本完成。三期工程，圆了攀钢的"全连铸"梦，巩固了攀钢作为世界一流钢轨生产基地的地位；填补了国内不能生产高档镀层钢板的空白，改变了我国高档镀锌铝产品纯进口国地位；攀钢的钒氮合金生产技术，达到世界领先水平，推动攀钢对攀西资源的综合利用水平又上新台阶。

2005年，攀钢营业收入达323.89亿元，在中国企业500强中排名第67位，成为跨地区、跨行业的现代化特大型钢铁企业集团；三期工程，为提升攀钢在国际国内市场的竞争力和影响力奠定了良好基础。

小故事	青春之歌

2017年6月27日是一个让李源记忆犹新的日子：那一天，李源站在第四届攀钢"十大杰出青年"领奖台上。

这是他送给自己29岁生日的最好礼物。

2010年，带着对故土巴蜀的眷恋，怀着对攀长特灾后重建宏伟蓝图的憧憬，李源告别辽宁科技大学，成为攀长特的一员。此时，攀长特正面临着专业技术人员严重紧缺的问题，他勇挑重担，很快就投入到了新产品开发工作中去。

6年多来，李源先后参与、承担了国家军工配套、科研项目10余项，其中最让他引以为豪的是"高压气瓶用锻制钢管工艺研究"项目，这个项目创下了两个"首次"：国内首次采用精锻机制造40兆帕高压空气瓶用锻制无缝钢管，攀长特首次采用精锻机锻制大口径薄壁无缝钢管。

该项目还打破了当时40兆帕级高压空气瓶全部从国外引进的局面，对国防军工建设而言，其战略意义无比重大。

从气瓶的最初选材试制，钢管的冶炼、制造，再到后面的材料鉴定、样机鉴定等所有程序，他同车间技术人员一同摸索技术方案，一起设计产品的生产流程；与一线职工一起并肩战斗，吃、睡在生产现场，收集、掌握第一手技术资料，付出了艰辛努力。

当精锻机锻出第一根钢管时，李源按捺不住内心的激动，他不停地喃喃自语："成功了！成功了！终于成功了！"

"我是'被成长的'！很高兴那一段坚持奋斗过的日子，那一段日子更像一个熔炉，我被熔炼、重铸！"说起那一段激情燃烧的岁月，李源没有抱怨，心中、眼中满是感恩……

李源的业绩不断加厚：攀长特公司科研项目一等奖、绵阳市科技进步三等奖、鞍钢集团公司重大科学技术三等奖、四川省科技进步二等奖……

李源，用特殊钢的研发成绩，为企业做出了贡献，也成长了自己，唱响了自己的青春之歌。

挺进大凉山，建设新基地

1994年4月，《中国经营报》记者在北京采访了时任攀钢总经理的赵忠玉。谈话即将结束时，赵忠玉展望了攀钢的未来：一是把攀钢打造成跨国集团，到"奥运会"上去拿"金牌"；二是再建年产300万吨钢铁的第二基地，让攀钢更大更强。

时隔十四年后的 2008 年 10 月 15 日，在西昌一个叫罗家沟的地方，攀钢钒钛资源综合利用项目启动。这是攀钢发展的新基地，也是攀钢提升攀西资源综合利用能力的新战场。

攀钢从攀枝花再到西昌发展，是基于从整体上提高钒钛资源综合利用水平、提高市场竞争力的战略思考，也是攀钢面对新形势做出的重要选择。

当时，全球钢铁市场竞争"刺刀见红"，国内大型钢铁企业迅猛发展，竞争激烈；攀钢地处攀枝花，规模很小，发展空间受限，要寻求突破，需要异地发展；远在重庆的一家钢铁集团，在凉山州有座矿山，拟布局西昌建设新生产基地，并与当地政府签订了相关协议。

在攀西地区再建一家大型钢铁联合企业，相当于在家门口增加了一个抢夺原料市场的竞争对手，直接影响攀钢战略实施和可持续发展。

攀钢再次面临艰难选择。干，困难重重；不干，经营发展可能更加困难。

时任攀钢集团董事会秘书的吉广林回忆，攀钢在决策建设西昌钒钛资源综合利用项目时非常谨慎。为做好决策，攀钢董事会和董事会战略委员会多次研究讨论、争论和辩论，多次听取汇报，到现场考察，形成多个决议，力争决策符合企业发展战略，能够经得起历史检验。

2007 年 4 月 24 日，攀钢董事会形成了关于西昌项目的决议："从战略高度重视对发展环境的研究，可把在西昌建设钢铁钒钛项目作为攀钢'十一五'规划的一个内容上报！"

建设西昌钒钛资源综合利用项目，是对攀钢的考验：最大的考验是建成后能否有竞争力和经济效益，能否给攀钢带来发展。

有董事专门对西昌项目建设进行研究，结论是成则攀钢赢，败则攀钢重伤。

2011 年 12 月 22 日，占地 4.7 平方公里、投资 300 多亿元的攀钢西昌钒钛资源综合利用项目竣工投产。

当建设画上句号，能否盈利的检验接踵而来。西昌项目建成时，正赶上中国钢铁产业进入到发展低谷期，出现了连续多年的亏损。对其的议论也就更多，当中国钢铁产业走出低谷，再看西昌新基地时，已是"钢花照眼新"

的景象。

西昌钢钒已成为绿色、高效、低成本开发攀西钒钛战略资源的重要基地，拥有世界一流的技术装备和国内独创的氧化钒清洁生产工艺，具备年产钒渣24万吨、钒制品2万吨、铁450万吨、钢420万吨、热轧材410万吨、冷轧板210万吨、热轧酸洗板70万吨的制造能力；并致力于精品汽车用钢、高端家电用钢、高级别管线钢、清洁钒、钛板五大系列产品的高端研发和制造，对优化攀钢产品结构、提高攀钢产品质量产生了重要作用，西昌钢钒正朝着打造国内最有效率的精品板材和国际一流清洁钒产品制造服务型企业迈进。

建设西昌新基地，说明攀钢是一家有担当的企业，能够在关键时刻做出有担当的选择。西昌钢钒，推动攀钢产品又向高端迈出了一大步；同时，攀钢已经成为攀钢钛板的重要生产基地，将对攀钢成为我国重要的钛金属基地起到重要促进作用。

攀钢的建设发展史证明，创新变革是攀钢之"本"，"敢为天下先"是攀钢人的性格和习惯。攀钢决策建设西昌钒钛资源项目，与当年借外债建二期一样，充满风险，最终却结果圆满；一些企业家与管理者对攀钢建设西昌项目进行跟踪研究，认为决策建设西昌项目具有战略性，西昌项目总体上是成功的，西昌钢钒已经成为攀西资源综合利用的核心基地。

攀钢人不畏艰难，砥砺奋进！

做世界的攀钢

攀钢身在攀西裂谷，却始终放眼世界。面对激烈的市场竞争和国际企业不断涌进中国，攀钢决策者认识到，跨国经营不可避免。

走出攀西，走向世界

攀钢从攀西资源开发利用开始，到做世界生意，再到成为"世界的攀钢"，经历了多级跳。

改革开放初期，攀钢根据技术、生产、管理的需要，邀请多国、多方面、多层次的专家到攀钢。1978年，攀钢接待的第一批外国客人，是来自联邦德国曼内斯曼的 14 名专家。

攀钢珍惜每一次技术交流的机会，让外国专家为干部职工传授先进的生产方式和管理技能，让攀钢人身在攀枝花，也能触摸到世界。同时，派出管理和工程技术人员，到国外学习先进管理模式、先进技术和管理知识，适应国家改革开放的大势，满足市场竞争的需要。

攀钢的努力很快见到了成效。1983 年，攀钢的"拳头"产品重轨出口印度，创汇 500 多万美元，这是攀钢产品首次走向世界，攀钢人很骄傲。1985 年，攀钢成立外事处，统一归口管理外事和国际贸易工作；1988 年 2 月 12 日，中国冶金进出口公司攀钢分公司成立，1992 年 5 月，攀港有限公司成立，成为攀钢打开对外贸易的第一个窗口，攀钢开始全方位参与到全球化市场竞争中。

1994 年 12 月，攀钢集团国际贸易总公司成立，攀钢成为首批拥有对外贸易公司的国有企业。1994 年，出口创汇额达到 1.2 亿美元，占当年销售额的 13.42%，在全国十大钢铁企业中出口创汇率位居首位，成为钢铁企业出口创汇的"领头羊"。

卓越的国际贸易成绩，也为攀钢适应 WTO 体制进行了实战演练。

1995 年，攀钢组织管理专家专题进行"跨国经营"策略研究，确定跨国经营策略，从战略和经营层面向全球化经营迈进。

没有例外。攀钢在中国加入世界贸易组织之前，就赢得了良好的国际声誉。

2001 年，中国加入世界贸易组织时，攀钢已经能够熟练运用 WTO 规则，参与全球化竞争。强烈的"外向型"思维，不断强化的市场意识和行动，推动攀钢重轨和钒产品竞争力不断增强。

2020 年 11 月，"中国高铁首次整体出口"印度尼西亚，钢轨全部是攀钢造。中央电视台新闻联播、人民日报客户端等中央媒体对此事进行集中报道，攀钢钢轨品牌形象再获全球瞩目；12 月初，攀钢模具扁钢因抛光性能好、非金属夹杂物控制处于国内领先水平、交货期短等优势，再次获得德国公司的订单。

世界再次感受到攀钢的底蕴与风采。

胜诉"反倾销"

攀钢努力"做世界的攀钢",逐渐适应了国际竞争的游戏规则,用国际规则维护自身权益,取得了反倾销的诉讼胜利。

2000 年,攀钢板材产品进入美国市场。当攀钢人沉浸在胜利喜悦中时,"反倾销诉讼"来了!攀钢被美国几家钢铁企业以产品倾销的名义起诉,热轧板产品面临被征收 44.47% 高额临时性反倾销税的风险。

同时被诉的还有宝钢、鞍钢、武钢、本钢等国内企业。

面对突如其来的诉讼,攀钢人很自信。攀钢与其他企业联合起来,积极应对,以保住中国钢材产品在美国的市场和声誉,也为获得公平竞争的市场机会。经过一年多的努力,结果没出意外:中方胜、攀钢胜。

2001 年 11 月 26 日,攀钢出口的钒产品又被美国五家钒产品生产企业提起反倾销起诉。这一次,攀钢没有战友。

钒产品是攀钢的拳头产品,攀钢因钒而不凡。面对反倾销诉讼,攀钢第一次独自应诉,这一战力求必胜。

攀钢组建专业的律师团队,调集决策、管理、财务、生产、贸易等人员组建应诉团队,从法律法规、生产组织、生产成本、贸易规则等多个领域充分准备,进行系统、专业、细致的应对。

2002 年 10 月,攀钢再次获得在美国反倾销诉讼的胜利。

这一案,也是我国加入 WTO 后,中国钢铁企业独立应诉国外反倾销获胜的第一案。在这个案件中,攀钢是主角。截至 2005 年,攀钢共遭遇 4 起反倾销起诉,全部胜诉。

攀钢以"做世界的攀钢"的气魄,立足国内,放眼世界,围绕攀西资源综合利用做国际生意,做好生意,拉动管理与技术水平不断提高;国际化的战略视野与综合实力,驱动攀钢走上国际竞争擂台,磨砺发展;攀钢以积极的态度布局世界,以优良的产品赢得世界掌声,争得了在世界上的一席之地。

　　　　　　　　　　　　　艰难的胜诉

　　2001 年 9 月 28 日，美国伯利恒钢铁公司、美钢联等八家钢铁企业对包括中国在内的二十个国家和地区出口到美国的冷轧板、卷，向美国国际贸易委员会和美国商务部提出反倾销起诉，攀钢、宝钢等 7 家国内大型钢铁企业涉及此案，高达 129.85% 的反倾销税率使我国对美冷轧板、卷出口立即陷入停顿。

　　"当我得知攀钢产品遭到美国的反倾销调查时，我的第一个反应是攀钢有大麻烦了"。

　　虽然已过去了 18 年，但提到攀钢产品遭到美国反倾销调查，攀钢国际钢铁一部一位负责人仍然心潮难平。他深知，反倾销应诉费时、费力、费钱，且胜负难料。

　　但为了捍卫 WTO 自由贸易原则，维护企业、行业、国家的利益和形象，攀钢作为中国西部最大的钢铁企业，决定拿起 WTO 武器，独立应诉这一反倾销诉讼。

　　2001 年 11 月 30 日，攀钢正式决定应诉。"我们一定要积极应诉，决不轻易退出美国市场"。

　　2002 年 4 月，国贸公司、冷轧厂、新钢钒财务部等 24 个单位抽调 500 余名人员，和国际律师一起，共同探讨、制定了缜密的应诉方案。

　　由于准备资料时间短，各单位人员按照分工咬着牙玩命苦干，许多人每天工作 16 个小时以上，终于按时将 2001 年全年相关联的各种还原工作表交接反馈完毕，为回答问卷和实地核查提供了完整、准确的材料。

　　2002 年 7 月 18 日，攀钢派人参加了美国国际贸易委员会的损害调查听证会，攀钢与会者以大量的事实证明了我国出口到美国的冷轧产品，未给美国钢铁企业造成损害或实质损害威胁。

　　2002 年 10 月 16 日，美国国际贸易委员会做出最终裁定："中国出口美国的冷轧板、卷未对美国产业造成实质损害或实质损害威胁"。

攀钢人

钢铁工匠——杨林

他是"医生",但他拿的是螺丝刀。

他干的是"体力活",但玩的却是"高科技"。

他用工匠精神,让"生病"的设备,焕发勃勃生机。

这一切,都源于他的初心。

　　2018年1月16日晚上，蓉城的街头寒气逼人，但四川电视台演播大厅却温暖如春。璀璨的灯火下嘉宾如潮，一场盛会徐徐拉开帷幕。

　　四川省总工会、省网信办、省经信委、省人社厅、省国资委等5部门联合主办的以"匠心筑梦，技能兴川"为主题的首届"四川工匠"命名仪式在这里隆重举行。

　　30位"四川工匠"迈过红毯登上舞台，领取属于他们的荣耀。有一位工匠是攀钢人，他是来自攀钢生产一线的职工，西昌钢钒炼铁厂首席点检员、点检作业区备煤组组长杨林。

　　"杨林用钻研书写精彩人生，以沉静收获技术硕果，他敬业奉献，以确保设备稳定运行为目标，用无怨的汗水擦拭灰尘，用无悔的青春书写璀璨！"这是组委会给杨林撰写的颁奖词，是对他敬业奉献、执着追求的褒奖。

　　杨林干一行、爱一行、精一行，在点检岗位建功成才，用勤劳与汗水，谱写了一曲动人的劳动者之歌。

　　1995年8月，杨林从四川机电职业技术学院毕业，分配到攀钢焦化厂，当了一名检修钳工。从荷花池煤场，到一二期焦炉，杨林奔波在立体的钢铁丛林中，他也像"乌金"历经高温焙烧炼焦一样，冶炼着自己的梦想。

　　高耸的煤塔，庞大的炼焦设备，让杨林开了眼界。他跟着师傅跑前跑后熟悉现场设备，虚心地向同事们学习。焦化厂粉尘多、噪声大、火热高温，但杨林从不计较脏和苦，埋头钻研技术。

　　他利用工余时间，琢磨检修记录，思考为什么一些设备的检修频次高，为什么相同的设备运转效果有差异呢？能不能完善和改进呢？随着那些层出不穷的"为什么"，杨林在实践中，一点点地成长起来。

　　几年后，杨林被选拔当了点检员。能够为备煤及炼焦设备"把脉问诊"，让杨林非常兴奋，他如鱼得水地施展着自己的才华。

　　一次，备煤车间的粉碎机半夜突发故障，杨林立即赶到现场，组织抢修。很快就更换了备件，恢复了生产。检修过程中他忽然萌生一个想法，制作一个辅助装备，不是可以提高工作效率和强化安全保障吗？不久新装置投入使用，得到检修与维护职工的一致称赞。

人生能有几回搏，杨林这位从基层逐渐成长起来的工匠，羽翼渐渐丰满，他要在浩瀚的天空中飞得更高、更远。当点检员的第二年，杨林就在技术比武中频频获胜，成为领导和同事称赞的"技术能手"。

自 2003 年起，攀钢的炼焦设备进入更新改造的黄金时期，在五年多的时间里，建成了 4 座大型现代化焦炉。尤其是 2009 年投产的 3、4 号捣固焦炉，是国内最先进的焦炉之一，采用了捣固装煤技术。工序中最关键的捣固机是进口设备，维护和检修成为保障生产运行的一项重要的工作，重任落在杨林和同事们身上，他认真研究图纸，观察设备运行规律，分析影响捣固机作业的主要因素，很快就掌握了维护和维修技术。

2010 年，为了支援西昌钢钒公司的生产建设，杨林来到西昌，继续从事设备点检工作。

新成立的西昌钢钒炼铁厂拥有世界一流的炼焦设备，其核心机组就是集捣固、装煤、推焦于一体的 SCP 机，这是一套从德国进口的高度自动化设备。看着眼前这个庞然大物，杨林有种说不出的激动，厂里把价值连城的精密设备交给自己，一定要不辱使命，完成重任。

投产初期，SCP 机有些"水土不服"，故障不断，严重制约炼焦生产。杨林决心尽快驾驭这匹"洋马儿"，他找来捣固系统设备的图纸和各种资料，掌握运作程序要领。还经常钻入狭窄的设备空间，记录着捣固锤的运行参数和托煤底板上煤饼的形状、尺寸。

功夫不负有心人。杨林心中很快就有了改进方案。他通过对走行自动对位精度、控制装煤煤饼倒塌率、缩短单孔操作时间等多项难题的攻克，使SCP 机单孔操作时间达到了 11.5 分钟 / 炉，煤饼倒塌率控制在 1% 以内，应用效果处于国内先进水平。

在巡检的过程中，杨林总喜欢看一下出焦的场景。一炉炉火红的焦炭被推入到焦罐中，火苗在空气中蹿动，那是希望的雀跃。

多年来，杨林不仅在机械设备保障方面做出贡献，还积极参与环境治理工作。设备团队在治理烟尘问题上取得了良好效果。

2015 年，西昌钢钒炼铁厂成立了杨林"劳模创新工作室"。杨林充分利用这个平台，开展设备创新工作和专业技能辅导。在近 4 年的时间里，取得创新成果 7 项，成果转化 6 项，创效 680 余万元。杨林带领的班组也荣获攀钢集团"五型"红旗班组称号，成为攀钢检修队伍的一面鲜红旗帜。

炼铁厂职工心中的"杨大师"，既是一名善于管理设备的能手，更是一位乐于授业传技的匠人。为尽快使作业区的年轻人成长起来，他担负起培养新人的职责，通过实践和理论辅导，提升了点检人员的综合素质。

杨林远离妻儿和父母，总让他有种愧疚感。有一次，孩子突发疾病，而他母亲刚刚做完手术，妻子在电话中希望他周末回攀枝花的家一趟。本来他已经确定了回家的行程，却因下午设备出现故障而取消。当忙了一整天的杨林，在电话中给孩子道歉的时候，他的眼泪止不住地流了下来。

二十多年来，杨林撰写和参与撰写并提交的专利近 30 项，获得授权 21 项。2013 年，他荣获德国纽伦堡 65 届国际发明展银奖；2016 年度，他获得国务院政府特殊津贴；2017 年度，他获得"四川国企十大工匠"称号、鞍钢工匠（首席技师）称号，并多次被评为"攀钢标兵"。

2019 年，中国工会第十七次全国代表大会在北京召开。杨林作为来自攀钢的代表，参加了这次盛会。返回攀钢后，他向集团工会汇报参会情况，表示要把大会的精神带到一线的班组，积极打造大力弘扬劳模精神、劳动精神、工匠精神的氛围。

杨林是这样说的，也是这样做的。他所带的徒弟个个学有所成，纷纷崭露头角，有 10 多人成为技术能手，2 人晋升为首席点检，5 人晋升为高级点检。

2020 年 11 月 24 日，全国劳动模范和先进工作者表彰大会在北京隆重举行，杨林是摘获全国劳模这一崇高荣誉的两名攀钢职工之一。

杨林深情地感谢攀钢的培养，对能够聆听习近平总书记的殷切嘱托，备感荣幸，深感责任重大、使命光荣。他表示，在今后的工作中，践行"敬业奉献显品质，锐意创新突智慧"的理念，秉承执着追求，用匠心扛起保产保供的使命！

攀西资源综合利用的第三次腾飞

鞍攀重组

2010 年 7 月 28 日，鞍山钢铁集团公司与攀钢集团有限公司联合重组大会在北京京西宾馆召开，两家企业战略性地走到了一起。

历史如此充满魅力。当年包建攀钢的鞍钢，与攀钢联合重组走到了一起。而两家企业联合重组的背景，也成为很多业界人士的关注焦点。

这段"姻缘"要从攀钢整体上市说起。

2007 年 7 月，攀钢启动以攀钢钢钒、攀渝钛业、长城股份"三合一"为标志的整体上市。根据中国证监会"吸收合并"资产重组的相关规定，整体上市的企业，需要为拟吸收合并的流通股股东和债券持有人提供现金选择权担保。

攀钢在同是央企的钢铁企业中寻找担保方。最终，曾经为建设攀钢"两肋插刀"的鞍山钢铁集团公司，再次伸出援助之手：接受攀钢委托，为攀钢提供现金选择权第三方担保。

2008 年 5 月，鞍山钢铁集团公司与攀钢举行攀钢资产整合整体上市现金选择权合作协议签字仪式。双方签署了《攀枝花新钢钒股份有限公司与鞍山钢铁集团公司关于提供现金选择权的合作协议》，助力攀钢整体上市。

令人没有想到的事情发生了。

受国际金融危机和全球经济下滑影响，2008 年中国证券市场由"牛"转"熊"，上证指数一路狂跌至 1664.93 最低点，跌幅达 70%。鞍钢面临投资者行使现金选择权、支付巨额现金等危险。

为了应对可能出现的现金选择权风险,2008 年 8 月 14 日和 9 月 9 日,鞍钢两次在二级市场举牌,增持攀钢上市公司股份,提振投资者对攀钢系股票的信心。"攀钢系"股票在鞍钢大义"举牌"的支持下,经过持续有效的资产置换和资本运营,走出逆势行情,最终化解了现金选择权风险。

2009 年 7 月 22 日,攀钢整体上市结束。一场惊心动魄的资产重组行为,经过鞍攀两兄弟的努力,平稳落幕。两家兄弟企业,因联手作战和不可分割的利益联结走到了一起。

2010 年 5 月 21 日,鞍山钢铁集团公司与攀钢联合重组正式获得国务院国资委批准。

重组后,新设立的鞍钢集团公司作为鞍山钢铁集团公司、攀钢集团公司的母公司,由国务院国有资产监督管理委员会代表国务院对鞍钢集团公司履行出资人职责,鞍山钢铁集团公司、攀钢均作为鞍钢集团公司的全资子企业,不再作为国务院国资委直接监管的企业。

两家企业在建设时结缘,鞍钢视攀钢为兄弟,长期支持攀钢建设发展;两家企业再次结缘,强强联合,优势互补,增强了实力,开启了攀钢发展的新征程。

抖擞精神再出发

2016 年,攀钢经历五年巨额亏损后,再次面对"企业不消灭亏损,亏损就会消灭企业"的严峻考验。

"冰冻三尺非一日之寒"。攀钢屡屡进入危急时刻,主要原因是攀钢还不强。时势要求,攀钢必须变革创新,提高韧性和竞争能力。

攀钢坚持以习近平新时代中国特色社会主义思想为行动指南,抓住供给侧结构性改革的政策机遇,坚持向前不退缩,确立了新攀钢建设的构想!

新攀钢建设不同于建设攀钢和二期、三期工程建设,不同于在西昌异地建设发展。新攀钢建设,不再是简单地做加法,而是做减法,做去低效产能的减法、做去"冗员"的减法;不再是简单地对规模与产品进行调整,而是要进行战略调整，实现高质量发展；不再是简单调整目标与管理措施，而是要实施一次管理大变革；不再是简单地修补问题和解决遗留问题，而是要对企业进行脱胎换骨的重塑。

"重塑"是为了企业更强，能够走得更远。

打好人力资源优化攻坚战

彭敏没有想到，她参加工作 20 多年，都是"板凳队员"，却突然成了"主力队员"。

2012 年，攀钢瘦身健体，开启"人力资源优化"攻坚战。制定人力资源优化"五年计划"，花了 3 年时间推进，却只"小有成效"。

涉及"人"的改革，历来都难！

2015 年，国家提出供给侧结构性改革；2016 年，国务院印发《关于钢铁业化解过剩产能实现脱困发展的意见》，国务院国资委发布《关于进一步深化中央企业劳动用工和收入分配制度改革的指导意见》，国家战略要求和政策支持，坚定了攀钢实施人力资源优化"五年计划"的决心和信心。

攀钢按照"整体规划、分步实施，一企一策、不破底线"的思路，向完成人力资源优化"五年计划"发起总攻。

做好顶层设计。加强组织领导，把难事办好，把不可能办成的事办成。攀钢成立深化改革领导小组，按照改革目标定规划做计划，打有准备之仗；成立人力资源改革指导小组，协调管理和具体指导，保证政策落实，遇到的问题快速上报，快速解决；建立"1+N"项目管理模式，由每一个改革单位作为责任主体，多个职能部门提供业务支持，全方位动员，上下衔接，不留任何死角。同时，对责任领导和部门严格要求、严格考核，促进他们必须把公司和员工的事当成自己的事，尽心尽责，既要完成任务，更要稳步推进，做到"万无一失"。

做好思想工作。攀钢人来自"五湖四海"，很多人"献了青春献终身，献了终身献子孙"，对攀钢有着深厚的感情，让他们离开攀钢，注定是件让人伤心流泪的事。为此，攀钢加强宣传，提前解释，营造氛围，让职工充分思考，在思想认识上做好准备；充分揭示和说明政策，讲深讲透细节，分析利弊，让职工了解政策，关心、认可与执行政策；发挥党员干部和骨干的表率作用，用榜样作引导；组织员工进行大讨论，让员工看到改革的重要性、迫切性和必要性，让每一个职工都能认识到，攀钢关心员工，留在企业是爱攀钢，离开企业同样是爱攀钢。

攀钢采取多种优化方案，安置分流人员，让每一个人都离开得放心、安心，努力做到离开得舒心。

协商一致解除劳务合同。按照自愿原则，职工与单位协商一致，可办理解除劳动合同手续，攀钢按照规定向员工支付经济补偿金，单位还可结合实际为其支付一次性补助。

内部退养。对距离法定退休年龄 5 年以内的职工，本人可申请办理内部退养，让他们离岗不离攀钢，留在企业继续支持攀钢。

内部竞聘上岗。单位对现有产线、岗位、业务进行梳理，重新定岗定员，采取竞聘上岗、双向选择、择优录用方式安置人员；未竞聘上岗者，纳入单位"蓄水池"按待岗管理。

劳务输出。单位可通过竞聘方式选配人员组建专业化队伍，以劳务输出方式到攀钢内部单位、关联企业和社会企业工作。

内部置换劳务。依法清理清退劳务用工，收回部分劳务用工岗位；对需安置人员进行转岗培训、竞聘上岗。

转企安置。攀钢内部其他单位有余缺岗位时，各单位可组织开展有针对性的培训，为有意愿和工作能力的分流安置人员到其他单位上岗提供帮助。

寻求政府支持。加强对分流离职员工的引导工作，制定"1+3"风险管控工作预案和风险评估报告；制定维稳、生产经营、安全 3 个应急预案，以周密的布置和细心考虑，避免一切不利于改革推进、影响员工利益的事件发生。同时，积极寻求政府的帮助和支持，共同做好人力资源优化过程中的舆情控制、再就业培训、保险办理等工作，把后续工作落实办好。

攀钢以过人的胆识和勇气，以高度负责、务实与细致的工作，在国家的支持下，推进"人力资源优化大会战"，取得显著成绩。

攀成钢通过买断工龄、内部退养、转企安置等渠道，到 2016 年底，用工总量压缩近 80%。

改革之后，彭敏所在的档案管理工作岗位，由此前的 17 人骤然减到 2 人，彭敏作为留下的"幸运儿"，也扛起了更重的担子；"天道酬勤"，她的努力换来了 2017 年度"攀成钢标兵"的荣誉称号。

攀钢实施人力资源优化改革，改变了彭敏的命运，也改变了数万名攀钢人的命运。这是让人动容悲壮的一幕！从 2013 年到 2018 年末，攀钢劳动用工总量由 9 万多人减至 4 万多人，有数万挚爱攀钢的攀钢人，离开了攀钢。

攀钢人力资源优化改革成果，荣获第 24 届国家级企业管理现代化创新成果一等奖，入选国家行政学院改革成功案例，并在全国政协第 70 次双周协商座谈会上做经验介绍。

有着无私奉献精神的攀钢人，总能在企业需要的时候，做出让人感动的选择。他们离开时的背影，体现了他们不变的奉献与坚强。

壮士断腕

攀钢落实习近平总书记关于"国企一定要改革，抱残守缺不行"的部署要求，贯彻《中共中央、国务院关于深化国有企业改革的指导意见》的精神，向"顽疾"下手，解决 16 家"僵尸企业"和特困企业的问题，基本完成职工家属区"三供一业"和市政设施分离移交。

在很多钢铁企业争相上规模的时候，攀钢逆行做减法，关停低效无效产线。

2014 年 3 月，攀钢关停了西昌新钢业的全部产线。这个当年为攀钢中试和发展做出贡献的企业，根据攀钢改革发展总体布署，熄灭最后一丝炉火，为攀钢改革发展做出了贡献。

2016 年 10 月，攀钢拆除了攀长特的 2 座 30 吨电炉；2016 年底，攀成钢无缝钢管产线全面停产。

攀钢站在国家产业调整、关闭落后产能、实现环保节能生产的政策高度，按照优化企业发展战略的部署，在很多企业千方百计做规模的时候，做出了关停产能的"断腕"决定，再次表现出了担当和勇气。

攀成钢原钢管生产线

2014年至2019年，攀钢累计削减粗钢产能362万吨，占攀钢总产能的26%。其中，西昌新钢业120万吨，攀成钢220万吨，攀长特22万吨，减少了低效无效产线对攀钢发展的负面影响。

瘦身的攀钢，轻装上阵，转型发展。

彻底关停攀成钢全部钢铁产线后，攀钢腾笼换鸟，打造以科创研发、高端制造、现代物流等产业为核心的积微智慧产业园，产值远超钢铁生产时代年80亿元左右的水平，成为攀钢的重要增长点。同时，攀钢的钛焊管生产线在这里建成，这里已经成为了攀钢进入钛及合金材领域、打造新优势的重要基地。新钢业区域，启动攀西智慧物流园和西昌钢钒炉料结构优化等项目，全面进入转型发展新阶段。

快速进入新兴经济领域

在新业态此起彼伏、新商业模式盛行的时代，攀钢变革创新的基因催生了新发展力量。

在国家大力推进供给侧结构性改革、两化融合深度发展、"互联网+"、老工业基地转型升级等背景下，攀钢建设了三大以产业链为基础的互联网平台，紧跟时代，迈出了坚实的步伐。

积微物联，积微速成。"能积微者速成"。2013 年 7 月，攀钢打造了大宗商品全产业链服务平台"积微物联"，引领攀钢传统产业转型升级步入新天地。

攀钢对"互联网+"研究多年，洞悉自身在产业链互联网方面的优势。第一，有成熟的钢铁产业作为支撑，能够为平台提供产品、技术、科技开发等支撑，产业基础雄厚；第二，有庞大的上游供应商群和下游顾客群，用户资源"浑然天成"；第三，拥有央企的商誉和影响力，能够为建立产业服务平台提供信用和品牌支撑；第四，与新兴的互联网企业相比，资金充足，运营即服务，服务就见效，能够为合作伙伴提供市场空间与合作潜力，保证网络平台的生存能力与发展潜力。

谋后而动。为落实"互联网+"战略，打造转型升级的生态圈，积微物联以产业复合体、客户、资金为核心的 C Ⅲ 平台；以"平台、服务、跨界、产融、生态"为发展理念，以"达海产业园"和"积微电商"两大平台为载体，以"线下达海、线上积微"的双平台双品牌运营模式，以信息化促进工业化、以互联网+产业整合改造传统产业，以极致的 OMO 模式构建大宗商品全产业链服务生态圈。

线下"达海"，主要提供仓储、加工、物流配送、监管、供应链业务、物

攀钢打造的大宗商品全产业链服务平台——积微物联，
为传统产业转型升级打开了一扇窗

资展示交易等服务。2013 年，积微的第一个线下实体仓储物流基地成都达海产业园开工建设，2014 年正式运营，很快成为西南最大的仓储加工物流基地，为积微物联在西南布局产业链平台打下基础；2017 年，云南达海产业园开始建设，2018 年投入运营并实现盈利；同年，南充达海南鑫产业园启动建设，使积微物联在西南的线下"达海"基地逐渐完善。

线上"积微"，2015 年上线，已经构建了钢铁、化工、运网、循环、指数、云采、大数据等 26 个板块的积微族群；通过互联网方式，连接起了供应商、生产企业及客户端，为达海提供网络平台支撑。

积微物联利用互联网实时、高效、精准的优势，开发的大宗物资无车承运人服务平台"积微运网"，带动了传统管理模式的变革。该平台依托积微物联 C Ⅲ平台，开发面向托运人、承运商、驾驶员等角色的积微发货宝、积微

云南达海产业园

承运宝、积微卡车帮等 App 平台，整合运输资源和社会运力资源，通过在平台上发布运货需求、在线接单、物流跟踪等信息，实现了物流运作信息化的高效管理，成为无车承运行业管理创新领域的标杆企业。

2016 年 5 月，积微物联整合成都零部件和重庆攀中伊红，积微家族进军到高端智能制造领域。攀钢以积微物联"CⅢ"平台为基础，开始向工业互联网平台迈进；2018 年，积微物联开始打造大宗物资全产业链工业互联网平台；9 月，四川省经济和信息化委员会发布关于四川省"两化深度融合，万家企业上云"行动计划（2018—2020 年）第二批云平台推荐目录，攀钢积微物联 CⅢ 平台成功上榜，入选行业云平台服务商。

攀钢快人一步，以积微为桥梁，实现了互联网＋传统工业的融合，引领攀钢进入工业互联网时代。自 2013 年成立以来，积微物联的年交易额由最初的 11 亿元增长至 1200 亿元，年营业收入由 0.91 亿元增长至 180 亿元，年复合增长率超过 93%，保持着稳定增长、运营良好的状态。

攀钢立足新发展阶段，将加快"达海""积微"双平台建设升级，构建线上线下相融合的服务平台，积微运网与公路、铁路物流有效融合的专业化新物流平台，以及钢铁产业循环生态圈，提升积微物联平台的资源整合能力；同时，大力发展汽车零部件加工、星云智联智能制造技术提供商服务，加速构建各类要素有效整合、共同发展的新业态聚合生态圈，做好上市辅导工作，使积微物联成为攀钢转型发展的重要拉动力和经济增长极，成为西南地区最有影响力的产业综合体和产业互联网平台。

小故事　　　　　　　**滕丹的"游击术"**

成功的路从来就不平坦。

"我从来都没像这样讨厌下雨！"说这话的是积微物联的项目总监滕丹。作为成都达海的建设者之一，他被派往云南，并要求在 6 个月内，无条件地完成云南达海的一期工程建设。可项目在 7 月份开工后，他遇到了时间长、降雨量大的雨季，连续三个月的降雨，让现场施工几乎陷于停滞状态。

"怨天尤人不如埋头想办法。"

滕丹带领施工人员，与老天爷展开了"游击战"。不断优化施工组织方案，见到雨停，见缝插针，抓紧施工；白天下雨，就在确保安全的前提下，加强夜间施工，同时实行多场地、多区域配合施工、交叉作业，全力以赴保工期、抢进度，终于把工期"夺"了回来。

"老天爷"似乎跟积微人开了个不大不小的玩笑。最长的雨季过后，又迎来云南最冷的冬季。

由于工地在高山上，初期后勤保障缺乏，生活用水要靠施工人员到山下挑。没有专门的施工休息区，不管刮风下雨，施工人员都要在野外就餐。

时任昆明铁路局副局长的陈敏一次到现场调研时，看到工程施工人员冒着大雪，蹲在野外土堆上吃着冰凉的饭菜，他动容地说："你们积微人真是能吃苦、能战斗的铁军啊！"

"我们反复强调，积微团队要弘扬咬定青山不放松，团结协作、全力拼争的狼性文化，云南达海的建设就是一种检验。"积微物联总经理谢海说。

正是凭着这样一股子不达目标誓不罢休的狠劲儿，2017 年 12 月 6日，云南达海一期工程主厂房全部建成，顺利进入试运营。

天府惠融，优秀的产业链金融服务商。天府惠融 D Ⅲ 平台与西部物联并称攀钢"一体两翼"布局中的"两翼"。以"天府惠融"为代表的产业链金融和"积微物联"物联网平台，成为了攀钢新商业模式的载体和新产业发展方向。

产业链金融并不是新生事物，以银行为主体的产业链金融服务早已兴起。近年来，诸多实体企业加强产业链管理，在产业链中引进金融因素，形成了以实体企业为核心的产业链金融。

攀钢作为一家有影响力的钒钛钢铁企业，有很强的产业链优势。2016 年

6月，凭借实体产业背景和在产业链中的地位及影响，成立了天府惠融 D Ⅲ 产业链金融平台，开展为内部和为上下游企业的金融服务，成为四川省首家具备央企背景的产业链金融服务平台。

天府惠融以服务攀钢产业链为核心，搭建线上互联网服务平台，开展了商业保理、融资租赁、应收账款融资、商业汇票投资等多项产业链金融服务。2016 年，天府惠融成立成都惠融易达互联网信息服务公司和深圳惠融诚通商业保理有限公司，惠融易达作为线上服务公司提供线上服务平台的搭建和金融信息服务。

天府惠融（D Ⅲ）基于区块链技术的供应链金融服务系统，入选 2019 中国物流与供应链产业区块链应用"双链奖"优秀案例

2017 年，"天府惠融"推出的"凡太聚宝"，作为攀钢产业链金融服务的主要平台和川内首家央企全资互联网金融信息服务平台，成为国内首批接入银行资金存管系统的互联网金融信息服务平台，完全符合国家相关监管办法。通过与物贸公司 D Ⅲ 产业链贸易平台和积微物联 C Ⅲ 平台的配合，在成立两年来，开展了票据贷、应收贷、货贷服务与产业链上下游企业的融资服务。

天府惠融 D Ⅲ 平台自 2016 年成立以来，成绩优异。凭借高效率、低融资成本、保障高等优点，服务了产业链中小企业 1200 家以上；惠信系统是央企首家基于区块链技术赋能、具有自主知识产权的供应链金融服务系统，国内率先取得发行许可并实现首单上架 40 亿元；通过国家"网信办"区块链服务备案；攀钢荣获"全国十佳区块链应用企业"称号，入选全国首批先进制造业和现代服务业融合发展试点单位。

天府惠融作为新攀钢建设中的一翼，按照"孵化于攀钢，成长壮大于社会，再反馈攀钢"的总体发展思路，既为攀钢的产业转型提供了平台，强化了以攀钢为核心的产业链管理，又为攀钢实现与中小企业协同发展、解决中小企业融资难等问题创造了条件。

天府惠融作为攀钢的产业链金融载体，依托攀钢的实体优势，突破攀钢的企业界限，构建了自身的服务优势；在建设新攀钢过程中发挥重要作用，成为新攀钢的"新元素"。

物贸转型，产业链贸易的领跑者。积微物联、天府惠融是攀钢在"互联网+"时代孕育的最新成果，代表着攀钢对新型产业的探索和新商业模式的构建；攀钢物资贸易公司则是攀钢传统产业与互联网联结的成果，是攀钢在新时代挖掘产业价值、创造新价值的成功创造。

攀钢物贸公司按照"共享、共融、共兴"的理念，围绕挖掘产业链价值，带领攀钢由传统贸易向"互联网+"的新型贸易转变。

物贸公司拥有年300亿元的采购额度、2000余家供应链客户及以万计的延伸客户，供应链基础雄厚、价值巨大。

作为攀钢供应链上的重要一环，物贸公司在完成集中采购攀钢钒、西昌钢钒和攀枝花区域通用物料的基础上，优化资源配置，对攀长特、攀钢股份、矿业公司等采购业务进行整合，承担了攀钢绝大部分采购任务。

积微族群上线后，攀钢物贸积极探索和构建"互联网+"采购平台，逐步实现了从部分标准化程度较高、采购需求参数完备的物资信息在"积微云采"商城采购，向全品种、全业务流程功能全覆盖的采购目标，以"大力"和"全力"方式，实现了物贸的重要跨越。

大力开拓供应链贸易市场。利用采购线上平台"积微云采"和鞍钢直采大数据，深度挖掘上下游产业链，利用供应端和销售端的客户资源，开展上下游互为市场、互为用户的产业链贸易。

川投峨铁作为攀钢合金供应的上游供应商，需要焦丁用于冶炼。物贸公司利用煤炭资源优势，向其提供焦丁资源，将其转换为攀钢的客户。同时，物贸公司寻求参与符合国家产业发展政策、具有良好发展前景的股权投资，开拓供应链投资贸易，逐步形成稳定、成熟的贸易渠道。

大力开拓大宗物资贸易市场。黏合渠道、运输、需求等优势，探索以设立合资公司、外部料场的形式，壮大大宗生产物资的跨界、跨区域贸易；研判国内外大宗物资的行情，寻求煤炭、矿石转口贸易；开展大宗物资期货研究，利用套期保值赚取风险利润。

大力开拓钢材贸易市场。 建立与其他钢铁生产企业销售单元或其大型代理商的合作关系，协同国贸公司、积微物联等内部平台，开发机械制造加工行业的生产型客户，密切跟踪基础建设项目，利用集团内部资源和社会资源，实现钢材产品贸易。

全力支撑内部平台发展。 支持积微物联 C Ⅲ 平台，扩大原燃料、钢铁产品等大宗物资的撮合贸易量。支持天府惠融 D Ⅲ 产融平台，开展票据贴现和反向保理业务，提供金融服务。

大浪淘沙。

物贸公司坚持以互联网为平台、产业链金融为载体、技术创新和金融创新为核心，充分挖掘供应链市场的产品及服务，已发展成为区域影响力超强的产业链贸易公司，非攀钢贸易年盈利规模 5000 万元以上，延展了攀钢服务与发展空间，走出了一条发展新路。

特色相关多元产业

攀钢重点解决非钢产业的体制机制僵化、活力不强的问题，通过制度激活和建立倒逼机制，推动相关多元产业主动树立不再吃"钢铁饭"的理念，各亮绝活，活出新模样，成为新攀钢建设的生力军。

2016 年，攀钢选择 9 家非钢单位实行为期 3 年的"自主经营、独立运行、自我发展"差异化授权管控。各非钢单元主动作为，抢抓机遇，开拓创新，试点单位当年营业收入就同比增长 115%，利润同比增长 1.43 倍；2020 年，相关多元产业单位个个眉开眼笑，共盈利 3.4 亿元，创历史最好水平。

曾经甘当配角、等着攀钢给活干的机械制造公司，成为"鸿舰"之后，一改过去的配角心态，建立市场化结算机制和分配机制，探索创新商业模式，全面实行契约化管理等一系列机制改革，企业竞争力不断增强。

鸿舰公司对生产车间、费用单位实行"准事业部制"改革管理管控模式，

鸿舰公司在做好机械制造主业的同时，积极推动智能制造工艺技术升级
及人机智能交互技术的开发与应用。图为鸿舰公司柔性加工单元

成立 10 个责、权、利相匹配的授权经营实体，构建市场化机制平台，推动各
单位由成本（费用）中心向利润中心转变，由生产（费用）型向经营型的变革，
彻底扭转了生产经营被动局面，盈利能力不断增强。2017 年，实现盈利 96 万
元，摘掉了长达 20 多年连续亏损的帽子，并连续 4 年保持增长态势，2020 年
实现盈利 1200 万元。

攀钢冶金材料公司坚持"融聚精华，合众共赢"的经营理念，加速推进
轻资产运行模式和新产业发展，近 5 年来营业收入增长 49%，利润翻了两番；
生活公司将一个不起眼的食堂小超市，打造成了攀枝花市本土经营范围最广、
经营规模最大的连锁超市品牌，并入驻成都、西昌，成为国内钢企中规模第一、
管理第一、影响力第一的城市商业服务体；2019 年 6 月 6 日，攀钢坤牛物流
公司成立，志向高远，直指构建百亿级四川南向开放门户物流生态圈的目标。

攀钢工程公司在激烈的建筑安装市场竞争中，坚持做精品工程，树品牌
形象，连续获得国家优质工程奖、中国安装工程优质奖、鲁班奖。同时，围
绕加快推进建筑产业现代化，密切关注装配式建筑产业发展方向，形成了多

项专有技术，建成多个钢结构项目，连续打破国内跨度最大单层单跨巨型管桁架制作安装纪录，成为建筑安装市场的一支能征善战的"铁军"。

教育文化产业快速发展。四川机电职业技术学院秉承"志存高远、勇攀高峰"的精神，以鲜明的办学特色，培养技能强、素质高、上岗快的高等技术技能型人才，已经成为全国钢铁及钒钛生产企业高技能人才培养的首选学院。攀钢传媒中心在组织实施重大新闻策划、专题报道、典型宣传、对外宣传及全媒体建设、运行、人才队伍建设与通联工作等方面发挥重要作用，讲好了"新攀钢"故事。

后勤辅助单位，摇身一变，成为新兴产业，亮点纷呈。

小故事

"运粮官"心中的"小九九"
——坤牛物流一车队业务联络员殷川情系坤牛闯市场二三事

走近他，给人以质朴、沉稳感，具有很强的亲和力。参加工作30多年来，他始终保持一种良好的精神状态，以开拓进取、坚韧不拔、知难而进、勇挑重担的精神风貌投入到工作中，人们都形象地称他为攀钢钒保产运输的"运粮官"，先后多次荣获坤牛物流公司和攀钢集团"优秀共产党员"称号，2020年度坤牛物流公司"标兵"。

他就是攀钢坤牛物流公司一车队优秀共产党员、业务联络员殷川。

用心——找市场做奉献

"从驾驶员岗位干起，直到如今一车队调度业务联络员岗位，我在汽运公司干了27年了。虽然业务联络工作很忙碌，找用户、抢市场很辛苦，但感到很充实。"殷川谈起闯市场和与客户打交道的经历时满满的自豪感。他从一个门外汉，到如今工作从容自如、得心应手，这都离不开他辛勤耕耘和用心学习。

在一车队工作的15年来，随时可以看见他兜里有一个小本子，在生产作业现场了解情况，他都会拿出这个本子记货源信息、车辆车型、车队车辆经营货源信息等。从石灰石矿到炼铁厂，从原料厂到煤化工厂，跟车仔细了解路况、装车情况，记录车到现场后几点装车、装完一辆车需要多长时间。到炼铁厂四个烧结机了解卸车情况，用心记下什么货物、卸车时间、用户信息……

问他为什么要这样做，调度室已经有记录了呀，为什么还要自己再记录一次呢？他说："好记性不如烂笔头，别小瞧我的这本'变天账'，到月底了，它就发挥大作用了。详细记录着驾驶员的台班、车次、用户单位需求和联系人等信息，能看出各用户单位的用车情况。而且，还可以更好地对车辆进行安排调配，以满足用户单位对车辆的需求。"

功夫不负有心人。厚厚的一沓小本子换来的是对业务流程的熟悉和对市场行情、用户需求的深入了解。当翻开殷川的小本子时，上边依然清楚地记着几年前的用车调配情况和用户信息，密密麻麻的车辆号和白中夜三班用车情况。他常说："企业效益好了，我们职工才会好。"多么质朴的语言。为了企业能多创效，他主动为车队联系业务。当问起他业务信息来源时，他说："处处留心，必然会有有用的信息。"

有一次，他无意中听说炼铁原料场需要加大棚，于是他及时联系相关人员，掌握了解业务情况，在他和车队不懈努力下，终于拿到了这份业务单。他在平凡的工作岗位上，用心铺就成长之路。

用情——为用户提供优质服务

坤牛物流一车队，主要承担着攀钢炼铁厂石灰粉的罐车运输任务、厂区物料循环倒运任务、高炉保产运输任务、外部市场开拓的运输任务以及贸易业务等，运输线路多而复杂多变，点多面广。有人形容一车队就是攀钢生产的流动"主动脉"。这对一车队职工来说重任在肩，保产和优质服务是不变的理念，不仅仅是业务娴熟，更重要的是要有一份责任和情怀，不能有一丝一毫的马虎。

在一个冬天的凌晨，能源动力中心瓦斯泥满仓，必须立即拉走，否则会造成爆仓、生产停产、环境污染等后果。殷川接到电话，他第一时间了解生产现场需求后，"打的"赶到车队，在路上联系驾驶员。一刻不耽误，半个小时后，所需车辆全部到达现场。等到所有运输任务完成时，天也快亮了，他用冰冷的凉水洗把脸，似乎感觉清爽了许多，又开始了新一天的正常工作。

当遇到高炉大修时，因生产现场所需车的用量无法固定，无规律和计划。每当临时急需用车时，为确保生产顺行，他随时主动联系协调相关方车辆，以满足生产现场需求。

采访中，用车相关方负责人官坵英竖起大拇指动情地说："殷调度很热心，对工作一丝不苟、很负责。"每当有新的运输任务时，殷川作为调度都会亲自带上相关方人员到现场实地指导，亲自跑到现场核实印证。在调度车辆时，为了减少不必要的浪费，他会到现场亲自拿尺子量运输的货物尺寸，以确保精准派车，以满足运输需要精确无误。

冬日攀枝花，虽说没有北方的刺骨寒风，可依然"春寒料峭"。新年第二天，他起了个大早，提前一小时赶到单位，他要早早谋划一下2021年的工作计划……

"有一种责任叫担当，有一种使命叫坚守，有一种情怀叫奉献。"这便是他真实的写照。他以实际行动在平凡岗位上诠释"优秀共产党员"的情怀和责任，他以热情、饱满、尽职尽责的态度投入到工作中，全心全意做好自己的本职工作，勇闯市场做奉献。

建设攀钢、发展攀钢、新攀钢建设，是攀钢开发攀西资源和企业进步的使命与跨越。攀钢实现对攀西资源综合利用的跨越，成为中国钢铁工业的骄傲；经受住市场竞争的考验，既提炼钒钛又锤炼企业，百炼成钢；新阶段新理念新发展格局下的攀钢，在磨砺中不断壮大，已成为国家战略资源开发利用的核心企业，如果用文字描述攀钢的现状，那就是"表现出越来越强的作为企业的自信"和"越来越突出的发展高质量"，如果用目标描述新攀钢建设的使命和明天，攀钢是"世界一流新材料基地"。

攀钢一直在奋斗。面对富集的攀西资源，攀钢开发利用的路还很长；使命驱动的攀钢，创新驱动的攀钢，奋斗在路上。

攀钢人 焊花匠心——梁恩荣

"老梁出马，一定成功！"
她既能给重达数十吨的大型设备"修复伤口"，
也能给小到毫米级的工件"把脉问诊"；
她以"匠心"，成为"焊将"。

中等个头、消瘦身材、一头短发，显得格外精神、干练；蓝色工装干净整洁，胸前党员徽章熠熠生辉，在 3 万名攀钢职工中，她的识别度可能并不高，但一提到她是党的二十大代表、中国妇女第十三次全国代表大会代表、成都大运会火炬手，大家都会不自觉地竖起大拇指，她就是攀钢工程公司修建分公司焊工培训中心教师梁恩荣。

她既能给重达数十吨的大型设备"修复伤口"，也能给小到毫米级的工件"把脉问诊"，是业内出了名的"焊匠"。

1997 年，梁恩荣从技校毕业分配到攀钢修建公司班组，成为一名电焊工。

厚重的工装、四溅的火花、呛鼻的烟尘、刺耳的噪声，让入职不满 1 个月的梁恩荣萌生了要换工种的想法。但师傅"吃得苦中苦，干一行精一行才是真本事"的话，点醒了她。

入行不久，还是学徒的梁恩荣第一次参加公司举办的焊工技能比赛，就取得了第三名的好成绩，这坚定了她当一名好焊工的信心。

矫直、打磨、组对、预热，电焊工作看似简单，可想焊出好活、精活可不容易。为了提升焊接技术，梁恩荣白天干完活，晚上还要"加餐"练习，眼睛常被电弧光刺疼流泪，手臂酸痛得连筷子都拿不稳，回到家，她还坚持看书钻研，为技术提升寻找理论支撑。

一次，热电厂 6 号锅炉大修，必须用钨极氩弧焊。刚拿到证的梁恩荣在现场，看着老师傅们熟练地操作，自己却不知道从何下手。与她同去的另外两个新手都当了"逃兵"，她大胆实践，拿着焊枪边干边琢磨，终于找到如何变换焊枪角度的最佳施焊方法。最初，她要花 40 多分钟焊一道焊口，每天最多焊六道口，到最后每天能焊 40 道焊口，每道焊口仅需八分钟，焊接的焊口探伤检验合格率达到了 95% 以上。

她勤学苦钻，熟练掌握手工焊条电弧焊、钨极氩弧焊、熔化极气体保护焊等 5 种以上焊接方式，成为焊工界佼佼者，先后获得全国钢铁行业职业技能竞赛焊工竞赛第四名、四川省职工职业技能大赛焊工大赛第一名的佳绩。

从一名普通焊工到全国钢铁行业技术能手，梁恩荣丝毫不敢松懈。她刻苦钻研，为的是掌握世界焊接最前沿操作技能；潜心学习，为的是攻破焊接"核心"难题。

2020 年 12 月，梁恩荣受邀前往比亚迪汽车生产厂家做高强度酸洗板材料的焊接试验认证。虽然心怀忐忑，但事关攀钢能否顺利进入比亚迪供应商平台，梁恩荣凭借精湛的技艺，在确保 4 毫米的钢板不开破口、正反面一次成形、满足各项力学性能试验的情况下，第一次试板就达到单面焊双面成形的效果。"当我看到实验员出来给我们点一下头的那一刻，我整个人彻底地放松了下来——我没有给攀钢人丢脸！"梁恩荣回忆道。

类似的应急处置在她身上已是家常便饭，同事们都说："老梁出马，一定成功！"

难题一个接一个被攻破，"闯关"升级成果丰硕。近年来，梁恩荣先后攻克某卫星发射基地废气燃烧炉裂纹修复等技术难题 60 余项，总结提炼的"MAG焊断弧—直拉焊接操作法"获评鞍钢集团先进操作法，个人申报发明专利 7 项，获得国家授权发明专利 5 项。她先后获得全国五一劳动奖章、全国钢铁行业技术能手、四川省五一劳动奖章、第十三届四川省有突出贡献的优秀专家、四川工匠等荣誉，并且享受国务院政府特殊津贴。

一花独放不是春，万紫千红春满园。

2012 年，梁恩荣转岗到焊工培训中心担任教师，她将长期刻苦钻研的理论知识归纳成册，梳理编写了 80 余项现场焊接作业指导书，成为指导现场焊接作业的技术"宝典"；完成 40 余项焊接工艺评定的编辑和制册工作，为施工检修提供了焊接技术支撑。

她根据学员的不同特点量身定做教学计划，针对各种工艺进行"理论 + 实操"培训。十年来，梁恩荣培训的学员累计达 5000 余人次，培养了近 30 名焊工技师、近 20 名高级焊工技师。

2021 年，她领办了攀枝花市级"梁恩荣技能大师工作室"，并将其作为培养优秀焊工团队、总结绝技绝活成果的基地。导师带徒 12 人、培训技师及以上技能鉴定 11 人、特殊专项焊接 20 人，为全市技能人才培养做出重要贡献。

器物有形，匠心无界。从一个单纯的技术操作"焊工"，成长为解决疑难杂症的"焊将"、创新焊接科研的"焊匠"，梁恩荣在日复一日执着专注、精益求精的刻苦钻研中，用潜心、精心、恒心打磨工匠之心。在焊花飞舞中，她将带领更多的焊接工作者，特别是青年一代走技能成才、技能报国之路，为培养焊接高质量人才做出新的贡献。

第三章

创新篇

坚持创新驱动发展，攀钢的建设发展史，就是科技创新史。

依靠科技创新，攀钢形成了独特的第一代、第二代重大技术成果，为发展提供了战略支撑。面对新攀钢建设的使命，攀钢又开始了以突出低成本制造、高价值应用、绿色制造和智能制造为重点，构建第三代钒钛资源综合利用技术体系的新征程。

创造第一代技术体系，做精钢铁

开启攀西"聚宝盆"

在攀枝花市密地大桥旁，有一尊高大的人物雕像。他深情地凝望远方，目光坚定。他就是被誉为"攀枝花之父"的常隆庆，他6次踏入攀西寻矿，揭开了攀西钒钛磁铁矿资源的神秘面纱。

1934年4月，他初次踏足攀西地区，便被攀西地区的风景地貌所吸引，他跋山涉水，耗时6个月，著成了《雷玛峨屏调查记》一书；1935年冬，他被派往会理调查因地震造成的"金沙江断流"问题，却意外地发现会理一带有金属矿物成矿的条件。

1937年9月，常隆庆出版的《四川宁属七县地质矿产》，为攀西地区地质研究奠定了基础。同时，他还提出了《开发四川第十八行政区矿产意见书》，建议在攀西建设重工业区和修筑成昆铁路。

1938年，华北华东地区被日寇占据。国内大批地质学者，怀着

1936年3月，地质学家常隆庆（中）首次发现攀枝花铁矿

科学救国和民族复兴的信念，纷纷到达攀西地区。

1939年11月14日，常隆庆在攀枝花那拉菁等地发现十分可观的煤矿储存，预测煤田储量达到1亿吨。1940年6月，地质学家汤克成受上级命令，前往盐边乌拉调查煤矿，在折返会理途中经过攀枝花时，他发现了铁矿踪迹，随即展开勘察，并撰写了《西康省盐边县攀枝花及倒马坎铁矿地质报告》。

报告记载，该矿系由磁铁矿、磁黄铁矿、黄铁矿以及黄铜矿等构成，储量达1000万吨左右。这是第一次对攀枝花钒钛磁铁矿较为系统和较准确的勘察发现，攀枝花大铁矿初现真容。

同年8月，常隆庆、刘之祥一行七人从西昌出发，历时87天，行程1885公里，于9月5日来到攀枝花。他们在尖包包、营盘山、硫磺沟等地发现铁矿露头，经初步勘测认定这些铁矿石含钛，估算储藏量为1126.4万吨。

常隆庆是发现攀西地质矿产资源的代表人物，也是最早提出建设攀西为中国重工业区的倡导者。

从20世纪30年代开始，常隆庆、刘之祥等老一辈地质踏勘工作者，在极其艰苦的环境下，历尽艰辛，为发现攀西地区宝藏做出了永载史册的贡献，为开发攀枝花、建设攀钢奠定了重要基础。但在当时的政治经济条件下，这些埋藏亿万年的宝藏，难以得到开发利用。

新中国成立后，在中国共产党的领导下，攀西资源迎来春天。1954年6月，国家决定对攀枝花的矿产资源进行全面勘察；根据当时勘察结果，攀西地区铁矿石储量达十亿吨以上。

20世纪60年代中期，党和国家做出了开发攀枝花、建设攀钢的重大决策，国家调动千军万马开进攀枝花，有了集全国之力建设攀钢的盛举；隆隆的炮声唤醒了攀枝花资源；建设者和攀钢人艰苦奋斗，不辜负党和国家的厚望，担负起了开发攀西资源的重任。

攀钢应运而生。

只有在中国共产党领导的中国，才会有全国人民支援建设攀钢、创造世界冶金建设奇迹的伟大工程。

攻破世界冶炼难题

攀西钒钛磁铁矿资源的特殊性决定了建设和发展攀钢，科技突破是关键。攀枝花钒钛磁铁矿有一个特点"难解难分"：冶炼时炉渣中二氧化钛含量高达30%以上，冶炼难度极大。

用普通高炉冶炼高钛型钒钛磁铁矿是世界科研的尖端课题，是人类一直没有解开的冶炼"方式"。一百多年来的结论是：超过15%的高钛型钒钛磁铁矿不能用普通高炉冶炼。

在数学方程式中，有些方程本无解。当把钒钛磁铁矿冶炼的"方程式"交给我国冶金科技工作者时，结论发生了变化。他们仅用5年时间便攻克了这一世界性难题，打破了国外对攀西钒钛磁铁矿不能利用的断言，使建设攀钢成为可能。

1964年12月初的一个晚上，正在鞍钢炼铁厂9号高炉工作、31岁的徐鸿飞，接到了一个改变他一生命运的电话：调他去研究单位，参加一个高炉试验，第二天就要报到。

第二天一早，他急匆匆地赶到鞍钢炼铁厂厂部，集合在那里的还有一些技术人员、刚分配来不久的大学生。

冶金部西南钢铁研究院（其前身为鞍山钢铁研究院，现为攀钢研究院）副院长范杰良对参加试验组的技术人员讲："任务紧急，马上就要去，去干一件非常重大的事。这件事可能永远不会登报，你们也可能永远出不了名。"

到了承德，工作组传达了党中央的精神和冶金部的指示。每一个在场的人都认识到，此次试验时间紧迫，要求严格，任务艰巨，必须完成。

1964年12月5日，绝密的"攀枝花铁矿冶炼试验组"在北京成立。这支由西南钢铁研究院、长沙矿冶所、东北工学院、重庆大学、包钢、鞍钢、邯钢等单位的108位专家教授和一线技术人员组成的队伍，承担着对攀枝花资源技术攻关的任务，他们是攀枝花磁铁矿冶炼攻关的功臣"108将"。

试验由时任冶金工业部钢铁司处长、鞍钢炼铁厂代理厂长周传典担任组长和党总支书记。时任冶金部部长的吕东，找周传典谈话时说，攀枝花钒钛磁铁矿高炉冶炼试验是关系到国家存亡的大事情，所以只能成功，不准失败。

谁都知道科学试验可能成功，也可能失败，但周传典等接到任务却"只能成功"。

这支队伍除周传典和几位副组长年纪 40 岁左右外，大部分成员都是 25-30 岁的年轻人。在试验组全体会议上，周传典热血沸腾地告诉这群肩挑重任的年轻人：如果我们能够顺利完成攀枝花钒钛磁铁矿冶炼的任务，做好这一件事，就可以死而无憾了！

1964 年底，中国冶金史上规模最大、组织领导最有力的一次科技攻关——普通高炉冶炼高钛型钒钛磁铁矿试验，在承德拉开序幕。

试验前，工作组搜集了大量的技术讨论、学术报告、阶段总结报告等，做了充分准备；1965 年 1 月 24 日，试验开始。

承德的试验场远离城市，塞外的冬天，寒风袭人，滴水成冰，条件艰苦。试验采用河北承德大庙地区的矿石，并用承德的钒铁精矿和钛精矿配料，模拟攀枝花矿进行高炉冶炼试验。当时，承德没有烧结机，只靠土法烧结满足高炉的需要，技术问题多，劳动强度大。

试验期间，试验组从含 15% 的二氧化钛炉渣开始，逐步增加渣中二氧化钛的含量。前 3 个月，当炉渣中二氧化钛在 20% 以下时，出现了炉缸堆积、炉渣难流的现象，但并未影响正常冶炼。当渣中二氧化钛提高到 20%-25% 的时候，出现了"积"和"泻"的现象。

连续几炉渣量、铁量减少，到逐渐只出铁不出渣，炉渣在炉内流不出来。有的时候，又会出现渣子流动性"极好"的情况，一次性地把存积的炉渣倾泻而出，漫出渣沟、铁沟，堆满炉台。

试验组不断从"积""泻"中摸索和寻找规律。高钛渣在一定条件下会"泻"，那么高钛渣在什么条件下由"积"变"泻"呢？试验组经过反复观察、论证分析后发现，风中的氧可以使渣子变稀，可以防止钛渣变稠。

就在试验组对高炉冶炼钒钛磁铁矿的突破，产生一丝希望的时候，新问题又出现了。将炉渣中的二氧化钛由 25% 提高到 30% 时，以前"有积有泻"的现象，变成了"只积不泻"。

　　试验组总结分析以前的情况，大胆决策"降低生铁含硅量"，并且辅以连续的炉缸喷吹精矿粉，采用一切普通矿成熟的冶炼操作方法进行试验。

　　在高炉冶炼普通铁矿石上被严格禁止的低硅操作，却在冶炼高钛型钒钛磁铁矿上收到奇效。这种看似冒险的操作，却让含有30%的二氧化钛炉渣冶炼在40天试验中，没有出现过炉缸堆积的事故，"泻肚"现象也得到了控制。

　　通过反复试验，试验组又将炉渣中二氧化钛的比例提高到35%，在70多天的试验中，高炉冶炼趋于正常。1965年8月，承德模拟试验结束。同年10月，试验组奔赴西昌，采用攀枝花钒钛磁铁矿继续再试。

　　1966年1—5月，试验组采用攀枝花兰尖矿和西昌太和矿的矿石，在西昌28立方米的高炉上进行原矿验证试验，并进行选矿工业试验和钒钛磁铁矿烧结试验。这次试验几乎没有出现困难，证明了承德试验提出的冶炼方针是正确的，中国人自此掌握了攀西钒钛磁铁矿冶炼的基本规律，对高钛型磁铁矿冶炼技术取得了重要突破。

　　本着求实和万无一失的态度，1967年4—6月，冶金部在首钢的516立方米高炉进行了第三次试验。这次试验在全流程进行，试验再次成功。

　　攀枝花钒钛磁铁矿冶炼的神秘面纱就这样一层一层地被揭去，标志中国人成功解开了世界冶金史上高钛型钒钛磁铁矿冶炼的"方程式"，这个方程式有解！而攀钢要做的则是为这个"解"，戴上属于中国人的"王冠"。

　　2020年5月29日，攀枝花市隆重召开了攀枝花开发建设55周年科技创新大会。大会邀请了一批"特别的客人"——"攀枝花钒钛磁铁矿高炉冶炼试验攻关团队"成员，他们身披绶带，走过"英雄门"、走上红地毯，接受一座城市的致敬。

　　"108将"之一、东北大学钢冶系教授赵庆杰，为钒钛磁铁矿高炉冶炼试验流过汗、流过血、拼过命。他参加了承德突破性模拟试验、西昌验证性试验、首钢生产性试验，当他看到今天的攀钢，说起当年的试验，难掩激动的心情，几度哽咽，令人动容。

　　人们用热烈的掌声，表达对他和他们的敬意。

荣获科技创新特别成就奖的攀枝花钒钛磁铁矿高炉冶炼试验科技攻关团队的专家们，披着绶带，穿过"英雄门"步入会场

"英雄攀枝花！"攀枝花是座英雄的城市，有无数英雄为这座城市的建设发展做出了重要贡献。

有中国共产党的正确领导，有社会主义制度的优越性，有全国人民的大协作，有一群爱国和充满智慧的科技工作者，有在国家最困难、最需要的时候，挺身而出、流汗拼命、担当使命的建设者，才能攻克钒钛磁铁矿的冶炼难题，为攀钢生产提供了宝贵的工艺设计参数、整套的高炉冶炼工艺方案和冶炼技术，也才有了今日攀钢的辉煌和中国在世界高钛型钒钛磁铁冶炼领域的独树一帜。

狮子山大爆破

1970年攀钢1号高炉要出铁。这是在当时严峻的国际形势下，周恩来总理给攀枝花下达的"命令"。为了给高炉准备充足的"粮食"，快速建成铁矿保供应，成了当务之急。

据勘探，攀枝花朱家包包的铁矿主要埋藏在狮子山下，其储量占整个矿区的82.8%。但狮子山下的矿石埋藏深，要建成露天矿，需要剥掉120米才能见矿，要剥离 4000 万立方米的岩石，剥离量占总矿山剥离量的 68%。面对如此大的工程量，由冶金部第十九工程局成立的会战指挥部，组织了 36 个单位、约 20000 军民参战。

1970 年 12 月 1 日，攀矿三公司工程师李胜传收到了去指挥部开会的通知。他到了会场后发现，会场氛围凝重，要求严格：所有人不能记录，不能传播，与会人员三天后自带行李，前往指挥部指定地点报到。

他说："那个年代，号令一来，马上就得走。"时间紧迫，大家连忙与家人寒暄道别，迅速投入到工作中去。

狮子山的巷道掘进是一项艰巨任务。1971 年初，指挥部组织 6000 多人，进行巷道和药室施工作业，大战三个月，完成了山体网状巷道 62 条、总长度 14562 米，掘凿装药室 586 个、共 13379 立方米的施工任务。

为了加工和生产炸药，指挥部组织 1000 多名职工和家属，成立 36 个加工组，在一无专业人员、二无专业设备、三无厂房的条件下，14 天内加工出铵油炸药 9173 吨。

1971 年 5 月 10 日，周恩来总理亲自批准爆破方案。❶ 5 月 21 日 10 点 59 分，狮子山大爆破准时起爆。一声令下，万吨炸药掀起整座山头，雷霆万钧，震天动地，巍峨的狮子山瞬间被夷为平地。李胜传说："那震撼人心的场景如同电影中一样，至今回想起来，依然心潮澎湃。"

据资料记载，狮子山大爆破共有 292 名科研人员参与设计爆破方案，开动观测仪器 527 台，观测项目 17 项，采用三层秒差式定向爆破，装炸药 10162.2 吨，充填巷道 3591.3 米，爆破总量达 1140 万立方米，是迄今为止我国矿山建设史上最大的一次爆破。

狮子山爆破为攀枝花的开发建设立下了垂世功勋，载入了攀钢建设和中国冶金建设的史册。

一个矿区的爆破方案，由国家的总理亲自批准，这在中国乃至世界建设

❶ 载于《中国冶金报》2019 年 8 月 27 日的文章《传承"三线精神"铸就矿山辉煌——记攀钢矿业攀枝花铁矿发展历程》。

1971年5月21日，朱家包包铁矿狮子山万吨炸药大爆破成功起爆

史上都绝无仅有，足见建设攀钢和攀钢出铁的重要性，以及建设攀钢在中国大三线建设中的重要地位。

磨选和半自磨工艺攻关

攀西钒钛磁铁矿矿物结构复杂，铁、钒、钛致密共生，还伴生有钴、铬等微量元素。与普通磁铁矿相比，攀枝花磁铁矿因为共生和高钛等原因，存在难选等问题。

选矿厂原设计采用三段破碎、一段磨矿、一粗一精弱磁选工艺，当时全厂共有16个磨选系统。随着矿山进入中深部开采，资源条件变差，原工艺流程无法适应复杂多变的矿石性质，也不能满足攀钢发展需求，对提高铁精矿质量和保证铁精矿产量十分不利；攀钢不得不从周边采购和海外进口高品位铁精矿，以保证钢铁生产需要，增加了生产成本，也减弱了对攀枝花资源综合利用的力度。

攀钢与外联单位一起，研究创新阶磨阶选新工艺，提高铁精矿品位。2005年，选矿生产实施15个系统的阶磨阶选改造，改造后的新流程于12月

22 日全面运行，使铁矿石磨选及工艺技术装备水平有了较大提升，铁精矿的年生产能力达到了 480 万吨。

阶磨阶选技术尘埃落定，攀钢生产的铁精矿品位也由 52.5% 提高到了 54% 以上。

为进一步提升低成本资源保障能力和资源综合利用水平，攀钢研发了更为先进适用的半自磨工艺。

白马铁矿作为攀钢的后备矿山，矿区内已探明的钒钛磁铁矿地质储量可达 8.7 亿吨。

攀钢根据白马铁矿铁贫、钒高、钛低的特点，一期选铁采用的是三段一闭路破碎—阶磨阶选工艺流程。但在生产过程中遇到了矿泥较多和矿石硬度较大等问题，没有实现"尾矿能抛早抛"的选矿目标。为解决风化矿处理难题，简化生产流程，选矿二期采用了更先进和适用的半自磨工艺技术。

该工艺技术应用后，半自磨系统每小时的处理能力明显比一期提高，质量稳定。这一项目的投产使用，不仅可以提高矿石入选品位 3 至 5 个百分点，分选效果显著，更使白马铁矿每年增加铁精矿产量 7.78 万吨，其优化创效作用持续显现。

攀钢研发的半自磨工艺在白马选矿厂建成

设备达产攻关与技术改造

攀钢完全依靠我国自己的力量建设起来，主要和主体设备全是中国造，把中国冶金机械设备制造水平提高了一大步。但"首台套"设备也存在着一定缺陷，攀钢投产后，问题层出不穷。

面对不断出现的问题和困难，有些人甚至认为攀钢只能作为"设备试验厂"，不能成为正常生产厂，甚至对攀钢发展失去了信心。如何让攀钢"正常生产"，是攀钢当时面临的首要问题。

攀钢出现的生产和设备问题，主要有四个方面的原因。一是 97% 的一期设备为我国自行设计、自行制造，大部分大型设备属国内首次制造和使用，在某种意义上带有应急和试验性质，例如，炼钢厂的氧气顶吹转炉，当时国内只有 30 吨的，而攀钢的却一下子干到了 120 吨；烧结机国内最大的是 75 平方米，攀钢的则是 130 平方米的，问题在所难免。二是工艺流程的某些环节不够顺畅。攀钢是"微雕钢城"，工厂建在山地上，山高、坡大、面积小，设计建设很成功，但也给工厂布局和大型设备摆放带来许多困难，一些生产技术问题没有有效解决。三是冶炼技术存在一些问题，小型试验与大型生产存在较大差异，试验时有些问题还没有暴露出来，生产时遇到的问题，也是试验时难以预测和全部解决的。四是攀钢建设阶段，正处于"文革"时期，存在一些"左"的思想行为影响，这些问题和不足影响了攀钢正常生产。

在设计与建设和工艺技术装备等方面存在的问题，导致攀钢投产即攻关，要实现正常生产、达产达效，必须做系统攻关。

1972 年 11 月，冶金部派副部长高扬文带领工作组到达攀钢，协助进行以保产为目标的设备攻关。工作组成员有李非平、周传典，冶金部钢铁司司长刘克刚、炼钢处处长余景生、北京钢铁学院冶金系主任林宗彩、包钢技术处处长叶绪恕、攀枝花钢铁研究院工程师庄镇恶、410 厂生产科长汤乃武、东北工学院教授李殷泰和承钢、首钢部分领导、技术人员等。

12 月 7 日，工作组召开攀钢技术攻关大会，成立了由 11 人组成的技术攻关科学研究领导小组，下设烧结、炼铁、炼钢、设备、自动化等 5 个专题攻关组，共 158 人。攻关组的许多人坚持在现场同工人一起倒班，有的小组内部实行两班倒，每天工作 12 小时，希望能够尽快解决攀钢生产存在的问题。

经过一段时间攻关，高扬文发现攀钢设备存在大量问题，即使冶炼技术上去了，生产也难以上去，要解决全部问题，单靠当时的力量难以奏效，必须进行系统改造和全流程攻关。于是，他回到北京，联系一机部协助攻关。

1973 年 4 月 22 日至 5 月 7 日，冶金部和一机部在攀枝花召开了"攀钢设备设计、制造、使用三结合现场经验交流会"，共有 74 个单位的 199 名代表参加。会议期间对攀钢的设备问题进行全面分析，找出了存在的 94 项问题，其中突出问题 10 项，并指出了问题产生的原因。

系统攻关随即展开。攻关由三个子系统构成，包括以保产为目标的设备攻关，以达产为目标的设备更新改造，以优化技术经济指标和实现现代化为目标的技术改造等。

攻关采用分头承担、同步进行、重点突破的方式，是对攀钢设备进行的一次整体和系统激活。

经过系统攻关和更新改造，攀钢的设备问题得以有效解决，生产迅速发展。炼铁生产实现新突破，1980 年高炉利用系数开始摸高 1.6t/（m³·d），并不断提升；炼钢生产不断取得新成就，1980 年平均出钢量达到每炉 114 吨，沸腾钢合格率由 1972 年的 94% 提高到 1980 年的 99.16%；轧钢生产迅速发展，1980 年生产钢坯 140 多万吨，超过了设计能力，同时开发出多个新品种，有的还填补了我国冶金产品的空白，为攀钢达产达效、提高产品和成本竞争力、提高攀西资源综合利用水平打下了坚实的基础。

高钛型钒钛磁铁矿强化冶炼技术

由国家组织的系列试验和攻关，找到了普通大型高炉冶炼高钛型钒钛磁铁矿的规律，但要减少炉料中普通矿的配比，更多地利用钒钛磁铁矿冶炼，是攀钢人自己要解决的世界难题。

1970—1979 年，攀钢相继建成了三座高炉，但泡沫渣、高铁损、铁水粘罐等技术难题，严重困扰生产，高炉休风率高，技术经济指标低下。最为"娇气"的是，渣中的二氧化钛必须低于 25%。

三座高炉就是待征服的三座山峰。勇攀高峰的攀钢人，又把目标定在如何减少炉内二氧化钛还原、强化冶炼强度上。

为强化高钛型钒钛磁铁矿高炉冶炼技术，攀钢先后进行了两个阶段的研究和技术攻关。从1978年起，采用了配加18%左右普通矿的办法，以控制渣中的二氧化钛不超过24%，保证高炉顺利生产。然而，生产顺了成本又高了，配加的普通矿富矿粉要高价进口，每年要多花2000多万元，也不利于对攀西资源的综合利用。

科技人员经过反复研究试验，终于在"两难"中寻找到了平衡点。通过提高烧结矿碱度和配加二次资源技术、高炉配加普通块矿技术等，有效解决了困扰生产的一系列技术难题。

1979年，攀钢高炉利用系数首次突破 $1.4t/(m^3 \cdot d)$ 的设计水平；1980—1994年间，攀钢又对钒钛磁铁矿高炉冶炼技术进行巩固和提高研究，大力推进对高负压烧结、煤、焦分加烧结、大料批分装等新技术、新工艺的应用，钒钛磁铁矿高炉冶炼技术进一步优化；1992年，攀钢高炉利用系数相继突破 $1.5t/(m^3 \cdot d)$、$1.6t/(m^3 \cdot d)$、$1.7t/(m^3 \cdot d)$，生产水平再上新台阶。

这些试验解决了铁水炉外脱硫、炉前闷砂口操作等一系列问题，并对一期的三座高炉实施了技术改造；1989年9月应用新技术的攀钢4号高炉建成投产。

攀钢在二期工程建设中，引进、移植、消化了大量新工艺、新技术。1990年，1号高炉改造性大修和以后对2号高炉、3号高炉的大修中，均采用了计算机控制系统，取消了高炉常规仪表，使冶炼系统技术水平不断提高；6月，6号烧结机建成投产，代表了20世纪80年代国内先进水平。

1995年以来，攀钢不断强化高钛型钒钛磁铁矿冶炼技术，在烧结工序开展系列技术创新，特别是在高炉工序通过精料技术攻关、装料制度优化、鼓风动能优化、喷煤技术优化、炉前技术进步等技术创新，使攀钢在国内首先实现了强化冶炼，高炉经济技术指标全面优化，为攀钢扩大生产规模、提高综合利用水平，起到了决定性作用。

2000年1月20日，攀钢开发的"钒钛磁铁矿高炉强化冶炼新技术"荣获国家科技进步一等奖。攀钢以钒钛磁铁矿冶炼技术在中国、中国冶炼技术在攀钢的成绩，赢得了世界尊重。

小故事　　　　　**"盛化罐"的绝技**

从西安冶金学院炼铁教研室的讲台，到西南钢铁研究院炼铁室的办公室，再到攀钢炼铁厂的高炉，毕业于重庆大学冶金系的盛世雄，与炼铁打了一辈子的交道。

这位颇有儒将风范的专业技术人员，在攀钢炼铁厂有一个响亮的外号"盛化罐"。

1972年初，盛世雄刚调到攀钢炼铁厂技术科工作，目睹了高钛型钒钛磁铁矿冶炼的境况。"铁水粘罐、泡沫渣、铁损高"三大技术难题困扰着炼铁生产，数千炼铁职工疲于应战，冶炼组织极其被动。

盛世雄连续几个星期，蹲守在1号高炉上，跟踪从上料到出铁的整个过程。

经过一番研究后，他提出要实现均衡生产，首先要攻克铁水粘罐这一首要矛盾。因为配罐跟不上，高炉被迫减风待罐出铁，不仅影响了产量，而且使炉渣变稠，反过来又对泡沫渣、铁损升高起到了推波助澜的作用。

通过对铁水罐黏附着物的取样分析，确定为盛装铁水时形成的高熔点化合物，具有不易被铁水熔化的特性，造成越黏越厚，很快凝成大铁砣。

该怎样熔化铁砣呢？

思维敏捷的盛世雄想起了氧气顶吹炼钢的吹氧模式，也许这就是一个突破口。说干就干，他立即开始设计套筒式水冷氧枪、水冷烟罩、化罐平台等一系列化罐装置。经过反复试验，氧气化罐技术日益成熟，铁罐的使用寿命从平均30次提高到110次左右，增加了3倍多，有效提高了铁罐周转率，也促进了铁损的降低和减轻职工的劳动强度，综合经济效益达70万元/年。

该项技术还在鞍钢、武钢、包钢、太钢推广，盛世雄被邀请去担任技术指导，"盛化罐"的美名也从攀钢传遍整个冶金系统。

高配比冶炼技术的突破

2009年，在进口铁矿石价格不断攀升、钢材价格一路下滑、全行业出现亏损的形势下，攀钢启动了高配比钒钛磁铁矿高强度冶炼系统技术研究。

高炉使用的烧结原料主要有进口粉矿、普通粉矿以及钒钛铁精矿等原料，其中钒钛磁铁矿占比最高，而占比越高，越能有效开发利用当地资源，为攀钢创造效益，为国家创造物质财富。

由于钒钛铁精矿的烧结性能较差，提高钒钛烧结矿质量，成为高炉强化冶炼的关键。课题组用近5年的时间，对高配比钒钛磁铁矿高强度冶炼系统技术进行系统研究，包括提高烧结钒钛铁精矿比例后的烧结强化技术，钒钛矿比例提高后的炉渣性能研究以及对钒收得率的影响，高炉炉料结构及上下部操作参数的优化，提高喷煤比研究等，形成了独特的钒钛磁铁矿高配比高强度冶炼系统技术，高炉的主要技术经济指标显著提高；还创造和形成了20余项专利。

攀钢对攀西高钛型钒钛磁铁矿的研究伴随着攀钢建设与成长，也使得攀钢对攀西资源的综合利用技术不断提高。攀钢冶炼中钒钛磁铁矿的比例，从2008年的61%左右提高到2013年的70%左右，高炉利用系数、焦比、煤比等指标得到改善，实现了高钒钛矿比例下高强度冶炼的技术突破，为攀钢提升资源综合利用水平、开发高质量的钢铁产品、加大对钒钛资源的综合利用

2005年9月28日，攀钢荣获"四川省科技创新先进单位"称号

创造了条件，对保障国家资源和产业安全、增强钒钛战略资源产业链供应链韧性和竞争力具有重要意义。

依靠科技攻关建攀钢，没有对高钛型钒钛磁铁矿冶炼技术的突破，就没有攀钢；依靠科技促投产，攀钢投产后，大规模的设备和工艺技术攻关，基本解决了主体设备的主要缺陷和冶炼工艺的部分关键问题，打通了整个工艺流程，实现了冶炼技术的新突破，使攀钢生产日益正常，提高了对攀西资源综合利用的水平；依靠科技促达产，依靠科技和管理，到1980年攀钢的主要产品产量和技术经济指标全面超过设计能力。

科技是攀钢的第一资源，科技为攀钢可持续发展提供了战略支撑，是攀钢的生命线。

小故事　　　　科学提钒炼钢的倡导者

在攀钢早期的生产建设中，有一对学数学的科研夫妻，他们是刘祥官和李吉鸾，两人是著名数学家华罗庚的学生，曾跟随华罗庚教授在全国推广优选法、统筹法。

1974年，两人来到渡口，参加攀钢建设时，恰逢攀钢炼钢厂进行提钒工艺攻关，他们积极投身到科研工作中，并给公司领导写信，建议采用优选法提升钒的收得率。

攀钢副经理黎明，非常重视他们的建议，给予了大力支持。为完成科研任务，刘祥官和李吉鸾跟着冶炼工人在现场三班倒，在现场记录了13000多个数据，进行了10万多次的计算，终于找出了最佳冶炼工艺参数，实现了工序升级换代。

1980年的阳春三月，攀钢领导和科技人员向视察攀钢指导工作的方毅副总理汇报攀钢提钒工艺攻关取得成功，钒的氧化率提高到90%以上，达到国际先进水平。

闻得喜讯，方毅副总理非常高兴地提出去炼钢厂看望大家。

在冶金部部长唐克、总工周传典的陪同下，一行人来到炼钢厂提钒车间。当时在自动化所工作的李吉鸾向领导们介绍了攻关的情况，并在 1 号提钒炉前留下一张方毅副总理与攻关人员合影的珍贵照片。

在 1981 年第三次、1984 年第六次全国攀枝花资源综合利用科研工作会议期间，刘祥官和李吉鸾两次到十三栋向方毅副总理汇报工作。

看到应用数学在指导攀钢工业化生产中取得的成绩，方毅副总理频频点头，他拿出笔墨，摊开宣纸，为他们夫妇题写了"及时当勉励，岁月不待人"（晋陶渊明句）和"任重道远"两幅书法。

方毅为他们夫妇的题词，给了他们巨大的精神力量，激励着他们不断攀登提钒炼钢的科研高峰。

攀钢钢轨，助力中国高铁世界第一

为共和国生产优质钢轨，是攀钢的一项重要使命和任务。

1975 年 6 月 29 日，中国西部的第一根钢轨在攀钢轨梁厂下线，从此攀钢钢轨走上了从无到有、到成为"王者"的发展之路。

攀钢瞄准生产世界一流钢轨的目标不放松，林健椿、秦振恒、苏世怀、战金龙、梅东生等钢轨研发团队，拼搏创新，艰苦努力，承前启后开创了攀钢钢轨制造事业，并推动攀钢钢轨制造技术达到世界领先水平。

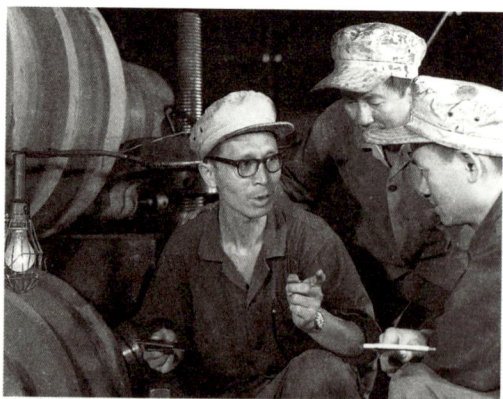

林健椿与现场技术人员进行技术交流

1979 年，林健椿等工程技术人员用 PD_1 钢种试轧成功 60 千克/米重轨。同时，钢轨精整工艺技术也有突破，钢轨加工线升级为 25 千克/米定尺规格，并增设在线超声波探伤装置，使攀钢钢轨制造技术跃上一个新台阶。

1985 年，攀钢开始全长淬

火热处理工艺技术研究，项目被纳入国家"八五"重点科技攻关课题。经过林健椿、张昆吾等工程技术人员的不懈摸索，历经系统改造和工艺创新，通过两年多的攻关取得成功，逐渐奠定了攀钢钢轨在世界钢轨领域中的"王者"地位。

攀钢在钢轨领域的"王者"地位，是通过一场场的较量打拼出来的。

在我国三晋大地，曾有一场至关重要的品质较量。攀钢在铁道部的支持下，要把自己生产的钢轨与其他国家生产的钢轨"同路"竞争，一较高下。

1987年5月，出结果的时候到了。攀钢会同铁道部铁科院及北京铁路局、石家庄铁路分局等人员，对铺设在石太线、太焦线的攀钢50千克/米全长热处理轨进行全程考察。调研认为，攀钢钢轨与同地段铺设的日本、苏联和奥地利等国生产的同规格钢轨相比，具有更好的耐磨性、强韧性及抗剥离掉块等性能。经验证，攀钢钢轨年度磨损量最低，尤其是在大坡度地段的抗侧磨性能遥遥领先，攀钢名副其实地笑傲群雄。

攀钢具有自主知识产权的高强度钢轨热处理工艺和装置获得"美国专利"和"国家发明专利"奖。从跟跑到领跑的变迁，是攀钢鼎力前行的轨迹。

1988年，攀钢完成60千克/米全长热处理钢轨试验，填补了国内空白，1989年获得国家优质产品金奖；1990年，完成75千克/米、60千克/米全长热处理钢轨通过了冶金部、铁道部联合组织的转产鉴定。全长热处理钢轨新工艺，6月获得美国专利，11月获得冶金部科技进步一等奖；1995年，根据国家技术监督局对国内4家钢轨的抽查，攀钢钢轨的质量名列前茅。

1995年，攀钢面对铁路运输向高速化、重载化和长尺化发展的趋势，为满足国民经济发展对钢轨的需求，组织了由100多人组成的攻关队。攻关队从高速钢轨的冶炼工艺、轧制工艺、技术改造和质量检查方法等方面，进行全系统攻关，以满足市场对高强度、高韧性、长尺化钢轨的需要。

功夫不负有心人。1996年，攀钢参照EN标准草案、以法国TGV钢轨（于1981年建成的第一条高速客运新线——TGV东南线）为目标，开展对高速铁路钢轨的研究。只用5个多月的时间，就成功开发出 PD_2 离线热处理钢轨，各项技术指标达到国际先进水平，为攀钢进入高速铁路钢轨市场，助力中国铁路向高速发展创造了条件。

铁道部对用攀钢钢轨铺高速铁路线，开始时很担心。1999 年 10 月，铁道部和冶金局规划发展司的领导到攀钢，听取攀钢关于开发高速铁路钢轨的情况汇报，希望攀钢抓紧快上，开发高速铁路用钢轨。会上，一位领导提醒攀钢，要把高速轨的质量搞好，不能"砸锅"。

攀钢没有让铁道部失望。2000 年 9 月，铁道部采购攀钢高速轨 4000 多吨，铺在我国首条高速铁路秦沈线上，并与国外的产品同线竞争。2001 年 7 月，铁道部再次采购攀钢高速轨 1.27 万吨，证明攀钢钢轨在秦沈线与国外钢轨较量中胜出。

进入 21 世纪，中国铁路建设进入高速发展与调速时代。从 2001 年 10 月 20 日开始的第四次提速，到 2007 年 4 月 18 日的第六次大提速，我国时速 120 公里及以上线路总延展里程从原来的 1.6 万公里增加到 2.2 万公里，其中时速 250 公里线路延展里程达 846 公里；新建铁路尤其是高速客运专线铁路建设加速推进。

2004 年 11 月 29 日，攀钢成功轧制出首支 100 米长尺钢轨，成为国内第一家、继法国和日本之后的全球第三家的生产企业。攀钢时速 250 公里、300 公里、350 公里的 100 米长定尺系列高速钢轨相继诞生。

百米钢轨是建设高速铁路的基础。受运输要求的限制，百米钢轨很难国外采购。攀钢能生产百米钢轨，为中国建设高速铁路创造了条件。2008 年 8 月 1 日，中国首条城际高速铁路京津城际铁路正式运营。铺设在这条高铁上的近 3 万吨钢轨，全部为攀钢造。

优质的攀钢高速钢轨不仅满足了高速铁路时速 350 公里的要求，还多次创造中国铁路建设史上的"首次"和奇迹：成就用户在国内首次大面积采用无砟轨道技术，首次采用 500 米长钢轨工地焊接施工工艺与跨区间进行超长无缝线路的铺设，创造了铺设 120 公里的线路只用一个月零 3 天的成绩，造就了 60 年内轨道无须大规模维修的奇迹。

攀钢钢轨在武广高铁、京沪高铁等都占据较高比例。京津城际铁路运行试验证明，攀钢钢轨引领中国钢轨生产技术进入高速化、重载化、长尺化时代，进入世界先进行列。

2010 年 12 月，攀钢完成百米轨扩能改造工作，2015 年 3 月，攀钢建成万能生产一线，该工程由攀钢自主设计、自主集成、自主建设，多项指标创国内纪录。

攀钢现在拥有"利用轧制余热生产高强度钢轨的热处理方法和装置""特种断面翼轨的生产线及其制造方法"等 100 余项国内外钢轨生产专利技术，是国内唯一获得"国家出口免验"证书的钢轨制造商。

在我国重大铁路工程及全球重要铁路线上，包括全球海拔最高、最寒冷、最缺氧、经过连续性永久冻土地区最长、免维护要求最高的青藏铁路，我国第一条准高速铁路广深线，我国第一条时速 200 公里的快速客运专线秦沈线，我国第一条跨海铁路粤海铁路，我国第一条时速 350 公里的城际高铁京津高铁，以及世界运量最大的大秦铁路、世界轴重最高的澳大利亚矿石运输重车线，都有攀钢钢轨的身影。

横贯东西的沪昆高速铁路，全长 2252 公里，犹如一件精美的艺术品，横卧在南国的山水之间。设计时速为 350 公里的高速列车在这条平顺的铁路线上"飞行"，甚至连硬币都可平稳竖立在车厢内。这条线路的钢轨主要由攀钢等提供，除了要求钢轨本身要精度高、性能优异外，钢轨焊接技术更是保证钢轨一通到底的重要一环。

攀钢研究院首席研究员、重轨及铁路用钢研究所实验室主任李大东，30多年来一直致力于钢轨焊接技术的研究，取得各种高速铁路用钢焊接技术的丰硕成果。

2019 年 5 月 9 日，李大东与研究人员飞往东南亚某国。他们一下飞机，就要求前来接洽的某地铁线路承包方直接到焊轨基地进行交流沟通。该承包方焊接攀钢 R260 钢轨接轨时出现异常，要求供应商尽快予以解决。

对各种攀钢钢轨材质和焊接性能了如指掌的李大东，认真分析承包方提供的焊接工艺和实地查看焊接设备，提出了调整意见，按照新工艺焊接，异常很快消除。李大东告诉用户，攀钢钢轨焊接质量，完全能够满足检验标准要求，并符合欧洲标准。

　　从产品制造，到标准制定，攀钢的重轨研发团队勇于攀登世界钢轨研制巅峰，豪迈地践行着自己的承诺：生产一代、研制一代、储备一代，让攀钢钢轨托起了世界重载和高速铁路的明天。

　　攀钢从第一支普轨下线至今，已经开发出 5 代钢轨，拥有世界先进生产工艺和装备的万能生产线，具备年产钢轨 160 万吨的能力；拥有完全自主知识产权的钢轨产线，可按照世界各种标准定制化生产，能够为用户提供从设计智能化、选型、使用到改进的全流程、全周期的技术服务；钢轨品种齐全，涵盖 37 千克 / 米至 75 千克 / 米所有规格，抗拉强度实现从 800 兆帕至 1350 兆帕、踏面硬度实现从 HB235 至 HB410 的全覆盖，形成了高速铁路、重载铁路、客

2020 年，攀钢独家供货雅万高铁全部钢轨，开启中国标准高速铁路
专用长定尺钢轨出口海外先河

货混运铁路、城市轨道交通等铁路用钢系列产品。

2020 年 11 月 28 日，由攀钢和广西北部湾国际港务集团共同主办的雅万高铁长尺钢轨出口首航仪式隆重举行，标志着攀钢供雅万高铁钢轨正式启航出海，中国高铁整体出口"第一单"钢轨全部攀钢造。

攀钢钢轨以超群的品质成为攀钢的金字招牌和世界品牌，在国际钢轨市场深深地刻下了中国印记；攀钢钢轨国内市场占有率近 40%，出口占全国总量 70% 左右；攀钢钢轨还出口到美国、加拿大、巴西、澳大利亚、新西兰、墨西哥等 35 个国家和地区。乘着"一带一路"的东风，攀钢钢轨已在沿线多个国家"安家落户"，为当地打造了一条条的"幸福路"。

小故事　　　　　　**晶界里闪耀的"责任"硬核**

2020 年 11 月 24 日，全国劳动模范和先进工作者表彰大会在北京隆重举行，习近平总书记等党和国家领导人亲自为获奖者颁奖。[1] 拿过证书的攀钢研究院轨道交通用钢技术研究所一级专家、高级工程师、攀钢高速重载钢轨开发项目团队负责人邹明心潮澎湃，感到无比自豪。

1993 年 7 月，邹明从东北大学金属材料及热处理专业毕业，来到攀钢，便与钢轨结下了不解之缘。

作为钢轨研发人员，邹明深感肩上的责任重大。2000 年，邹明以第一负责人的身份，承担了"钢轨在线热处理工艺完善及推广"的课题，最终取得成功。

成功是为有心人开启的一扇门。时光的磨砺与雕琢，把年轻的邹明锤炼成钢轨领域的技术骨干。

回想起攀钢第一条，也是国内第一条万能轧机生产线投建的历程，邹明感慨万千，那是拼了命咬牙啃下的"硬骨头"。生产线建成以后，为尽快拿出合格产品，邹明立下军令状，带领团队在轨梁现场和实验室

---

[1]　载于新华网 2020 年 11 月 25 日的文章《全国劳动模范和先进工作者表彰大会隆重举行》。

之间来回奔波，对设备运行状况及工艺保障能力进行评估，制定试验方案，在很短的时间内，就确定了万能生产线热处理的生产新工艺，使投产后的数千吨钢轨，百分之百满足技术要求。

大秦铁路，这条横贯晋冀的国内第一条电气化煤炭专用铁路，因路况、重载等特性对钢轨的品质要求非常高。为了攻克"耐磨"的瓶颈，邹明带领团队投入到研制世界一流重载铁路用轨的战役。为开展钢轨成分筛选和现场实验，他和同事们夜以继日地蹲守作业现场，从钢种化学成分，到热处理温度，一个个地修正参数。

实验室模拟试验是关键的工序环节，邹明总是亲自守在感应炉前计算、配比合金，笔记本上记满了公式和数据。

为获取精准的钢水成分，他要求每个冶炼阶段都要取样化验，做到心中有数。试样加工也毫不放松，他详细地给制样职工讲解技术要求，把精准思想贯穿到每一个步骤，力争做到精益求精。最终试验结果，让所有参研人员放下了悬着的心：性能完全满足要求，某些方面还超出预期！由于做了充分准备和验证，工业试验进展非常顺利，批量试验运行证明，钢轨上线服役寿命提高30%以上，耐磨等综合性能大幅度提升。

春去秋来，两年拼搏结硕果，跋涉又攀新高峰。邹明团队成功破解重载钢轨全流程技术难题，研制出了1300兆帕级的攀钢第四代钢轨——PG4钢轨。不仅创造了世界同类钢轨强度级别之最，还从根本上解决了中国重载铁路用钢轨国产化生产的难题。

中国纵横交错的铁路网和飞驰般的高速列车，如铺展开的画卷，为邹明施展才华提供了广阔舞台。

铁路道岔技术水平是衡量铁路发展水平的重要标志。高速铁路建设之初，中国的道岔轨全部依赖进口，产品和技术受制于人。邹明看在眼里，急在心上，决心改变这一现状。他结合国内高速铁路对道岔轨的特殊需求，与攀钢诸多专家联合攻关，对道岔轨成分及生产工艺进行认真分析，攻克了非对称断面热处理加速冷却等关键核心技术，一举攻克高速道岔轨生产技术难题，替代了进口产品，广泛用于国内各条高速铁路线路。

就在一年之前，邹明也曾前往北京。那是 2019 年 11 月 9 日，第五届"魏寿昆科技教育奖"颁奖典礼在北京科技大学隆重举行。经过激烈角逐，他一举摘获了"魏寿昆青年冶金奖"。这是攀钢首位科技专家获此殊荣，也是全国钢轨领域获此大奖的第一人。面对这个"意外之喜"，邹明说，这是业界对攀钢钢轨研发水平的认同，自己是作为研发团队的代表来领奖的。

三十多年来，邹明先后承担国家"十五"科技攻关、国家重点研发计划等课题 3 项，国际合作课题 3 项，省部级及企业自选课题 20 余项；获授权发明专利 20 余项，其中美国、德国等国家专利 6 项，科研成果如麦穗般"年年高产、载载丰收"，为中国钢轨赶超世界先进水平做出重要贡献。

2020 年 4 月 10 日，邹明团队的最新研发成果之一"一种道岔轨的热处理方法和道岔轨"发明专利，来到蓉城角逐四川省专利奖 2019 年度最高奖。这是多年研发道岔钢轨技术的升级版本，对保持中国道岔钢轨研制世界领先技术有重要支撑价值。

心无旁骛，潜心攻关，邹明研发的新产品填补多项国内空白，先后荣获全国发明展金奖等国家级、省级奖近 30 项。为让攀钢钢轨走出国门，邹明和他的团队十年如一日，解决了一系列制约高端钢轨生产的技术难题，助力攀钢钢轨走向世界。

2020 年 11 月 28 日，攀钢的 4000 吨百米长定尺钢轨，沐浴着灿烂阳光，从北部湾的广西防城港码头，首航发往印尼。这是中国高铁整体出口的"第一单"，对中国高铁和钢轨拓展国际市场具有里程碑的意义。

邹明开完劳模表彰会后，并未立即返攀，而是直奔中国铁道科学研究院，会同相关同志奔赴大秦线考察，到山海关开展技术交流。国内国外两个市场的同步拓展，新市场、新需求、新课题不断考验着邹明和他的团队。

攀登永无止境，国际顶级钢轨制造商的未来充满挑战，也前途无限光明。

西南第一卷

资源禀赋与近三十年的创新积淀，铸就了攀钢板材优良的塑性、韧性和成型性能，成就了其在市场竞争中的特殊地位。

西部最好的汽车用钢生产基地

1992 年 12 月 22 日，攀钢成功地轧制出第一卷热轧钢卷，结束了攀钢无板材的历史。

经过三十多年的不断努力，攀钢已成为我国西部最大的热轧板卷生产基地、科研基地及汽车用钢生产基地，在西南市场占据绝对优势。

攀钢对汽车用钢的研究与汽车工业的发展同步与高速。20 世纪 90 年代，为适应汽车市场需求，攀钢对汽车车轮用热轧钢带和汽车结构用热轧钢板进行了专题研究。

攀钢车轮钢经过工业生产试制，形成了系列产品，具有了较好的品牌影响力和市场占有率。1993 年，攀钢开始进行汽车大梁板研制，并很快进入了市场；至 2013 年，攀钢汽车大梁用热轧钢板的总产量已经超过 200 万吨。

为充分发挥攀钢的资源优势，攀钢还开发了涉及汽车结构用热轧酸洗板、特殊合金系列高强度气瓶用钢、超细晶粒钢、锅炉及压力容器用热轧板，以及围绕 1450 毫米热轧机组和 2050 毫米热轧机组展开的相关工艺平台的研究与开发。

攀钢通过技术引进和不断创新，具备了批量生产热轧汽车大梁用钢等系列产品的能力，开发生产的汽车热轧酸洗板和冷轧汽车用板最高强度级别均达到 1000 兆帕，汽车镀锌板最高强度级别达到 1500 兆帕，生产能力实现了厚度、宽度的全覆盖，产品实物质量达到国际先进水平。

攀钢钒热轧板厂的汽车用钢广泛应用于一汽集团、东风汽车、长安汽车、上汽集团等国内主要汽车生产企业，成为西部地区汽车用钢第一品牌；西昌钢钒热轧板后来赶上，国内第二家开发出了 DP1180 汽车用超强钢，产品质量达到国际领先水平，攀钢的热轧"两兄弟"，手挽手进军汽车用钢市场，成绩

攀钢突破了高表面质量O5汽车面板、高强度等级汽车结构板的关键制造技术，
实现了我国自主品牌乘用车整车全覆盖供货

辉煌喜人。

2020年11月18日，攀钢西昌钢钒生产的两个型号的超高强汽车用钢，顺利通过福特汽车专家组的产品认证，拿到了供货"入场券"。至此，攀钢实现了对福特整车产品的全覆盖认证。从2016年福特汽车首次对西昌钢钒汽车用钢产线认证以来，攀钢以过硬的产品研发能力、过硬的制造保障能力、过硬的服务能力，完成了从初级产品到高级产品，从内板零件到外板零件系列产品的认证，实现了汽车用钢的跳跃式进步。

攀钢的汽车用钢以强度高、延展性好等特点，能够实现汽车零件轻量化，达到当今汽车行业里最高强度级别的材料标准，目前国内只有少数钢厂能够生产，成为了越来越多汽车制造商的首选产品。

中国家电用板第一品牌

说到攀钢家电用钢，攀钢职工都有着特别的自豪感。

攀钢退休职工张攀指着家里的格力空调、美的风扇、长虹电视自豪地说："这些家电陪伴我们近20年了，面板都是攀钢造。"

攀钢对家电用钢的研究具有前瞻性。1977—1981 年，攀钢在没有冷轧生产线的情况下，就利用当时冶炼设备进行了三次全工序的取向硅钢工业试验；20 世纪 90 年代，攀钢建设冷轧生产线前后，又开展了罩退深冲钢、连退深冲钢、家电用热镀锌钢板、热镀铝锌合金钢板、冷轧无取向电工钢等攻关，为进入家电用钢市场做好了准备。

1996 年 6 月 19 日，攀钢冷轧厂轧机负荷试车成功，轧出第一卷冷轧卷；1997 年 3 月 1 日，攀钢生产出第一张热镀锌板；5 月 10 日，攀钢冷轧厂首批出口马来西亚的产品出厂。

攀钢结合冷轧厂的特点，战略性地把冷轧产品定位于家电行业。为了满足用户需要，攀钢树立"技术支持市场"理念，设立市场应用研究室，组织新产品攻关队，确保产品质量，开发以家电用户为主、兼顾其他用户的冷轧品种；攀钢还把冷轧产品试验室建到长虹等用户生产厂内，现场研究用户如何生产、如何应用，听取用户的意见和建议，及时根据用户需要，提供优质产品。

1999 年，攀钢完成了"按德国 DIN，日本 JIS 标准组织冷轧薄板生产的研究"课题，实现了攀钢冷轧产品与国内国际双向市场的需求接轨，攀钢冷轧产品已经走向世界。

2004 年 11 月，攀钢立项的"热镀铝锌合金板开发"课题落地后，攀钢的热镀铝锌板填补了国内 1.5 毫米以上厚规格热镀铝锌产品生产的空白，打破了高档电气柜板依赖进口的局面。

2007 年，攀钢钒冷轧厂原 1 号热镀锌线改造，并进行从炼钢至冷轧的全流程技术攻关，使攀钢具备了家电用热镀锌钢板的批量供货能力，产品性能优良，实物质量达到国内先进水平。

2011 年，攀钢紧跟环保型家电用钢产品开发的步伐，成立了"热镀锌自润滑板开发及应用"课题组，开展刻苦攻关。2015 年，攀钢钒冷轧厂全部打通热镀锌自润滑板生产工艺，具备了热镀锌自润滑板的批量供货能力，自润滑产品成为国内家电用板市场的"新宠"。

脱胎于攀西钒钛资源的攀钢冷轧板材，自带资源特色，拥有良好的冲压、

攀钢家电板荣获"国家免检""金杯奖""省名牌产品"等称号

焊接性能和力学性能，在国内与龙头企业生产的家电板并驾齐驱，形成了年55万多吨的供应能力，是国内电器用钢的一流品牌。

格力、美的、长虹、松下、日立等国内外知名家电企业都青睐攀钢家电板；攀钢家电板以其优异表现，获得国家免检和质量金杯奖以及卓越产品认证，获得四川省名牌产品称号；攀钢家电板作为国内首个通过欧盟RoHS权威认证的产品，走向了更大的市场。

攀钢人

驰骋的舞台——陶功明

他用八十余项专利发明，
十余项省部级成果，
创造钢轨上的超越，
演绎了成"功"与光"明"。

2015 年，大型系列纪录片《纪录四川 100 双手》轰动全川，第二季中的一集《钢轨上的超越》引起大家的关注，片子的主人公是攀钢钒轨梁厂的型材轧制首席工程师陶功明。

短片讲述了陶功明带领团队勇于开拓，潜心研究，研发钢轨全长波动控制新技术，为攀钢钢轨打造世界一流品牌，助力中国高速铁路迅猛发展的故事。

百米钢轨旁那专注的眼神和灵巧的双手，演绎托起中国速度的时代篇章。这张照片几乎成为了陶功明形象的代言力作，出现在各个场合。

"心有多高，梦想就有多远。"

1992 年，22 岁的陶功明从重庆大学毕业来到心仪的攀枝花。刚刚在攀钢钒轨梁厂报完到，他便迫不及待地要去现场看看，滚烫的红色方钢在 950 毫米轧机下往返穿梭着变成了一支支钢轨，就是从那一刻起，他与钢轨结下了毕生之缘。

参加工作之初，还有段小插曲。实习期间，陶功明分配到基层锻炼，跟着轧线的师傅们一起干，由于抢不动大锤，感到很羞愧。曾想着去攀钢冶金工业学校当老师，是厂长陈亚平留住了他，也为这位好苗子提供了成长的空间。

1997 年，厂里安排陶功明去做型钢的孔型设计。来到新的岗位，他非常激动，因为这是一项十分重要的工作，孔型可谓型材产品之母。任何新产品的开发都离不开孔型设计这道最关键的门槛，有着极高的技术含量。

当时的产品孔型设计都还需要手工计算，既繁琐工作量又大，怎样才能提升工作效率呢？陶功明瞄准了厂里的计算机，那时轨梁厂总共只有两台 286 电脑，放置在计算机室有专人负责保管。为了学习计算机知识，他想方设法接近管理人员，利用一切机会熟悉和研究电脑。学俄语的陶功明首先碰到语言关，计算机程序都是英文编写的，他迎难而上把英汉词典背在身上，抽空便学习一下，很快就能看会写了。

1999 年，陶功明用计算机编制了一套工字型孔型绘图和孔型分析程序，实现计算机自动绘制孔型图和设计参数分析。孔型设计的效率大幅度提高，厂里的工程技术人员对这位而立之年的年轻人刮目相看。

就在雏鹰振翅高飞之际，机遇给了他更大的舞台。

1999 年 9 月，一个十万火急的电话从北京打来，正在参加铁道部会议的厂领导找到陶功明，告诉他，铁道部希望攀钢开发高速道岔轨。由于时间紧、任务重，一个月之内必须拿出合格产品，接不接呢？

陶功明心里明白，这种国内尚未成功轧制的新产品研发难度很大，但也是攀钢实现产品系列化的大好机会。他咬咬牙，坚定地告诉领导，保证完成任务！

放下电话，陶功明立即和工程技术人员及生产骨干研究轧制方案，那段时间，连做梦都在想着如何破解难题。功夫不负有心人，研发团队仅用了 19 天时间，就成功开发生产出合格的高速道岔轨，比要求的时间提前了 11 天。得知这个消息，很多人不敢相信，攀钢难道真的这么牛吗？

是的，攀钢在高速钢轨的研制和生产上快速领跑，充满了豪气、霸气。在陶功明等工程技术人员和广大职工的倾力打造下，攀钢钢轨研发水平逐级攀登，朝着巅峰迈进。2000 年，就在高速铁路道岔轨批量生产不久，攀钢成为国内首家能够生产时速 200 公里客运专线钢轨的厂家。2004 年 11 月 29 日，国内首支百米长尺钢轨在攀钢轨梁厂下线，攀钢成为国内第一家、世界第三家能够生产百米高速钢轨的企业。2005 年 12 月，攀钢研制成功时速 350 公里百米钢轨。

创新是陶功明屡创奇迹的制胜法宝。随着高速铁路运行速度的不断提升，对百米钢轨的尺寸精度要求越来越严格。快如子弹的客车一旦出现问题，后果不堪设想。

2009 年，陶功明再次踏上攻坚之旅。这次征程比以往增添了更多的难度，他深深明白一个道理，就像登山一样，越往高处越艰难，可是绮丽风光就在不远的前方。

他们这支善啃硬骨头的团队，坚持理论结合实际，深入探索和研究，在掌握大量基础参数的基础上，通过反复比对、论证，不断完善工艺参数，终于一步一步地逼近了目标。那段日子是极其的难熬，用他爱人的话说，真的差点走火入魔。

2010 年 3 月，钢轨规格自动补偿技术研发成功，钢轨生产通长波动控制技术这项世界性技术难题被陶功明团队攻破。检验证明，钢轨全长均匀性指标及控制技术达到世界领先水平，攀钢再一次拔得这一专项技术的头筹。先进的技术大大提高了钢轨轧制精度、生产作业率，让攀钢钢轨生产技术水平实现跨越式腾飞。

领跑的攀钢，在钢轨研制领域并没有放慢脚步，2015 年，陶功明率领他的首席工程师团队发明的 RDD 工艺及装置，通过多方验证后，开始上线试用。试验结果表明效果颇佳，不仅进一步优化了钢轨全长尺寸均匀性，还能改善钢轨的其他性能指标，属于一项高附加值的世界首创技术。

这位全国劳动模范、鞍钢楷模，有一个外人不甚理解的"嗜好"，就是守在轧线旁，聆听轧机欢快的歌唱，看着百米钢轨从一段方钢，到锃亮成材的凤凰涅槃，就好像看着自己的孩子一点点地快乐成长。

三十多年的艰苦跋涉，拥有一颗匠心的陶功明，始终没有忘记前辈们的教诲，用心做人，用品质成就攀钢钢轨的未来。他用 80 余项专利发明、10 余项省部级以上的科研成果和为攀钢创造上亿元经济效益的成就，证明自己是一位心灵手巧、兰质蕙心的型材轧制工艺大师，是一位攀钢钢轨发展变迁史的传承者。

创新第二代技术体系，做大钒钛

钒和钛是重要的战略资源，由于提取难度大，直到 20 世纪 70 年代，世界上只有少数国家掌握钒钛冶炼技术；而中国的钒钛冶炼技术还处于起步阶段，钒钛产品供应稀缺。党中央、国务院及很多老一辈革命家，一直关心攀钢对钒钛资源的综合利用情况。

早在攀钢出铁前的 1970 年 6 月 8 日，周恩来总理在接见全国重点钢铁企业代表时说："攀枝花就得提倡综合利用，不能单打一。"❶

攀钢作为攀西钒钛资源综合利用的核心企业，在全国的支援下，经过近六十年的持续努力，成为掌握核心技术、世界一流的钒钛资源综合利用企业，成功地打破了西方对钒钛冶金技术的封锁和产品垄断，使中国成为了世界钒钛大国。

方毅与攀枝花资源综合利用

1978 年，党中央、国务院把攀枝花钒钛磁铁矿综合利用纳入 1978—1985 年全国科学技术发展规划纲要，作为国家 108 个重点项目之一，由时任国务院副总理的方毅亲自领导。

为加快钒钛资源综合利用步伐，方毅副总理 8 次亲临攀枝花，9 次主持召开全国攀枝花资源综合利用科技工作会议，先后调动 200 多个企业和科研院所、1000 余名科技工作者，如当年攻克钒钛磁铁矿冶炼技术一样，集全国之力"联

---

❶ 载于《方毅与攀枝花》，中共党史出版社，2016 年。

合攻关"，走中国自主发展的钒钛产业道路。

他对参加攻关的领导和科技工作者说，如果看不到攀枝花的战略地位，那是近视的、错误的，党中央对攀枝花是很重视的，是列在中央议事日程的，把攀枝花钒钛资源综合利用攻下来，不仅是中国的成绩，也是世界的成绩。当他听到攀枝花钒钛资源利用取得成绩后高兴地说：攀枝花资源综合利用的科技成果，带动了全国钒钛工业的进步。

方毅副总理亲自领导攀西钒钛资源综合利用攻关。他要求，要把攀枝花资源中钒、钛、钴、镍、铬、镓、钪等都开发出来，要解决好资源综合利用中的环保问题，要做好钒钛产品的推广应用工作，要大力发展低合金钢，要建设二期工程，搞好优质产品生产，走活攀枝花资源综合利用之棋。

在方毅的领导和亲自关心下，攀枝花钒钛磁铁矿资源综合利用取得巨大成就，从1978年到1987年，用十年时间走过了西方国家百年才走完的钒钛冶金路，钒钛资源综合利用取得巨大突破，从此中国的钒钛产品不再稀缺。

方毅对攀枝花情有独钟，他一听到攀枝花的事就来精神，一见到攀枝花的同志就高兴。他是攀钢攻克钒钛资源综合利用世界难题的重要组织者，他还支持攀枝花和攀钢发展，对国家批准攀钢建设二期工程、攀枝花争取艰苦地区待遇、攀钢实施利润包干等起到了重要作用。

世界第一的产钒企业

钒是钢的"味精"，含钒钢具有强度高、韧性大、耐候性好等特点。国家决策建设攀钢的一项重要任务，就是要开发和生产好钒这一重要战略资源。

攀钢提钒技术从雾化提钒到转炉提钒的跨越，提升了攀西资源利用水平，通过不断技术创新和工艺技术进步，持续提高钒资源利用水平，成为了世界第一的钒企业。

把钒从钢铁中提出来

国家对攀枝花钒钛磁铁矿的综合利用，一直寄予厚望。攀钢对钒资源的综合利用，与钢铁生产同步进行。

科技工作者为攀钢做好资源综合利用做出过重要贡献，甚至付出生命。"二华"是其中的代表。他们是冶金部科技司的工程师沈润华和攀钢的江耀华。

1966 年 2 月，冶金部重庆黑色冶金设计院提交了攀钢炼钢厂的初步设计方案，提出了"双联提铌方案"。

沈润华听说包钢有雾化法提铌的技术，就带着攀钢炼钢厂的技术员江耀华等同志到包钢进行考察。考察过程中，他们思考是否可以用雾化提铌的办法进行提钒。

江耀华将雾化提铌的有关资料和图纸收集后带回攀枝花，深入研究。研究认为，从雾化法提铌的情况看，搞雾化法提钒可行，并提出要进行试验。由于雾化提钒方法国内外没有先例，没有设计图纸，没有成功经验可借鉴，雾化提钒方法试验的报告被搁置下来。

当时，攀钢炼钢转炉正在紧锣密鼓地建设中。沈润华知道，攀钢用什么方法提钒必须快速决定，建设工期等不得。他向攀钢公司领导汇报，建议进行雾化提钒法实验。

经过反复争取与研究，攀钢同意先进行小规模试验，由技术处、西南钢铁研究院、炼钢厂三家联合进行，具体工作由炼钢厂组织实施。炼钢厂指定江耀华任技术总负责人，由江耀华、唐协珍、陈裕忠 3 人负责雾化法提钒的设计，江耀华负责烟囱、炉子等方面的设计，唐协珍负责雾化器设计，陈裕忠负责大盖、出铁包等方面的设计。

试验土法上马。他们从几里外肩挑背扛，搬回炉底配件，拉来电缆，接通电源，苦战数月，终于在一个修理渣罐的地坑里，建成了一座小型雾化提钒试验炉。1971 年 2 月 10 日，他们吹出了第一炉符合国家标准的钒渣。

这座雾化能力为 60 吨 / 小时的提钒炉，虽产量不高，但引起了各方面的重视。1971 年底，炼钢厂又兴建了雾化能力为 180 吨 / 小时的 2 号试验炉。为了解生产各环节的情况，江耀华坚持在炉前操作，收集各种数据，掌握提钒生产的规律。

1974 年，冶金部在北京召开雾化提钒设计审定会议，江耀华参加会议。会上，他用大量数据论证了攀枝花雾化提钒的可行性。冶金部领导被攀钢技术人员的认真与专业折服，8月29日，批准了雾化提钒方案，决定在攀钢新建雾化提钒车间。攀钢的提钒工艺也由原设计的"双联法"改为"雾化法"。

1974年10月7日，国务院副总理李先念在《关于请示攀枝花共生矿科学实验任务的报告》上做了重要批示，针对钒钛等大量金属，要求"力争抓紧把这些富贵金属分别提炼出来"。李先念副总理的指示和冶金部的重视，促进攀钢落实"钢钒并举"的方针，把钒产品的生产摆到了重要的位置。1978年末，攀钢建成雾化提钒车间，1980年，钒渣产量超过了4万吨，到1989年钒渣产量达7.5万吨。雾化提钒技术完全是依靠中国人自己的力量、独立研制和开发的新技术，是中国提钒工艺的一次重大突破，与国外的同类工艺相比，攀钢的工艺技术更简单、经济、合理、先进。1978年3月，在北京召开的全国科学技术大会上，攀钢的雾化提钒工艺获全国科学大会奖。

随着攀钢钒产量的增加，中国逐渐由钒进口国变为钒出口国，攀钢对攀西资源的综合利用也不断攀上新台阶。

为更好地利用好攀西资源，攀钢一直进行着对提钒工艺的研究与开发。1992年3月，中国国际咨询工程公司主持召开了"攀钢转炉提钒工程评估会"，认为转炉提钒是提高钒资源综合利用、效益好的新技术，应抓紧建设。1993年，攀钢炼钢厂正式更名为提钒炼钢厂；1995年8月9日，两座120吨提钒转炉相继投产；1996年2月26日，攀钢劳苦功高的雾化提钒炉炉龄达到10034炉，突破万炉大关，其历史使命也接近完成，攀钢提钒逐渐进入转炉提钒时代。

2000年10月9日，在四川省科技成果评审会上，攀钢"转炉提钒工艺的研究和优化"获得2000年度四川省科技进步一等奖。

攀钢在钒资源综合利用方面取得的进步，引起了世界的关注和肯定。

国际钒技术委员会是研究钒资源综合利用的国际性学术组织。1996年8月22日，时任攀钢董事长的赵忠玉在第51届国际钒技术委员会全体会议上，当选为会长。这是中国人首次在该国际组织中出任职务，也是攀钢人在国际组织中首次担任职务。

1998年，攀钢产钒渣12万吨，钒回收率达到82%，钒渣品位达到17.7%，为打造世界级钒制品供应商奠定了坚实基础。

攀钢 120 吨提钒转炉

打破全球独家垄断

攀钢对钒资源的开发利用，开始只限于生产钒渣，钒渣属于低端产品，技术性不强，效益不高。攀钢不甘于只对钒资源进行初级利用，坚持依靠科技创新开发，推动对钒资源的利用不断向高端发展。

1990 年 4 月 26 日，攀钢五氧化二钒车间建成投产。为建设这条生产线，攀钢职工在企业资金困难的情况下，慷慨相助，为工程建设筹措资金 3350 万元；1991 年，攀钢自主开发的高钒铁生产技术和装备投入工业生产，年产能达 1300 吨，填补了国内空白；1993 年，攀钢引进卢森堡电铝热法冶炼高钒铁设备，在广西北海建了第二条生产线，产能为 2000 吨。

为了发展钒产业，攀钢做出了被人认为十分"疯狂"的举动。

1997 年，在技术合作不成的情况下，攀钢变技术合作为"买工厂"，买下了德国纽伦堡电冶公司的三氧化二钒生产线和高钒铁生产线，并实施跨洋拆迁，把整座工厂的设备从德国"打包"搬运到攀枝花；1998 年 7 月 28 日，攀钢自行开发的三氧化二钒生产工艺降生，中国由此跻身世界生产三氧化二钒国家的行列。

　　在攀登世界钒产品生产技术巅峰的进程中，有一场攻坚战打得果断和痛快，那就是钒氮合金技术研发及产业化应用。

　　1997年初，攀钢启动"用三氧化二钒制取碳化钒和氮化钒的研究"。当时，美国的一家公司全球独家垄断钒氮合金产业化技术，他们对攀钢实施严密的技术封锁。攀钢曾有领导在南非考察时，计划参观这家公司在南非的工厂。引荐人充满自信，可到了工厂门口请示要求参观时，却被拒绝进入。在合作不成的情况下，攀钢选择了自主开发。在孙朝晖等科技人员的共同努力下，攀钢采用"连续式常压工艺进行钒氮合金产业化生产"的思路，成功攻克了钒氮合金商业化生产技术。

2003年，攀钢钒氮合金实现产业化

　　2003年，攀钢的钒氮合金实现产业化，成为全球第二家实现商业化生产的企业，且工艺更具特色、成本更低。2004年10月、11月，攀钢钒氮合金技术研究获得了中国钢铁工业协会、中国金属学会冶金科技进步特等奖和四川省科技进步一等奖，成为国家高新技术产业示范项目。

到 2010 年，攀钢将冶炼炉渣中残钒降低到 3% 以下，冶炼回收率达 94% 以上，合金铝含量降至 1% 以下，攀钢钒铁冶炼技术达到了国内领先水平。2011 年、2012 年，攀钢钒业公司和西昌钢钒钒制品厂，成功应用倾翻炉铝热法冶炼钒铁工艺，产能达到 10000 吨 / 年。高钒铁生产技术的研究成果，填补了国内商业化生产高钒铁的空白，达到世界先进、国内领先水平。

攀钢在不断开发钒产品的同时，加大对钒产品应用的推广力度，不断培育钒产品市场，促进钒在建筑用钢等领域的应用，为中国建筑高质量发展做贡献。

1999 年开始，攀钢组建钒应用推广团队，走访建筑材料生产商，进行钒应用推广，扩大对钒的应用规模。经过推广，使中国的含钒钢筋从最初的每年几万吨，增加到 2002 年的 2000 多万吨，并持续增加。渐渐地，含钒钢筋成为很多用户和建筑工程的首选产品。

在钢筋中加入钒，能提高钢的强度、韧性、延展性及抗热疲劳性等综合力学性能，并使钢具有良好的可焊性，对提高建筑质量、推动建筑业高质量发展具有重要作用。

这就是攀钢，一心一意做好产品，也用心帮助用户做好产品，履行国家赋予的战略使命。

实现对钒的绿色生产

生产钒产品需要使用大量易污染环境的化工原料，能否找到既能生产高质量钒产品，又能彻底解决高污染的氧化钒生产方法呢？

攀钢实现对钒资源综合利用的跨越后，开始研究钒的清洁生产工艺。2006 年，成立"氧化钒清洁生产工艺产业化技术研究"课题组，进行钒清洁生产研究，该课题同时被国家确定为"十一五"科技支撑项目。

2013 年，经科技部批准立项的"钒钛磁铁矿提钒清洁生产关键技术及装备研究"，在彭毅等科技人员不断努力下，经过实验室和工业试验，解决了氧化钒在清洁、高效生产方面的关键技术和工程化装备难题，形成了独有的氧化钒清洁生产成套技术。

该项目成果的多项技术为攀钢首创，世界独有。业内专家表示："攀钢成功开发出氧化钒清洁生产工艺技术，是全球钒产业生产技术的一次革命性突破，必将引领世界钒产业迈向'绿色'发展之路。"

2007年11月11日，全国政协副主席、中国工程院院长徐匡迪率中国工程院、中国科学院8位院士，及国内部分大专院校专家学者到攀钢视察。他作为攻克攀西钒钛磁铁矿冶炼难题的技术专家之一，充分肯定攀钢在钒钛磁铁矿资源综合用方面取得的成绩。他说，攀钢在钒资源开发利用方面取得的成绩"令人振奋和鼓舞"，并要求攀钢把发展的重点放在钒钛上，努力提高钒、钛的综合利用率，为建设清洁、绿色、资源得到充分利用的钒钛之都做贡献。

不懈的努力，换来"钒"花似锦。

攀钢已经成为产业规模世界第一、品种质量全球领先、世界最大的钒制品供应商；旗下的钒钛股份（SZ，000629）是专业从事钒钛资源开发利用的上市公司，拥有五氧化二钒、三氧化二钒、中钒铁、高钒铁、钒氮合金、钒

攀钢具有自主知识产权的国内首条氧化钒清洁生产线

铝合金、高纯钒和钒电解液等系列钒产品，钒氮合金、钒铝合金等产品打破国外企业独家垄断全球市场格局，80钒铁为世界知名品牌，具备年加工钒渣50万吨、钒制品（以 V_2O_5 计）5.2万吨的生产能力，国内市场占有率和国际市场占有率分别达到34%和23%，产品覆盖航空、航天、精细化工等多个领域，能够满足国家对钒铝合金等宇航级战略新材料的需求，是名副其实的"世界第一钒"。

小故事　　　　　　　"钒心"不改的李月鹏

坐在通勤车里，望着窗外田野丰收的景象，西昌钒制品分公司焙烧浸出作业区作业长李月鹏不禁想起项目初建时的艰苦岁月。

2010年8月，他来到钒制品项目部，厂房才刚刚打基础，方圆约5平方公里的西昌经久，就是一个繁忙的大工地。

钒制品是攀西钒钛磁铁矿综合利用的首要核心产品，也是攀钢的支柱产业之一。西昌钒制品项目，自建设之初就瞄准了先进的提钒技术和工艺，但研发之路充满了坎坷。

深夜的星空划过天宇，李月鹏还在办公室里研究着钙化法氧化钒清洁生产工艺。这项由攀钢自主研发的新工艺，面临重重障碍。在产业化承接的实施过程中，李月鹏与厂里的攻关团队一起，以创新的思维不断实现突破。

2018年，捷报频传，钙化法清洁提钒新工艺的多项瓶颈技术被成功攻克，氧化钒收率提高多个百分点，产能大幅度超过设计能力，且生产成本降低明显，其中包含了李月鹏等人的心血和汗水。

这位80后，与企业一起成长。专业技能不断提升，2017年他负责的"提高新工艺钒浸出率"项目，获得全国六西格玛发布赛"一等奖"。

2018年，李月鹏再接再厉，凭借"降低清洁钒新工艺钒单耗"项目，斩获全国六西格玛项目发布赛"示范级"技术成果奖，并在中质协40周年会上发表。

全产业链的钛企业

钛以"大地之子"命名，强度跟钢类似，却比钢要轻盈得多，因其"金贵"难得，被主要应用于航空航天等高科技领域。对钛资源的综合利用，内容丰富，难度很大，应用技术突破十分艰难。

攀西地区的钛资源储量达 6.18 亿吨，占中国的 95%，占世界的 35.2%。国家重视攀西钛资源综合利用工作。一位国家领导人曾经指出，攀西的"最大财富是钛"，要求"拼老命也要搞出来"。国务院副总理方毅每次到攀枝花，都对钛产业提出要求，还主动为攀钢做"推销员"，帮助攀钢"卖"钛精矿。

攀钢对钛资源的攻关创新，历经五十多年，取得累累硕果，已经成为亚洲最大的钛精矿、钛渣生产供应商，国内前三的钛白粉生产企业，重要的钛金属制品商，拥有从原料到下游产品的全流程钛产业链。

成绩的背后是长期的努力和科技的力量。

做好钛原料

攀钢的钛产业从钛原料起步。从攀钢矿业选矿厂磁选的尾矿中进行选钛，说起来容易干起来难。

"选钛"难，难在"微细"。"微细粒级钛铁矿"有多小？粒度小于 0.054 毫米！要把尘埃般的"微细粒级钛铁矿"回收利用，难度可想而知。但攀钢一直坚持不懈，孜孜以求，要从"捡芝麻"中"抱大西瓜"。

攀钢选钛系统的一期工程，1979 年建成投产，采用"重选—电选"工艺回收钛铁矿，建成了年产粗粒钛精矿 5 万吨的选钛试验厂，选出的钛精矿质量不断提高，二氧化钛的含量稳定在 47% 以上，在国际上处于领先水平。1988 年，选钛二期 5 万吨扩建项目开工建设，1996 年达产达效，选钛厂具备了 10 万吨 / 年的粗粒钛精矿产能。

受制于"微细粒"回收的难度，钛精矿的规模一直难以突破。

党和国家一直关注攀枝花微细粒级钛精矿的回收利用，支持攀钢大力开展科技攻关。经过"八五""九五"的科技攻关，攀钢微细粒级钛铁矿回收技术终于取得突破，形成了具有自主知识产权的微细粒级钛铁矿回收成套技术，并且迅速转化为生产力。

1997年，攀钢选钛厂建成2万吨/年微细粒级钛精矿科研试验生产线；2000年，在科研试验生产线工业应用成果的基础上，采用强磁浮选新工艺，建成了细粒强磁—浮选生产线，设计规模7万吨/年（即"后八系列微矿生产线"）；2004年，细粒选钛成果进一步推广应用，建成了另一条设计规模为7万吨/年的生产线（即"前八系列微矿生产线"）；2005年，选钛实施30万吨/年技改工程。至此，攀钢选钛形成了"重选—电选"工艺回收粗粒钛铁矿，"强磁—浮选"工艺回收细粒钛铁矿的工艺布局，总产能规模达到30万吨/年。

攀钢的细粒钛精矿回收技术，达到国际领先水平。2003年，攀钢选钛厂被国家发改委命名为"国家高新技术产业化示范工厂"。

2008年，为进一步提高资源综合利用水平，攀钢选钛厂在细粒强磁—浮选生产线基础上，实施了全流程扩能改造，全面采用"强磁—强磁—浮选"工艺流程，取代原有的粗粒"重选—电选"、细粒"强磁—浮选"工艺流程，钛资源综合回收利用率大幅度提高，钛精矿产能由30万吨/年提高至55万吨/年以上，成为国内最大的钛精矿生产基地；"攀枝花钛铁矿高效回收工艺及装备产业化集成技术"研究成果总体技术水平国际领先，荣获2011年四川省科技进步一等奖。

目前攀钢已经形成钛精矿150万吨/年的产能，是国内最大的钛精矿供应商，且产品具有质量稳定、不含放射性元素、重金属含量少、易被酸溶解等特点，走俏国内市场，远销日本、韩国、西班牙等国家。

钛渣由钛精矿冶炼而成，由于其二氧化钛高，也被称为"高钛渣"。其与钛精矿同属"钛原料"，分别满足下游产业的不同需求。钛精矿可直接用于硫酸法钛白粉生产，而氯化法钛白粉生产和生产海绵钛及钛合金等，要用钛渣作为原料。

从钛的含量看，高钛渣的钛含量是钛精矿的一倍以上；从对钛资源的综合利用看，高钛渣能最大限度地提炼出钛，还能有效分离出铁；从环保看，采用高钛渣生产钛白粉能简化生产流程，减轻环境污染。

　　攀钢要做优质钛原料供应商和生产高品质的钛产品，就要生产高钛渣。2004年，攀钢从乌克兰引进25兆伏安大型电炉，并通过集成创新，形成了拥有自主知识产权的大型电炉粉矿入炉自焙电极冶炼高钛渣技术；2006年，年产6万吨的高钛渣线建成；2009年，攀钢钛渣二期工程开工，两座电炉分别于2010年9月和11月热试成功，这一时间节点比钛渣一期分别提前10个月和8个月。目前，攀钢钛渣产能已经达到24万吨/年，成为国内最大的富钛料供应商；攀钢钛渣酸解率高，不含放射性元素，金红石型二氧化钛含量低，品质稳定。

　　钛渣二期两座电炉取消了乌克兰原设计采用的电阻丝烘炉工艺，创造性地提出自焙电极带电焙烧烘炉工艺，实现了电极焙烧和烘炉的完美结合，并一次性取得成功。

　　攀钢利用先进的钛渣制备及产业化技术生产的产品，质量好、品位高，成为国内的热销货，并漂洋过海远销欧洲。攀钢重视对资源的本地化利用，

攀钢高炉渣提钛示范线项目

2013 年，攻克了攀枝花微细粒级钛精矿在钛渣生产中的应用瓶颈，实现了全攀枝花钛矿冶炼的重大进步。这一成绩，对我国钛产业摆脱对国外优质钛精矿原料的依赖，保证钛产业的战略安全，具有重要意义。

近几年来，攀钢在"高炉渣高温碳化—低温氯化"工艺自主研发领域取得重大突破，可年处理 10 万吨废副资源——高炉渣，生产 3.7 万吨精四氯化钛，为低成本生产海绵钛创造了条件，可使攀西钛资源的利用率由 29% 提高到 55%，尾渣还可以用来进一步提钒。这项技术解决了高炉渣堆存的环保问题，实现了对废弃物的循环利用，是对攀西钒钛磁铁矿资源综合利用的重大突破和重要贡献，为中国钛产业发展带来革命性变化。

做强钛化工

钛白粉是世界上最佳的白色颜料主要来源之一，被许多发达国家列为关键化学品，广泛运用于涂料、塑料、造纸、油墨、电子等领域。

1981 年 1 月，攀矿公司曾委托化工部第三设计院做建设钛白粉厂的可行性报告，同月委托攀枝花市环境保护科研监测站等单位组成环境评价小组，做钛白粉厂址环境评价；8 月，完成了钛白粉厂等四个厂环境影响报告书。

1984 年 3 月，全国有色金属研讨会在攀枝花召开，时任国务院副总理的方毅要求，攀枝花对钛资源的综合利用项目一定要搞起来。同年 8 月 14 日，攀矿召开经理办公会，落实国家要求，决定建设钛白粉厂。攀矿公司经理刘正和在会上强调："对钛资源的深加工和综合利用，党和国家领导人极为关心，如果我们再不搞，不但有负党和国家的厚望，也愧对攀枝花丰富的钛资源，何况我们现在决定投资建设钛白粉厂，对矿山未来发展也是一件具有长远意义的事情。"

国家的厚望、要求和企业的主动作为，加快了对攀西钛资源的利用步伐。1985 年 4 月 8 日，国家计委批准了包括钛白粉厂在内的攀钢二期工程项目。1986 年，攀矿公司成立"钛资源综合利用办公室"；1988 年 11 月 2 日，攀矿与化工部第三设计院签订了钛白粉厂建设设计合同；1990 年 12 月，设计规模为 4 万吨的硫酸法钛白粉生产系统破土动工。

1994 年 10 月 1 日，攀钢钛白粉厂生产出了第一批合格钛白粉，揭开了攀西资源综合利用的新篇章。1996 年 8 月 31 日，钛白粉厂达产试验顺利完成，月产钛白粉 338.68 吨，实现月达产；1997 年 6 月 8 日，攀钢钛业公司成立，标志着攀钢对钛资源的综合利用进入专业化、产业化的新时期。

1998 年 5 月，攀钢钛业公司钛白粉厂"四改六"造纸钛白技术工程与美国巴伦国际咨询公司签订合同；此后，钛白粉厂经历了"六改十""十改十五""十五改十八"等扩能改造，使硫酸法锐钛型钛白粉生产技术达到国内先进水平，高档造纸钛白填补了国内空白。

1999 年 12 月，攀钢钛业公司一次性通过中国进出口公司质量认证中心（CQC）和英国皇家认证机构 UKAS 质量体系认证审核，获得两张国际市场的"入场券"，为攀钢钛产品走向世界打开了通道。

2003 年，由攀钢承担的国家"十五"重点科技攻关项目"钛精矿盐酸浸出法制造人造金红石产业技术"取得突破，形成了人造金红石产业化成套技术，攀钢改写了我国硫酸法人造金红石技术的历史。

2007 年，攀钢 4 万吨 / 年硫酸法金红石钛白项目一期工程完工，9 月 30 日投料试生产，11 月 25 日全线打通，生产出了金红石产品，使攀钢本部具备生产金红石钛白粉的能力。攀钢的硫酸法钛白粉占据了中国高端钛白领域，成为中国钛白的第一品牌。

攀钢积极探索氯化法钛白粉生产工艺，并通过兼并重组、吸收改进等方式，进行了多年艰苦努力。2010 年，攀钢自主设计建成高炉渣高温碳化、低温氯化中试线，2011 年 3 月 20 日，低温氯化中试线打通全线工艺，试验稳定运行 20 小时以上，生产四氯化钛约 5.2 吨，为生产高档氯化钛白粉提供了新的原料路径。2015 年 12 月 31 日，攀钢氯化法钛白项目（一期）工程在攀枝花钒钛高新区正式启动。

2015 年，攀钢重庆钛业根据重庆城市建设整体规划和攀钢决策，搬迁到重庆国际生物城麻柳镇，2016 年 9 月新厂建成，重庆钛业只用 35 天时间就打通了连续酸解、隔膜洗涤、闪蒸干燥等全流程，生产出合格产品，创造了大型硫酸法钛白贯通全流程时间的最短纪录。2017 年 9 月，攀钢重庆钛业实现全流程月达产，并连续四个月超过设计能力，2018 年实现了年度达产，创造攀钢钛业的新速度。2019 年，重庆钛业安全、环保、管理、经营等工作取得显著进步，攀钢钛产业再现攀渝同飞盛况，成为了中国重要的钛白粉生产企业。

2017 年 12 月 21 日，攀钢高炉渣提钛产业化示范项目低温氯化工程开工建设，这既是攀西战略资源创新开发试验区的标志性项目，也是实施新攀钢建设战略的重点项目，是攀钢在攀西钒钛资源综合利用上迈出的更大步伐，标志攀西钒钛战略资源综合利用取得更大成果。

做好钛金属

钛金属被誉为"现代金属""战略金属""海洋金属"。自 20 世纪 50 年代实现工业化生产以来，因其综合性能优异，耐腐蚀性能好，成为优质的结构材料、新型的功能材料和重要的生物医用材料，也是国防装备制造领域不可或缺的战略物资。

钛金属的应用市场为军事 16%、商用飞机 40%、一般工业 34%、消费品 10%，高端和战略性质明显。攀钢积极进行钛金属的研究与开发，而海绵钛则是把钛产业链延伸至钛金属的关键一环。

2009 年 3 月，攀钢年产 1.5 万吨的海绵钛项目开工建设。2015 年 11 月，海绵钛工艺流程全线打通，实现了钛原料生产和钛金属材料生产的无缝衔接，成为我国唯一拥有完整钛产业链的大型企业；2018 年，攀钢依靠科技进步，打破了国外对超软海绵钛的垄断性生产，成为国内唯一一家可以批量生产制造超软海绵钛的企业。攀钢生产的海绵钛产品质量优质稳定，可批量生产超软海绵钛、军工小粒钛等高端产品；可按 GB/T、GJB、ASTM、ASME、AMS、JIS 等先进标准生产厚规格、薄规格的钛钢复合板、钛及钛合金板（卷）、管、棒、丝、带、锻件以及其他异型材，产品应用广泛，具有广阔的市场空间。

2019 年 12 月 31 日，攀钢开工建设高端钛及钛合金生产线项目，对钛资源的综合利用能力进一步提高。攀钢高端钛及钛合金生产线以海绵钛、残钛

攀钢第一坨海绵钛

为原料生产钛坯，可根据客户的需求，利用钢钛联合生产的优势，生产板材、棒材、线材、丝材、锻材、管材等产品，作为钛换热器、钛紧固件、钛高端领域产品的原辅材料，延伸了对钛资源综合利用的产业链。

攀钢依靠丰富的钛资源，创新技术，形成了钛全产业链优势和钢钛结合优势，截至 2021 年，攀钢的钛精矿和钛渣产量均占全国的 25% 以上，为国家钛原料的安全稳定供应提供了重要保障；2023 年，海绵钛产能达到 6 万吨，成为全球最大的单体海绵钛生产厂；拥有钛材产能 1.1 万吨，可生产全规格覆盖的钛及钛合金锻、棒、线、管、异型材，薄板、中厚板等产品。

经过数年努力，攀钢在钛领域取得许多重要科研成果，包括对微细粒钛铁矿选矿工程技术及选钛装置、延长氯化法钛白氧化反应器运行周期、攀枝花钒钛磁铁矿提质稳钛增能工程技术研究、钛精矿盐酸法制取人造金红石产业化技术、攀枝花钛精矿制取还原钛铁矿粉的研究等，均为国内首创，达到国际领先水平。

2020 年 4 月 17 日，攀钢钒热轧板厂双加热炉加热钛坯轧制试验一次性成功，标志着攀钢在钛材轧制工艺技术上取得了新突破。图为正在轧制钛坯

国家对开发利用攀西钛资源十分重视和支持，众多院士和专家为促进攀钢钛产业上新台阶出谋划策。

中国工程院干勇院士多次到攀钢并支持攀钢钛产业发展。2012 年 5 月 24 日，他作为中国工程院副院长，率多名院士和专家到攀枝花，指导钛产业发展，并表示工程院愿意与攀钢在重大决策咨询、科技合作、学术交流、人才培养等方面加强合作，力促钛产业发展。

2020 年 11 月，干勇院士通过视频在"中国·攀西钒钛论坛"上发表重要讲话，用"主力军"的称谓肯定攀钢在中国钛产业方面取得的成绩；12 月，他在北京对攀钢牵头完成的"红格南矿资源综合利用关键技术研究""攀西钒资源绿色高效利用关键技术与应用"等成果给予高度评价，认为两个项目均达到国际领先水平。

在建设新攀钢、打造新材料基地的目标引领下，攀钢确定了钛产业发展的新目标。在钛原料领域，立足深度开发钛资源，逐步提高钛精矿产量，大幅提高钛资源综合利用水平；稳定提高以攀西矿为原料的酸溶渣质量，加快高炉渣提钛开发步伐，尽早实现规模化，实现对攀西钛资源的开发利用价值最大化；在钛金属领域，要打造国内最具竞争力的钛金属企业，做到海绵钛规模保持国内领先，成为高端钛金属供应商；在钛化工领域，要打造具有国内竞争力的高品质、低碳绿色型钛化工企业，做强做优现有产线，全面提质增效，做精硫酸法钛白粉，大力发展特色氯化钛白，不断扩大规模，提高产品质量。

2013 年，国家设立攀西战略资源创新开发试验区，2021 年，国家又把钒钛战略资源列为国家重大专项，攀西钒钛资源综合利用具备快速、高质量发展的资源条件、产业基础和政策机遇。

攀钢的钒钛产业厚积薄发，已经成为攀钢的重要经济增长点和代表攀钢未来的希望产业。

攀钢人

驭钒高手——孙朝晖

以创新织就"钒"花似锦。
填补空白，成就攀钢荣誉；
打破垄断，创造攀钢奇迹！

参加工作 35 年的孙朝晖笑称，这辈子只做了一件事，就是钒钛研究。他全身心地追逐着这两位"希腊天神"，凭借智慧和汗水，摘取了一系列桂冠。

1984 年，孙朝晖从东北工学院毕业来到攀钢。从这一年开始，孙朝晖迈出了钒钛研究的坚实步伐。

1998 年 4 月，攀钢研究院的学术报告厅里座无虚席，来自美国的著名国际微合金钢专家、号称"钒钢之父"的考琴斯基（Korehynsky）推销着自己的宠儿——钒氮合金产品。当得知攀钢希望转让制取技术或联合生产时，他们断然回绝，并傲慢地说：除了购买产品，一切免谈。

考琴斯基不相信攀钢能研发生产出钒氮合金，因为他们用了 20 年时间，才实现商业化生产。

攀钢决定快速推进钒氮合金研发工作，研究院集中优势力量成立课题组。已是钒钛研究高级工程师的孙朝晖加盟其列，在不久后担任了项目负责人。

经过反复论证，孙朝晖大胆提出了"采用连续式常压工艺"的思路，工艺方案引起激烈争议。在美国的真空制取和攀钢常压技术之间最终做出科学抉择，年产 100 吨钒氮合金的中试线开始筹建。

试验一波三折，困难重重。不是炉子熄火，就是设备因故受损，工艺流程迟迟不能打通。那段时间，孙朝晖常常整夜不能入眠，承受着巨大的压力。

科研需要恒心，更靠韧劲。经过反复优化工艺设备，中试线的生产准备日趋成熟。

2001 年 5 月，实验炉再次启动，看着不断输出的合格样品，孙朝晖禁不住心潮澎湃。试验证明，连续式常压生产工艺具有极大的商业制造价值。

具有自主知识产权的攀钢钒氮合金生产技术摘获国家技术发明二等奖和中国专利 20 年优秀成果展的"特别金奖"。

2007 年，孙朝晖荣获何梁何利基金的"科学与技术创新奖"。孙朝晖的团队有几十项的专利成果，获得的经济效益要以"亿元"计算。

前进的道路永无止境，孙朝晖又瞄准了钒铝合金等高品质航空航天产品的开发，并不断实现新的突破。

孙朝晖连续两届担任全国政协委员，为加快攀西战略资源的开发建设，提交了多项具有影响力的提案。为钒钛磁铁矿的综合利用，他几十年如一日地钻研拼搏，以朝阳般的光辉，引领着学术的发展和科研的推进。

构建第三代技术体系，做优新材料

　　国家"十四五"规划把"坚持创新驱动发展"放在第一位，强调创新在我国现代化建设全局中的核心地位。攀钢的实践也证明，科技创新是第一生产力，是企业发展的第一推动力。

　　在新攀钢建设的过程中，攀钢将立足国家战略和竞争力提升，把科技创新作为战略支撑，坚持科技领先战略，紧盯行业前沿技术，围绕产业链部署创新链，面向未来，前瞻布局，依靠科技创新推动高质量发展。

第三代技术体系的特征

　　新攀钢建设要创新驱动，更要重视科技支撑。在新攀钢建设中，攀钢将构建起第三代技术体系。

　　第三代技术体系，更加重视对科研体制机制的改革，赋予科技创新动能。科技创新体系，包括构建"3+1"的全新科研体系，实施研发机构改革，完成科技体制"三制一金"建设等核心内容。

　　"3+1"科研体系。即形成以攀枝花本部研究院、成都新材料研究院、研究院北京分院和"互联网+"研究院的科技开发体制，加强与华为、阿里巴巴等企业的合作，形成集产学研用资为一体的多维度成果孵化体系。

　　实施研发机构改革。即按照"一产业一研究所""一战略产品（工艺平台）一项目团队"的思路，重构研究院组织架构，进一步提高科技研发的针对性和实效性。

　　实施科技体制"三制一金"改革。即坚持研发机构公司制，强化研究院的市场主体地位，扭转其作为企业内部费用单位的不利局面；推行项目运营合同制，完善科技攻关内部市场化机制，解决科研费用的来源问题和研发效率低等问题；实行技术创新效益分享制，实现创新成果同产业对接、创新项目同现实生产力对接、研发人员创新劳动同其收入对接；设立科技成果转化基金，促进科技成果向实体经济有效转化。

强化基础研究和对绿色低碳生产技术的研究，推动产业高质量发展。 以钒钛磁铁矿的选别、冶炼和材料应用基础研究创新突破为牵引，以创新能力建设为支撑，以布局重大攻关项目和重点创新项目研发与示范转化为驱动，通过持续创新与系统集成，构建具有全覆盖、重系统、强作为特点，以"高效、高值、绿色、智能"为特征的新体系，不断提高基础研究和原始创新能力；把对钒钛磁铁矿选冶的联合绿色制造技术作为重要目标，包括以突破高钛型高炉渣中钒钛资源综合利用技术，钒产品绿色制造技术，特色钒钛钢产品开发与新一代"炼钢—连铸—连轧"智能制造技术，钛及钛合金新型材料制造等特色技术突破为重点，推动企业实现绿色低碳、智能化发展。

把对钒钛钢铁材料的高价值利用作为重要突破方向。 以提高钒钛磁铁矿全流程综合开发利用核心竞争力为目标，组建资源综合利用事业部；以钛材、特钢管理机构为基础，组建先进金属材料事业部，加快推进钛金属、特钢产业资源整合；设立钒钛事业部，加快构建内部高效协同、管控有力的管理体系，支撑钒产业深度发展，钛化工产业快速发展壮大。

科研管理市场化，激发研究动能

科研管理市场化，就是强调科技为企业、用户和参与竞争服务，按照市场规律和竞争需要进行顶层设计，构建科技创新管理体系，使攀钢科技工作既服务市场、服从市场，同时又依靠科技创新引领市场。

围绕新攀钢建设战略目标，强调创新要遵循市场规律，永远围绕市场转，努力做到为用户服务，为用户创造价值，实现企业价值最大化。实施新攀钢建设以来，攀钢先后承担了攀西资源创新开发试验区四批共22项重大科技攻关项目，占试验区项目的35.5%，且均具有重大性。

突出抓好战略性工艺技术的突破。创新无止境，突破氧化钒清洁生产、低成本高纯五氧化二钒和固体电解质制备、氯化法钛白产业化、高炉渣提钛、基于攀西钛资源的熔盐氯化工艺、钛及钛合金冶炼加工、高铬型钒钛磁铁矿资源综合利用等关键技术，以对攀西资源综合利用关键技术的突破和高值利用，提高企业生存与发展、差异化竞争的能力。

攀钢坚持"有所为、有所不为，但求为我所用、不求为我所有"的策略，按照市场原则组织和创建研发力量。

加强创新能力建设，重视发挥内生创新力量的作用。攀钢按照"补齐短板、优化结构、总量控制"的工作思路，引进应用基础研究、新材料领域的成熟人才、高端人才，优化项目团队学历结构和专业结构；按照"一产业一研究所""一战略产品（工艺平台）一项目团队"的研发模式，快速构建研发平台，聚集研发队伍。

攀钢认为，企业的创新力不在于企业拥有多少研发机构和研发人员，关键看企业能够调动多少科研资源、形成多大的研发力量。

组建成都金属材料产业技术研究院和研究院北京分院，将成都金属材料

攀钢技术中心

院作为"科改示范行动"的载体，加强国家技术中心、重点实验室等平台建设，构建选矿、冶金、金属钛及特钢熔炼、金属粉末制备及应用、化工过程控制等特色科研中试与产业化平台；推进数字化研究院建设与运行，实现科技共享与内外部资源高效协同；同时，调动生产厂矿的创新热情，以新的研发模式激发科研力量，实现科技创新要"专、精、细、深"的目标，为打造强产业与好产品提供平台支持，让自身的创新力量承担起创新主力军的作用。

在科技创新中重视激发人的潜能，营造尊重知识、尊重人才、尊重创造、包容和宽容失败的环境，构建有利于科技创新的土壤与氛围，传承企业的创新基因，提高企业的创新效率；培育"求真求实、科学严谨、理性质疑、甘于奉献"的科学精神和科学家精神，为构建第三代技术体系提供精神动力，通过激发人的潜能为企业赋能。

在科技创新上舍得投入，把科技投入作为科技创新的重要活水之源，建立与发展相匹配的研发投入保障机制。攀钢建立5—10年的科技项目立项指引，分批分类启动；落实投入规划和投入计划，将科技开发投入纳入集团与子分公司的经营目标，将研发经费提升至销售收入的2%；通过设立科技创新引导基金，强化创新的市场导向，构建跨公司、跨单位、一体化的项目团队；完善成果转化与科技创效的"分享机制"，按照正激励原则，坚持科技创新的效益和利益导向，最大限度地激发科技人员的创造性。

转变创新思维，围绕建平台、出题目、做转化、出效益，下大棋、做大文章。攀钢坚持开门搞科研，建立系统、持续、高效的协同创新体系，形成了"三个专业研究院 + 四个国家级创新平台 + 若干个联合创新体"的开放型科技创新生态系统。

通过加强科研平台建设，做实联合实验室、全面合作协议等载体，深化与国内外科研院所、高校、企业等产学研用的合作，优化钒钛资源综合利用国家重点实验室研究能力，启动国家钒钛新材料产业创新中心创建工作，联合建立了13个实验室，实现科技创新的开放性和市场化；发挥重点实验室开放课题、院士专家工作站等对基础研究的载体作用，强化基础理论和原创性技术研究；积极推进新材料、新能源、先进制造等方向的国际合作，构建攀钢科技创新生态圈，形成全方位的创新与促进创新的格局。

重视发挥技能大师工作室、劳模创新工作室在科技创新体制中的作用，组织职工群众主动参与技术创新，形成强大的群众创新力量，增强企业的创新活力。

2020 年，攀钢科技管理市场化取得重要突破。攀钢落实国务院"科改示范行动"工作要求和鞍钢集团有关工作部署，研究制定《成都材料院"科改示范行动"改革方案及工作台账》，成立了科改行动专项工作领导小组，建立了月度推进例会制度，明确重点工作任务目标、时间节点和责任人。

2020 年 11 月，成都材料院完成股份制改造工作。成都材料院在新的市场化管理体制下，坚持开放创新，大胆变革创业，围绕努力打造一流科技型企业孵化平台的目标，瞄准提升对特种新材料关键共性技术和关键核心子材料的研究能力，系统规划建设专有、特色创新平台，构建了"材料基因计算—实验室验证—中试模拟—工程化转化—产业化应用"的创新支撑体系，研究动能持续增强。

科技研发集成化，构建突破优势

科研集成化，就是科研要围绕核心突破方向进行系统集成，通过聚焦发展钒钛新材料、特种金属材料等高端材料，聚焦"卡脖子"技术，依靠系统

2020 年 5 月，成都先进金属材料产业技术研究院有限公司
成功入选国家"科改示范企业"

集成突破核心技术，形成集产学研用资为一体的多维度成果孵化体系，全力打造攀西资源开发利用的升级版。攀钢已累计拥有有效专利 10055 项，其中发明专利 5322 项，占比 52.9%，有效海外专利 129 项。攀钢连续三年被评为中国"最具专利创新力钢铁企业"。参与制（修）订国际标准 8 项，其中主持修订国际标准 2 项，有力地支撑了攀西钒钛战略资源综合利用和企业发展。

攀钢坚持资源端、产业端、市场端"三端"联动与集成，形成创新合力。 在资源端，以提升综合利用效率和全元素利用为重点，突出抓好红格南矿区采选新工艺、选钛新技术及冶炼新技术等攻关，从源头抓起，从整体上提高资源综合利用水平，提高利用价值，让攀西资源综合利用的"龙头"舞起来。从 2021 年起，攀钢与中国地质科学院矿产综合利用研究所合作，开展"攀西钒钛磁铁矿伴生钴资源回收技术研究"项目。经过大量试验研究，针对攀西钒钛磁铁矿共伴生硫钴资源一直未能实现综合回收钴镍的技术难题，制订硫钴分离技术方案，进行新型浮选药剂开发、配方调整和浮选工艺优化，实现了富钴矿物的高效分离回收。通过选别，硫（钴）粗精矿中的钴品位由 0.3% 提高到 1.0% 以上，镍品位从 0.7% 提高到 2.0% 以上，钴回收率达到 80% 以上。

在产业端，突出关键技术对关键产业的引领作用，突出抓好钒电池储能产业化、钒铬渣高效分离提取、高炉渣提钛产业化、超高强度汽车用钢等关键工艺技术的突破。在新材料研究方面，重点抓好超高强结构钢、高品质高温合金钢、高强高韧性抗高速冲击钛合金等的突破，以突破产业核心技术，带动产业整体突破，强化产业基础。

在市场端，以满足高端领域需求为主攻方向，突出抓好川藏铁路高性能钢轨、新一代飞机发动机用金属材料、航空航天用钛及钛合金等高技术、高性能、高附加值产品的研发，以人无我有、人有我优的新产品，满足战略用户和重要用户对高端产品的需求。

攀钢在资源端、产业端、市场端的联动攻关，以集成优势构建技术优势，以技术优势构建产品，提高竞争优势。从 2013 年开始，攀钢研究院家电与汽车板研发团队，全流程跟踪生产，提供详尽的技术指导，全流程跟踪用户需求，不断开展生产拉练，在摸索中创新推进。2015 年 11 月 20 日，西昌钢钒"O5 板"

新产品开发全流程拉练生产取得成功，实现了四川乃至西南冷轧高档汽车面板用钢"零"的突破。型材轧制仿真技术属国际高端技术，国内领先的企业也只能做到"单道次仿真分析"。2017 年 7 月，攀钢钒型材轧制首席工程师陶功明带领团队，成功研发出长材智能全轧程仿真软件，让攀钢在这一领域达到了世界高度。

在特钢领域，工模具钢、特种不锈钢、耐蚀合金等产品在国内占有重要地位，市场占有率位居行业前列；航空用高温合金产品形成批量供货能力，并成功应用于国家重点工程，彰显了攀钢对接国家战略的责任担当。

技术成果产业化，打造优势产业

技术成果产业化，就是重视和促进科研成果转化为生产力和竞争力，为企业创造效益，形成创新与成果转化的良性循环。攀钢坚持做好"三围绕""重激励""互联网＋"等工作，搭建创新与成果转化的平台和桥梁。

"三围绕"就是围绕攀西资源综合利用，围绕产业发展方向，围绕用户需要，确定研究重点，使科技创新以市场需求为引领，以满足市场需求为动力，做到目标和市场定位清晰，研究为市场，创新成果有市场，加速成果转化。

"重激励"就是聚焦科技成果产业化进程中存在的薄弱环节和关键症结，探索实施项目收益分红、岗位分红、股权奖励等多样化激励机制，以利益为导向，激励科研人员把研究的前瞻性、市场性和应用性相结合，既重视眼前利益，又着眼长远发展，形成梯队与梯级成果，全面释放创新创业活力、动力、潜力；建立科技人员"揭榜挂帅""先行富裕"的激励体制和机制，引导科研人员既重视出成果，更重视促进成果转化，提高科技成果的转化效率与经济效益，构建投入有回报、企业有效益、科研人员有利益的循环激励机制。

2017 年以来，攀钢研究院已实施项目收益分红 469.4 万元，全部用于科研人员奖励。同时，研究院将科技创业提升作为企业战略，推动科技成果产业化，力争每年孵化 2-3 个产业化项目，培育壮大新的效益增长点，目前已成功孵化钛及钛合金精密铸造、纳米二氧化钛等三个产业化项目，其中钛合金精密铸造产线项目填补国内市场空白，三年来累计实现销售收入 2663 万元、盈利 584 万元；2020 年已正式启动孵化钛丝钛棒和 3D 增材打印两个产业化项目。

"互联网＋"就是以攀钢研究院为载体，以成果转化为目的，构建集研发、孵化、产业化、互联化为一体的研发创新平台，以"互联网＋"的方式，跨空间距离进行科技创新力量的内挖外联，全面促进科技成果转化。同时，用好用活内部科技创新项目引导基金，开展项目孵化试点，形成示范效应，全面释放和吸引创新创业活力、动力与潜力，形成创新创业的热潮。

狠抓重大工艺技术研发，把科技创新成果转化为生产力和创效能力。钒钛产业和特钢产业，依靠技术创新提高工艺技术装备水平，逐渐实现了钒产品清洁生产；高炉渣提钛产业化，为攀钢掌握氯化法钛白制备技术创造了条件；钛材、海绵钛、钒铝合金三条产线通过航空、军工质量管理体系认证；航空航天用高温合金成功应用于国防重点项目；PG5 过共析钢轨、DP980 汽车用高强钢、厚规格复合钛板、超软海绵钛等产品形成批量生产能力，让创新结出了丰硕成果。

攀钢研究院围绕科研成果转化，建成了中小薄壁复杂钛合金精密铸件、百吨级纳米二氧化钛两个科技产业化平台，启动高精度钛合金丝材、薄壁镍基高温合金辐射管等 10 余项科技产业化项目；同时，系统做好科技成果转化的市场开拓与培育工作，开发"特、专、精、新"产品，做好服务客户、产品推广等工作，提高项目运作能力和水平，创造了可观的经济效益。

2019 年，攀钢持续迎来好消息。攀钢成为美的集团第一大家电用钢供应商，在 6 家供货钢厂的年度质量评价中排名第一；攀钢百米长定尺 75 千克 / 米重轨装车外发，成为国内首家批量供货商；西昌钢钒的 X80M 高级别管线钢，再次中标中俄东线天然气管道工程等，创新结出新硕果。

积极向数字化智能化转型

攀钢积极推动管理和生产经营向数字化、智能化转型，加速管理方式和手段实现革命性改变。

建设高度智慧化的决策分析系统。攀钢启动数智化营销大数据中心和决策支持平台建设，探索建立统一、跨业务领域的大数据中心（数据湖），实现对各业务领域大数据的采集、清洗、存储和利用；建设可视化的集团级决策数据平台，探索建立应用管理驾驶舱，支撑领导决策和管理部门高效管理，积极推动传统决策模式向高度智慧化的量化决策模式转变。

构建具有专业职能的管理系统，实现企业整体价值创造与数据共享。从提升集团集约化业务管控能力和管控效率出发，对职能管理进行系统梳理，全面了解，将业务流程完全纳入管理系统，实现各职能管理业务信息化和各职能管理系统之间数据的互联互通和协同衔接，构建集团集约化高效管控体系。

构建基于完整价值链的智慧运营管理系统。建立面向多组织、多库存基地、全采购体系的全流程数智化采购平台，面向多基地、多产品、全营销体系的全流程数智化营销平台，面向供应端、需求端，提供全链条的仓—配—干线运输一体化数智化物流平台，以及融入大数据、物联网、人工智能等新兴技术打造的"可视化、柔性化、精益化、服务化、智能化"的数智化生产平台，并通过采购、物流、生产、营销业务深度协同和信息高度共享，全面提升运营效率、响应效率和生产效率，实现企业价值创造过程透明化管理。

推进智能装备应用和制造单元 MES 系统完善。加快推广应用工业机器人、无人行车、公辅设施远程（无人）值守等成熟智能装备和技术，试点应用产线集中操控技术，提升智能化水平；借鉴智能制造标准完善各制造单元 MES 系统，探索实现 APS 高级排程功能，实现生产过程的精益管控和敏捷制造，围绕快速、柔性、质量、效率四个方面，以质量成本最优、交货期最快的产品快速响应用户个性化需求，力争 2025 年工厂级工序自动化率达到 90% 以上，不断提升产品市场综合竞争力。

攀钢自 2017 年启动"两化融合"工作以来，按照"补短板、推样板、建平台"的方式，推进生产向数字化智能化转型，开展了"两化融合"重点项目 44 个，完成上线 35 个，在建的 9 个项目按计划有序推进。

攀钢的钒氮合金生产线，经过"两化融合"，基本实现了生产全过程自动化和物流连续化；"数字钢轨"项目，利用大数据、云技术、智能算法等技术，

2019 年 12 月 25 日，攀钢召开青年科技人员座谈会，勉励广大青年科技人员树立远大理想，创造非凡业绩，为新攀钢建设贡献智慧和力量

围绕工艺智能化、管控精益化，构建数字化管理应用大数据平台，基本实现了钢轨生产工艺智能化、产品数字化、设备数字化、生产管控精细化；一批体现集团"站所无人化、少人化"管理思想的"两化融合"项目持续展开，攀钢钒炼铁、炼钢，股份公司攀枝花钒厂、重庆钛业、钛冶炼厂，矿业公司选钛厂等生产单位，实现了生产集中控制；攀钢钒物资计量实现无人值守；与阿里云合作开发"钢铁大脑"项目，与浙大网新合资建设西南最大的云计算智慧产业基地，"两化融合"、智能制造正成为攀钢构建第三代技术体系的新高地。

攀钢因科技而兴，在创新中成长。第一代技术体系，解决了攀西钒钛磁铁矿利用的技术问题，构建了攀钢建设的发展之本；第二代技术体系，助推攀钢完善产业结构、打造优质产品、加大对攀西资源的综合利用，打牢了攀钢的发展之基；第三代技术体系，是新攀钢建设和高质量发展的动力引擎和战略支撑，将有效地提升我国对攀西钒钛战略资源的综合利用水平，彰显攀钢在钒钛战略资源综合利用领域的引领地位。

攀钢人

冶闯将——张超

他工作中善于钻研，他做人上踏实勤勉。

把一切不可能变成可能，是他不断超越的梦想。

在人生的道路上，每个人都会面临各种各样的抉择。

有时，这种选择直接影响走向未来的轨迹。

张超是"攀二代"。

他的父亲是攀钢建设者，在极其艰苦的创业初期，父亲为建设好攀钢做出了贡献。张超从小就受父亲的影响，感受到父辈身上艰苦奋斗的精神。

2005 年，张超面临着一次重大的抉择——是继续待在钛业公司选钛厂当一名铆焊检修组长，还是加入刚刚成立的钛渣项目部，从头做起，当一名普通的钛渣冶炼工。

渴望超越自我的张超，最终选择了迎接挑战。

创业异常艰辛，设备安装、冶炼试验，钛冶炼厂迎来远航的元年。为了堵住溢出的高温熔渣，张超和同事们抱着堵口泥，像黄继光堵枪眼那样舍生忘死地冲上前，挽救了上百万元的设备。

艰难的钛渣冶炼之路，考验着每一位钛冶炼人。作为国内首座大型钛渣电炉，毫无成熟经验可循，唯有不断地摸索，尽快吃透钛渣冶炼工艺技术。他们通过配比调试、调整出铁口角度等方式，优化钛渣生产工艺，逐渐摸清了电炉的"脾气"，钛渣生产逐渐顺行，产量一天天提升。

经过不懈努力，终于打通钛渣冶炼工艺流程，形成了具有攀钢自主知识产权的"大型电炉采用自焙烧电极粉矿直接入炉冶炼钛渣"的成套工程化技术，填补了国内大型电炉钛渣冶炼工艺技术的空白。

2011 年二季度，钛冶炼厂遇到了前所未有的电荒。为摸索出电炉频繁停限电时的最佳操作方法，班长张超成立 3 个研讨小组，用"头脑风暴"，拓展思路，大胆创新。"张超带渣冶炼"先进操作法就这样孕育而生。

2012 年，张超再次迎来了一场大考。

随着冶炼原料吃紧，平日里吃惯"精粮"的电炉被逼着改口味。张超带领班组成员参与了进口矿和攀枝花本地矿及多矿种混合冶炼生产等 10 余项电炉攻关试验研究，取得重大技术突破。科研项目分别获得攀枝花市科技进步一等奖和四川省科技进步三等奖。

开展全攀枝花 PTK10 矿冶炼攻关是张超冶炼生涯的高光时刻，由于这种原料粒度超细，极难冶炼，原料吹损严重、入炉收率低，而且容易造成除尘系统堵塞、产生泡沫等工艺难题一股脑冒了出来。

没有不能克服的困难，张超和他的劳模创新工作室成员一起，坚守在现场，反复地试验和调试，逐渐看见了曙光。

半年之后，1号电炉实现了100% PTK10矿入炉冶炼，取得十分理想的效果，矿耗比用周边矿冶炼降低3%，电耗降低4%，再也不怕电炉缺"粮"了！

2013年初，为了优化工艺，钛冶炼厂对1号电炉进行了高效扩能改造，将自焙电极改为石墨电极。尽快掌握石墨电极冶炼钛渣工艺操作，成为了达产的关键。

面对直径710毫米的石墨电极，张超被难住了：如何有效使用电流、电压，如何提高冶炼强度，而又不伤炉衬？面对新工艺、新装备，张超陷入了深深思考。

他在摸索的过程中，不断发现和解决问题。

"开口！"3月的一天，在1号电炉出渣平台上，随着张超的一声令下，炉前班长小文打开渣口，钛渣瞬间奔流而下……

站在出渣平台上的张超，针对如何调整负荷、降低渣温，如何解决出渣温度时高时低不稳定等问题，暗暗下定决心，必须尽快掌握石墨电极钛渣冶炼技术，征服1号电炉。

于是，他边学习、边实践、边摸索，加深了对新工艺的了解。他还带领中控人员，摸索石墨电极钛渣冶炼操作工艺；配合加糊工接长石墨电极，带领职工利用停炉间隙总结出渣出铁准备工作要点……

渐渐地，张超和工友们逐渐摸清了改造后的电炉"脾气"，解决了试生产初期电炉升温速度快、挂渣层维护困难等问题，钛渣生产逐渐顺行，产量逐步攀升。

一场硬仗，他得到大家普遍认可。

"技术攻关真的太难，8年里，我也曾想过放弃。"张超坦言，但一想到父亲那一代建设者为攀钢建设不服输的精神，作为"攀二代"的他，觉得自己更有责任为攀钢发展做出努力。于是，他坚持下来了，而且越挫越勇。

2013年，因受钛白粉市场持续低迷影响，钛渣需求量持续萎缩，钛冶炼厂遭遇了前所未有的"严冬"。

当年年初，钛冶炼厂决定，努力实现全攀矿冶炼钛渣，以有效降低成本，提高市场竞争力。

"全攀矿冶炼钛渣？这太难了。"厂里职工都觉得这根本就不可能。张超也知道很难。长期以来，在该厂钛渣生产原料中，攀枝花矿的比例都维持在30%左右。

再难也要攻！张超又和工友们与全攀矿冶炼钛渣技术"较劲"了。

那些日子，他会密切关注每次全攀矿冶炼钛渣的出渣情况，认真研究全攀矿冶炼钛渣有关资料和规程。只要一有时间，他就拿起相关书籍查阅。他把所有预想到的情况一一列出，记了厚厚一本学习笔记。

功夫不负有心人。他提出的"如何提高炉底温度的方法"以及"根据电极位置多批少量的加料方法"等操作方法，对全攀矿顺利冶炼起到了积极推动作用。

9月，钛冶炼厂全面实现全攀矿连续冶炼钛渣。"用全攀矿在大型电炉连续进行钛渣冶炼生产，这一多年的心愿终于实现了！"站在亚洲首台最大自焙电极钛渣电炉面前，张超话语中的自豪感油然而生。

这是一场漂亮仗，凝聚了全体冶炼工的智慧和力量，不仅满足了钛渣生产的原料需求，降低了生产成本，还摆脱了优质钛精矿原料缺乏对钛行业的制约。

通过这一仗，张超的能力、敬业精神得到了大家的普遍认可。

这一年，张超获得了攀钢"敬业·奉献"银奖、"鞍钢劳模"等荣誉称号。

十多年来，张超实现了无数次超越，取得了诸多荣誉。从鞍钢楷模，到"五一劳动奖章"获得者；从省"优秀班组长"，到四川省第十一次党代会的代表。

2015年底，钛冶炼厂"连续加料连续冶炼"实验攻关战斗打响了！"大家一定要把试验记录给超哥他们交清楚哈！"2016年1月3日，时任冶炼乙班倒班作业长邹晓芳安排着交接班事项。

1月10日，张超对着详尽的实验数据皱眉思索：若在熔池形成后提高加料速度，化料效果应该比以前好，得好好摸索，再把数据交给下一个班……

1月14日，刚下夜班的甲班班长孙世文，仔细向张超交代着：小超，你们要注意螺旋的频率，你让我琢磨的送电负荷，老孙我搞了一宿，有点意思了……

老孙前脚走，张超马上组织大家对最新数据进行分析，对新问题提出解决方法，就这样，实验一步步向成功迈进。

滚滚熔渣从渣口喷涌而出，红亮的光芒瞬间照亮夜空，炉前工们紧张地工作，烤得发烫的脸庞沁满细密的汗珠。

……

张超和同事们的努力得到了回报。"连续加料连续冶炼"攻关实验成功，打破了国际上的技术壁垒，保持了攀钢在钛渣冶炼领域的技术领先地位，也让钛冶炼人挺直了脊梁。

第四章

变革篇

攀钢建设发展的近六十年，是我国经济社会巨变与转型的重要时期；变革创新，是攀钢发展的重要推动力量。

攀钢有着对变化的战略性前瞻与远见驭势能力。在建设、体制、机制、市场、人才和区域位置等存在先天不足的情况下，把握机遇，实施三次管理变革，推动企业艰难转型，不断"赋能与激活人"，努力实现从逆势到驭势的跨越。

实施第一次管理变革，
激活企业经营机制

改革开放前，国家对攀钢经营全管、盈亏全包，攀钢没有经营自主权。党的十一届三中全会提出，要解决党政企不分、以党代政、以政代企等现象，让企业有更多的经营自主权。

攀钢实施第一次管理变革，推动企业由工厂向面向市场、独立经营过渡，还企业本质，转换经营机制。

半军事化的管理基因

党和国家以创新的体制建设攀钢，给攀钢注入了独特的管理基因。

建设攀钢是在"以战备为中心"的思想指导下，在高度集中的计划经济体制下进行的。为了保证建设的顺利进行，国家对建设攀钢采取特区管理体制，成立攀枝花特区党委、工地指挥部，由冶金部副部长徐驰担任特区党委书记兼总指挥，冶金部基建司司长李非平为第一书记兼第一副总指挥，对建设攀钢实施统一管理。

高度集中的特区管理体制，使攀钢建设从筹划决策到组织实施，都在高度统一的领导之下，拥有不可比拟的保障实施能力，优势突出。一是打破了国家部委、省市之间及行业管理的界限，实施统一管理，管理效率高，有利于合理配置力量，强化决策执行力；二是国家以强大的动员力，快速调集力量，如同调动部队打"歼灭战"，建设者在高度保密和封闭的环境中，以"坚决完成任务""不出铁不回家"的精神，艰苦奋斗，有利于把国家战略转化为自觉行动；三是实行"对口"支援等责任承包制，形成了全国支援攀钢建设的格局，有利于保建设之需，形成建设合力，加速建成攀钢。

特区的管理体制借鉴战争的方法，以"战役""会战""攻坚战"等方式组织建设，形成了"一切行动听指挥"的"战时"机制。 1968 年 4 月 8 日，东风钢铁公司筹备处从攀枝花市第二指挥部分出，标志攀钢进入到企业化运作阶段。1969 年 3 月 4 日，东风钢铁公司革委会成立，对外代号由四〇公司改为"三四信箱"，基层单位仿照军队班、排、连、营等编制设立，并采用管理军队的方法管理企业，使攀钢自始就形成了严明规范的纪律、绝对服从的意识、快速反应的能力、高效执行的效率、顾全大局的思想等有别于其他企业，具有军事化特征的"半军事化"管理基因。

1970 年 1 月 5 日，东风钢铁公司恢复原名为攀枝花钢铁厂，对外代号为四〇公司，至 1972 年 6 月 30 日，四〇公司正式改名为攀枝花钢铁公司。攀钢的名称虽然不断变化，但其独特的管理基因，却任时代变迁而始终不变，一脉相承地保留下来。

攀钢独特的管理基因造就的管理特质，使攀钢有着超强的凝聚力、战斗力和执行力。 特别是当企业遇到困难的时候，即使工作再难，收入减少，攀钢职工也能任劳任怨，无私奉献。当企业需要的时候，他们会义无反顾地冲向前。

2008 年 8 月 30 日，攀枝花发生地震。灾情就是号令，许多干部在通讯不畅不通的情况下，把集体利益放在第一位，第一时间赶到工作单位和岗位，认真履行职责，确保完成任务，体现了个人利益服从企业整体利益的大局意识和奉献精神。这种国家和企业需要就是命令的管理基因，是攀钢宝贵的精神财富，是攀钢的竞争力所在。

半军事化的管理模式和文化基因，已经深深地融入攀钢管理和攀钢人的思想和行动。

近六十年来，攀钢坚持党和国家改变中国钢铁工业布局的战略使命不变，坚持"把攀钢建设成为现代化的钢铁钒钛基地"的目标不变，坚持不断提高攀西资源综合利用水平的责任不变，引领企业面对困难永不言败、在转型变革中发展；引领企业由完成战略任务向成为国家不可或缺的核心企业转型，由按计划生产型企业向市场竞争主体转型，由区域型企业向行业领先与世界性企业转型，由传统型企业向以新商业模式为重要特征的新型企业转型，曲折前进，向世界一流的新材料企业迈进。

转换经营机制，增强企业经营活力

20 世纪 80 年代，随着国际国内形势的变化，根据党和国家对国际国内形势的判断和全党全国工作重心的转移，国家对三线单位提出了"调整改造，发挥作用"的重大决策，三线企业要面向市场开发民品，迎接新挑战。

攀钢与众多三线企业一样，要从战略层面由政策与计划导向型向生产经营型转变，面临成为市场经济主体的新使命和新挑战。

向集中管理要效率

用管理企业的方法管好攀钢，"让攀钢像企业"，曾经十分艰难。

"车间主任到哪儿去了？怎么我两次来车间都没看到他？"时任公司经理的黎明在炼钢厂转炉车间生产现场检查的时候，大声询问。

车间主任王大富撂下正处理的事匆匆赶来："黎经理，您找我？"

黎明："你刚才干什么去了？上班的时候不在生产现场，你到底是不是车间主任？"

王大富："可是，我得管全面，管行政。"

黎明："你有什么全面，你有什么行政？"

王大富："我得发工资、卖饭票、分报纸、发保健费……"

王大富被"熊"，感到十分委屈。车间几百号人的吃喝拉撒睡都得管，食堂、宿舍、盖房、洗澡、倒班、派车、幼儿园等，桩桩件件连着职工切身利益，影响着职工情绪，若处理不好，生产就会出问题，他哪一项都不敢放松。

这是 20 世纪 80 年代，攀钢生产厂矿单位很普遍的一个场景，反映攀钢管理的现状。

当时的攀钢，延续着建设时"大而全、小而全"、企业办社会的做法。企业运营如同"居家过日子的大家庭",管理者"大包大揽",什么都要管。

时任攀钢党委书记的刘京俊带人调查王大富"不能一门心思抓生产"的原因,共梳理出46条管理者需要管的与生产没有直接关系的"杂事",按照门类可以分为"生老病死吃喝拉撒睡学""十字经"。全公司40多个处级单位、几百个车间的行政一把手,也是单位的"管家",且要把"杂事"当成大事。

他们很忙很累,但职工仍不能满意,结果是生产、生活两相误。

攀钢作为企业,在特殊的建设和环境条件下,不得不"办社会",以服务公司运转。攀钢有自己的公安分局、医院、教育处、幼儿园、托儿所等,生活服务与设施,体系完整,门类齐全。

1978年,党的十一届三中全会后,攀钢把工作重点转移到生产建设上来。在攀钢工作近10年的黎明,认真思考如何优化公司管理,提高企业运营效率。

他把解决"企业办大社会""各单位办小社会"作为破解企业运营效率低的重要突破口,将推行集中统管作为首要任务。开始的时候,很多干部并不认可这种做法。他们认为,不念好"十字经",会引发"12级强台风",统管是"专横的",不利于经营管理。

黎明不这样认为。他说,就是刮12级台风也翻不了船,认定了的事就要干。

1980年4月,黎明组织召开公司集中统管工作会,决定首先从集中统管生活后勤抓起,先试点再逐步推进。公司机关所在地向阳村的职工食堂、单身宿舍和幼儿园,成为首批集中统管的"样本",首先移交给了新成立的生活服务公司。

试点的效果很快就凸显出来,推广就变得十分容易。到1981年底,攀钢除较为偏远的石灰石矿、粘土矿外,生活后勤全部实现集中统管。

1982年春节前夕,生活服务公司在向阳村举办美食节,展示了集中统管的成效。傍晚时分,向阳村灯光球场附近,灯火璀璨,香味扑鼻。黎明兴致勃勃地逛着夜市,还专门买了一份烤豆腐,一边尝着,一边对身边的秘书说:味道不错,咱们公司的厨师不比大饭店的差啊。

黎明以企业家的战略眼光,高瞻远瞩地提出了"集中统管"的管理思想。"集中统管"作为攀钢具有代表性的管理措施载入发展史册,激发了企业活力,提高了企业运营效率，对推动攀钢转换经营机制起到了重要作用。

1982年3月，黎明调任冶金部任副部长，攀钢工作由赵忠玉主持。赵忠玉在接受记者采访时说：攀钢除了法院和火葬场，应有尽有；我不可能要求厂长在搞好安全生产、文明生产，并且向国际国内一流水平冲击的时候，还兼做教育家、医生和社会服务师！

赵忠玉认为，一个机构管了不应该管的事，一定会吃力不讨好。企业管理者放下生产抓"服务"，是一种职能错位，是企业管理的一种"病态"。为此，他在黎明集中管理的基础上，优化攀钢"办社会"职能，推进集中统管向纵深发展。

正是在这一年，我国市场经济的闸门开始打开。赵忠玉以企业家特有的敏锐，感觉到中国和企业即将迎来新变化，企业将成为市场竞争的主体，盈利将成为企业不二的"硬道理"。

他认为，企业不应办社会，但既然已经办了就要办好，还要支持生产，促进生产。攀钢成立生活管理所、生活公司，接管生产单位的生活服务职能；成立汽运公司，把除矿山之外的生产、生活用汽车，全部集中到汽车运输公司和机关车队集中管理；同时，成立教育处，将中小学教育从厂矿单位分离，成立职工医院，把分散在二级单位的卫生所、门诊部集中管理，成立集体企业，解决职工家属和待业青年的就业问题。

"十字经"从生产厂矿剥离出来后，由公司管起来统一"念"。

攀钢坚持让行家管好服务，让专业的人做专业的事。攀枝花地处偏僻，生活环境和生活条件艰苦，后勤供应与保障对稳定生产、稳定人心至关重要。攀钢实施后勤服务统管后，发挥同行相聚、内行当家、专业指导的优势，形成了"吃喝拉撒睡"与教育医疗等管理一盘棋。

攀钢通过专业分工和各种

"饭菜里面有钢铁"

培训，培养员工的服务能力，使物资供应更加丰富，后勤服务水平不断提高。公司强调"饭菜里面有钢铁"，"服务能够创效益"，专门设立"培训餐厅"培训厨师，提高职工餐厅饭菜质量，设立职工公寓，让职工吃好饭、休息好、干好工作、多创佳绩。

攀钢实施集中统管，打破了计划经济体制下"以工厂为中心、万事不求人"的闭环式管理模式，把非生产要素从生产一线剥离出去，"解放厂长"。同时，推行厂长（经理）负责制，授予厂长（经理）生产组织、绩效分配等权力，明确厂长（经理）提升生产技术经济指标、安全文明生产、建设"四有"职工队伍等工作任务，把工作重点转移到精心管理、精心生产上去，释放生产能力。

对生活服务等后勤单位实施集中管理，引导生产单位逐渐回归生产经营，后勤单位专心服务，努力创造效益式服务，使企业开始向市场化运营转变，逐渐回归企业经营的本质。

首推承包经营，为企业赋能

20 世纪 80 年代，随着国内国际政治经济环境的变化，国家对搞活国有企业进行制度探索，实行承包经营制。

承包经营是国有企业从计划经济向市场经济过渡中，在坚持企业社会主义全民所有制基础上，按照所有权和经营权分离的原则，以企业承包形式放权于企业，让国有企业能够自主经营、自负盈亏、激活企业、确保上缴利润的管理模式，目标是增强国有企业经营的主动性与创造性，转换经营机制。

攀钢主动请求国家实施"承包经营"政策。1980 年 11 月，财政部同意攀钢在"六五"期间实行"利润定额包干上交办法"，攀钢成为首批实行利润上缴包干承包责任制的冶金企业。

攀钢管理者深刻认识"承包经营制"的重要性。时任经理赵忠玉在回忆当初的决定时说，攀钢是国有企业，要执行国家的战略任务；作为企业，攀钢就要为国家赚钱。攀钢争取"承包经营制"，要的是经营自主权，释放的是企业的经营活力。企业权力大了、发展了、盈利了，国家的投资就增值了，这是攀钢的国家情怀；攀钢自主决策、自主经营、实现自我发展，可以增强竞争实力，这是企业情怀；攀钢有了钱就可以改善生产经营条件，增加职工收入，改善职工生活条件，这是攀钢爱职工和以人为本的情怀。

攀钢把承包目标层层分解，落实到厂矿、车间、班组和个人，形成了以目标承包经营责任制为主线、以综合承包为主、单项承包为辅的承包体系；建立了一整套承包考核制度，并根据单位、个人的工作情况具化承包形式，如实行单位产品工作量包干、费用包干、产品质量包干等，推动企业经营机制不断转换。

"分解"与"包干"，把国家、集体和个人三者利益结合在一起，为攀钢这辆战车加油助力。从1981年到1985年，攀钢的"承包经营"取得优异成绩，承包经营期间上缴的利税每年递增20.21%。

承包经营责任制，让攀钢在自主经营过程中，获得了更多的可支配资源、资金和发展机会，企业变得越来越好，管理水平不断提高；攀钢不再吃国家大锅饭，激活了企业，历练了队伍，为攀钢参与严酷的市场竞争打下了较好的基础。承包经营，也让干部职工得到实惠，觉得生活变得越来越好，攀钢人以较多的收入、良好的福利和对未来充满信心，让人们十分羡慕。

在当时的攀枝花，年轻人在报纸上登征婚启事，都会专门加上备注"最好在攀钢工作"；那个时候，在攀钢就是一种骄傲和幸福。

推进三项制度改革

攀枝花特殊的地理位置、区域环境和三线城市的背景，让攀钢人以攀钢为荣，也为家，很多家庭的成员都在攀钢工作。攀钢人在工作和生活上高度依赖攀钢，攀钢人和攀钢亲不可分。

当攀钢由计划经济向市场经济转型时，旧有体制与企业参与市场竞争之间的矛盾暴露出来。主要表现在干部"能上不能下"，都有一把"铁交椅"；职工能进不能出，都端着一个"铁饭碗"；干多干少一个样，全体职工吃着"大锅饭"。

僵化的"人事、用工、分配"三项制度，制约企业活力，抑制人的动力，束缚攀钢发展。攀钢找到经营管理存在的弊端，打破铁工资、铁交椅、铁饭碗"三

1988 年攀钢采取公开、公平竞争机制招聘设计院院长

铁"的劳动用工制度和分配制度改革，便应运而生。

1978 年，攀钢恢复奖励制度，实行综合奖，对调动职工积极性，挖掘企业潜力，起到较好作用；1979 年，在总结和优化、细化奖励制度后，攀钢把综合奖改为超额奖、质量奖、长周期安全生产奖等，打破分配的"平均主义"和"大锅饭"，激励作用初显，为攀钢带来活力，但影响力有限。

1990 年，攀钢在慎重研究后，在劳动用工上引入竞争机制，配套进行人事和分配制度改革。拿出一些管理和技术岗竞争上岗，择优选择人员。攀钢以"可上可下"的方式搬掉"铁交椅"，打破了干部与工人的界限，"搬掉"了人们心中的"铁交椅"，打破了人们心中的"大锅饭"和"铁饭碗"。

攀钢带有探索和渐进性的"三项制度"改革，实施面虽小，却如一石激起千层浪，在干部职工中引起大反响，也得到了政府和业界的充分肯定。1990 年 4 月 10 日，经理赵忠玉被评选为第三届全国优秀企业家，荣获金球奖。

1993 年，经过两年的试点，攀钢"三项制度"改革向纵深推进。

在宏观层面调整组织结构，在微观层面进行"三项制度"改革，用市场手段决定人事、分配和用工制度，促进干部职工转变思想观念，促进企业转换经营机制，推动攀钢初步形成了"3万人300万吨钢"的格局，也为攀钢迎接市场竞争的考验奠定了良好的思想与管理基础。

后勤辅助单位被推向市场后，主动适应，积极学"游泳"。生活服务公司把攀钢当用户，服务更主动，服务质量更好。他们主动服务社会拓展市场，在攀枝花市创响了"攀钢面条""攀钢馒头"等品牌。

攀钢在三线建设中形成的拼搏精神和组织利益高于一切的集体意识，为攀钢深化改革、转换经营机制提供了思想保证和精神动力，推动攀钢按照市场经济逻辑曲折发展，也为国有企业深化改革进行了有益探索。

2001年，在国家经贸委、人事部、劳动和社会保障部《关于深化国有企业内部人事、劳动、分配制度改革的意见》中正式提出了"三项制度"改革概念时，攀钢举行了"三项制度"改革10周年纪念；"三项制度"改革从转换企业经营体制和运行机制的宏观层面着力，在搬掉"铁交椅"、打破"大锅饭"和"铁饭碗"的操作层面探索，持续完善，形成了干部能上能下制度化、劳动用工市场化、薪酬分配与业绩挂钩的"新三项制度"，赋能激活了攀钢。

攀钢在计划经济体制下，以承包制试点为契机，推动第一次管理变革，积极争取国家下放部分经营自主权，对国家履行企业使命；对基层单位放权与承包经营，并实施严格管理和集中化管理，提升了管理水平和企业竞争力；实施"三项制度"改革，以激活员工赋能企业，在攀钢管理变革史上具有里程碑的作用，为攀钢可持续发展打下了坚实基础。

向专业化管理要效益

攀钢先后对后勤和集体经济，主体厂和辅助单位的辅助材料、备件、财务等实行集中统管，形成了"集中指挥、统一经营、专业协作、分类放权"的独具攀钢特色的专业化管理模式。

1986年，攀钢有二级厂矿（单位）43个，其中，有主体生产厂14个，后勤辅助单位29个。1994年"划归"与集团化运作后，除主体厂矿单位和科研单位外，有辅助后勤单位 23 个。为建立现代企业制度和实现 3 万人 300 万吨钢的目标，实现"管好主体、搞活辅助、放开后勤"的改革思路，实施了"主体与辅助相分离，生产与生活相分离"的改革措施，对存量资产按照专业化进行分工，优化资源配置，努力做到主体厂矿要更强，辅助要成产业，后勤要实现盈利，努力让企业的"每一个细胞都充满竞争力"，以解决企业"大而全"和攀钢"负重前行"的问题。

精干和管好主体，打牢竞争根基。攀钢推进主体的专注、精进工作，打造具有行业领先优势的竞争力；加强对主体产业的控制和协同管理，由集团统一安排生产经营，实现生产经营集团内部一盘棋，集团与市场一盘棋；去掉影响和不利于主业生产的"枝蔓"，统一生产服务，减少管理幅度，提高执行效率。

1993 年 9 月 21 日，攀钢将焦化厂更名为攀钢（集团）公司煤化工公司，焦化厂成为攀钢从"母体"中游离出来的第一家专业化公司，接着机械制造公司、耐火材料有限责任公司、修建公司、汽车运输公司、电气公司、冶建公司等相继成立。1993 年 12 月，攀钢成立实业开发总公司，接收并安置主体厂矿和公司机关的富余人员，把"精干主体"做得更"干净"，分离得更彻底；

攀钢焦化厂改组为"煤化工公司"

增加对主体产业的投入，使主业的工艺技术装备水平保持行业领先，满足安全生产、绿色生产、文明生产的需要，为满足用户需要和参与市场竞争创造条件。

根据子公司的专业、比较优势和市场情况，攀钢下放经营权，进行独立核算、自主经营、自负盈亏，让他们成为市场主体，参与市场竞争。

"喇叭一响，黄金万两"。

1994年以前，汽运公司的日子一直很幸福。只要完成公司任务，工资、奖金就有保障，任务完成得好、参加抢险救急等任务，还能拿到奖励。

1994年5月12日，攀钢将汽运公司剥离出母体，更名为攀钢有限责任公司汽运分公司。自此，汽运公司走上了自主经营、自负盈亏的竞争之路。

当时，汽运公司有2700名职工和1000台车辆，年亏损2197万元，还不包括需要负担1600名退休职工的工资。面对这样的局面，付汝明作为汽运公司的总经理，打出了汽运公司变革的三张牌：改革牌、管理牌和市场牌。

改革牌：打破大锅饭，多劳多得，实行驾驶员单车核算，修理工工时考核，车队利润承包考核；管理牌：层层签订风险责任书，向管理要效益，抓安全，降成本；市场牌：要求全员参与市场开拓。

"三张牌"让汽运公司的干部职工丢掉"等靠要"思想，北上吉林，南到广州，东奔上海，西跑甘肃，汽运公司的汽车一下跑遍了"大江南北"，特别是大件运输成为汽运公司的金字招牌。1997年，汽运公司取得沉甸甸的成绩：收入过亿、扭亏为盈。

攀钢采取"挖渠放水"的方式，充分放权，把生活后勤服务单位由"企业办社会"向"企业服务社会"转型，让他们参与市场竞争。

1995年，攀钢主线厂精简员工10%；改组成立11个专业公司，分离辅助、后勤单位34个，共计5.5万人。

攀钢通过实施第一次管理变革，摆脱了计划经济的严重束缚，极大地调动了各生产、业务单元的积极性和创造性；同时，实行严格管理，坚持"严字当头，严格要求，严格管理，一丝不苟，铁面无私"的二十字管理方针，向管理要质量、上品种、求效益，使攀钢获得了良好发展，焕发出勃勃生机。

厂长竞选记

　　1988 年秋季的一天，攀枝花的气候宜人凉爽，在攀钢文体楼的一间会议室里，时任攀钢初轧厂党委书记的敬奎，从经理赵忠玉的手上郑重地接过了"厂长任命书"，会场上随即响起了热烈的掌声。

　　"这是攀钢贯彻落实党的十三大精神，把竞争机制引入干部队伍，在初轧厂采取厂长竞聘制并且取得成功的首次尝试。"敬奎在谈到当年的竞选，还记忆犹新。

　　那一天竞选结束后，敬奎的电话按照现在的流行词语属于网红热线。

　　"祝贺你，敬书记，不，应该叫你敬厂长了！你真的太棒了！"

　　"敬书记，你打破了人们对党委书记不能做厂长的偏见，你太为我们政工系统争气了，为我们党群干部长了脸！"

　　"其实，我对竞选厂长一职，一开始也是没有太多思想准备，比起其他竞选对手，我觉得自己有差距。其他四位竞争者，都是长期从事冶金轧钢专业的专家，有些本来就在厂长岗位上，而我不是，我是响应公司号召，支持公司干部制度改革才报名参加竞选的。"敬奎如是说。

　　"当时攀钢成立了由经理赵忠玉为首的考评组，攀钢机关主要部门的领导做组员，经过抽签、选定出场顺序，并且攀钢电视台全程录像，考评现场气氛严肃认真。"

　　"考评先由竞选人进行半小时的自述，主要是谈如何当好厂长，改进工艺设备，优化人力资源配置，实现生产经营目标的设想等，接着就是主考官现场提问。我很幸运，最后以高出其他四位竞选人 50 多分的成绩，竞选成功。

　　当赵忠玉经理当场把'厂长任命书'发到我手上时，我同时也感到肩上的责任和担子更重了。"

　　敬奎再谈起那段经历，仍然表现出激动和兴奋。

　　党委书记成功竞选担任厂长，"书记、厂长一肩挑"，引起攀钢上下震动，这是攀钢干部制度改革的首创，也为攀钢在干部队伍中引入竞争机制做出成功的示范。

实施第二次管理变革，
建立现代企业制度

1993 年 11 月 11—14 日，党的十四届三中全会通过了《关于建立社会主义市场经济体制若干问题的决定》，明确指出我国国有企业的改革方向是建立适应市场经济要求的"产权明晰、权责明确、政企分开、管理科学"的现代企业制度，并指出公司制是现代企业制度的基本形式。

攀钢率先进行公司制改制，实现由"严格管理"到"集团化管控、制度化管理"的过渡，建立了规范的现代企业制度，不断提高企业管理水平。

实施集团化运作

建设攀钢从"五湖四海"调集力量，攀钢发展则放眼"四面八方"。

攀钢是首批建立现代企业制度试点的国有企业，通过实施治理体制改革、产业结构优化、"三项制度"改革和转换经营机制等，实施集团化管理，推动企业不断壮大发展。

1982 年，攀钢开始集团化运作。为优化管理，整合生产、科研与试验、维修等资源，冶金部将攀枝花钢铁研究院、西昌 410 厂和隶属于交通部的金江造船厂和勘探队等划归攀钢；1985 年 4 月，十九冶筑炉公司设备处成建制划归攀钢，更名为攀钢设备处。

1986 年，攀钢与成都、昆明、西昌等地的企业组建经济联合体，成立攀西集团；1988 年，攀钢作为主体，联合攀矿、长钢、十九冶等 60 多家企事业

1993 年 6 月 28 日，攀钢集团成立

单位，与跨 8 个省的企业，组建了集研发、设计、设备制造、钢铁生产、冶金建设为一体的攀西冶金企业集团。

1993 年，攀钢作为西部地区第一家企业集团试点，组建攀钢集团。集团以攀钢为核心企业，按资产所有权、支配权及其联系方式组建，共有 54 家成员企业，其中有 11 家核心层成员，3 家紧密层企业，39 家有互惠性和长期稳定协作关系的松散层企业。这一年，经过攀钢和攀矿联合请示，攀矿并入攀钢，让攀钢成为世界上少有的拥有大型自备矿山的钢铁联合企业。

攀钢探索集团化管理，国家赋予攀钢更多的经营自主权，推动管理走上集团化运作的新高度；攀钢作为组织者与核心企业，履行国家队使命，发挥骨干企业的核心作用，得到了国家政策的支持。

1993 年，国家对攀钢集团部分具备单列条件的指标实行计划单列，1994 年起，在国家计划中全面实行单列；国家还赋予攀钢集团在固定资产投资、直接吸收外商投资、技术引进及境外投资等方面，享有更大的自主决策权；建立集团化运作体制和机制，培养了集团化领导与运营队伍，为攀钢适应市场竞争，组建"联合舰队"起到了示范作用，为攀钢兼并重组积累了经验；集团化的运行机制，促进企业转换经营机制，成员之间整合资源、集中力量、发挥优势，对攀钢发展起到了重要推动作用。

攀西集团和攀钢集团等受利益上的弱联结、组织结构较为松散等因素影响，没能发挥出预期的效果，但有效地提升了攀钢在西南地区和钢铁行业中的影响力，奠定了攀钢在我国钢铁工业布局中的重要地位。2003年，国务院国资委成立，攀钢以其区位、特色资源、产品结构、竞争优势、对地方经济的带动作用等，成为与鞍钢、宝钢、武钢并驾齐驱的中央企业，成为中国钢铁工业中响当当的国家队。

构建母子公司体制

1993年底，攀钢党政领导齐聚南山宾馆中厅，按惯例召开务虚会，研究部署第二年的改革与生产任务。会议有一个重要议题：贯彻落实党的十四届三中全会精神，推动攀钢建立现代企业制度，加速发展。

经过认真分析和慎重讨论，攀钢做出了按照市场经济规律，建立现代企业制度的重要决定，提出了坚定不移地执行"产量服从品种、生产服从销售、一切服从效益"的经营方针。攀钢开始从管理体制和运行机制及生产经营层面，开启走向竞争的深海，踏上了做市场经济强者的征程。

攀钢强化集团资产纽带，构建适应市场、适应集团管理需要的制度体系，规范母子公司的法律关系、行政关系和经济关系，用"三中心"的定位明确母子公司的功能和职责。

集团公司是"投资中心"，负责投资决策，控制集团成员的投资活动，抓好战略管理工作；专业公司是"利润中心"，进行经营效益管理，抓货币形态管理；生产厂矿（车间）是"成本中心"，进行生产效率管理，抓实物形态管理。

攀钢实施"三中心"管理的目的，是打造职责与使命明确的"联合舰队"。

攀钢要求，不论哪一个"中心"都要围绕提高公司竞争力和创造经济效益这个中心，并对各个中心以职责和效益定权责、定考核、定分配、定激励制度，给"中心"加压力、给动力、增活力；以"中心"的方式，理顺和规范母子公司关系，实施"管好主体、搞活辅助、放开后勤"的管理措施，推动发展。同时，变革和下放集团对子公司人事、投资、分配、采购等管理权，集团主要保留投资权、重要人事任免权，对财务进行监管，让子公司放开手脚，快速反应，参与市场竞争。

对企业组织"三中心"的层次定位和管理，从整体上明确了集团、专业化公司与后勤单位等的责任、权利和利益关系，逐渐理顺了管理关系，明确了任务，有效地提高了企业管理水平和管理效率。

建立高效运转的董事会

董事会是公司治理的基石。1993年6月，攀钢集团成立并设立董事会；11月，攀钢对热轧板厂进行股份制改造，按照上市公司规范运作的标准，建立了董事会。

1994年，中国《公司法》颁布，中国企业运营管理步入法治化规范化时期。

攀钢积极推动现代企业制度建设，在有限责任公司、子公司和并购与联合重组公司设立和规范董事会运作，规范公司治理结构，提高科学决策的水平。攀钢在董事会运作过程中，创新董事会扩大会决策机制，发挥专门委员会的作用，明晰董事会和经理层职权，强化董事对决策事项的调查研究工作，在子公司设立专职董事，做好对决策事项的督查督办等工作，不断提高公司治

2006年11月15日，国务院国资委召开攀钢董事会试点工作会议，
启动攀钢董事会试点工作

理水平与决策效率。

2006 年 11 月 15 日，攀钢集团被国务院国资委确定为 15 家董事会试点单位之一，要求公司"规范运作，履行职责"，标志着攀钢公司董事会建设和公司治理机制进一步完善，工作取得的成效得到了国资委的肯定，攀钢建立现代企业制度、完善法人治理结构工作翻开了新的一页。

新一届董事会关注战略，按照科学、高效、规范运作、创造未来的原则，着力建设战略引领下的决策机制，坚定不移地推进攀钢走以科技为支撑、钒钛为特色、资源综合利用为核心的发展道路，对做精钢铁实施成都无缝搬迁、做大钒钛建设海绵钛生产线、高炉渣提钛、收购东方钛业股权、建设西昌钒钛资源综合利用基地、鞍攀联合重组等重大问题进行决策，这些决策对攀钢发展产生了重要影响，引导攀钢有效应对了金融危机、2008 年雨雪灾害、汶川"5·12"大地震、攀枝花"8·30"地震等冲击。在强化企业战略方向、打牢产业基础、提高钒钛磁铁矿综合利用规模与水平等方面，为确保集团化管控模式有效实施，发挥了重要作用。

2009 年 8 月 29 日，国务院国资委主任、党委书记李荣融在评价攀钢董事会建设时说，攀钢董事会机构健全，运作和决策规范，效率较高；建立了信息沟通制度，创新决策形式，决策成效良好。

在新攀钢建设时期，攀钢把建设和落实董事会职权作为重要任务，做到应建尽建。攀钢理清党委、股东会、董事会、经理层的权责边界，不断强化和完善董事会在经理层选聘、业绩考核及薪酬分配、工资总额管理、人力资源管理等方面的授权或放权；完善运作机制，做到建就要建好。建立董事提前介入、过程沟通和结果表决等相结合的运作机制，确保董事会高效运行；健全与公司治理水平、经营绩效挂钩的薪酬分配、激励约束、考核评价和退出机制，不断提升董事的履职意识、履职能力和决策的权威性和有效性。

攀钢董事会，关注战略，引导攀钢创造更好的未来。

实施兼并重组，加速企业扩张式发展

攀钢坚持既重视生产经营更重视资本运营的理念，创新发展方式，按照"有

2004 年 6 月 30 日，攀钢集团四川长城特殊钢有限责任公司成立

限、相关、多元"的战略思路，实施联合重组，推动企业发展壮大。

攀钢按照国家发展一批具有较强国际竞争力大型企业集团的战略部署，充分发挥资源、管理和技术优势，转换发展方式，实施系列兼并重组，推动企业加速发展。

历史总是以某种意想不到的方式相遇与重逢。

1964 年 8 月 24 日，李富春、薄一波在《关于建设攀枝花钢铁基地给毛主席和中共中央的报告》中，提到"统筹安排西南地区钢铁工业及其他工业的建设"的意见，提到了"继续进行成都无缝钢管厂的建设"，"开始江油特殊钢厂（生产飞机用的高温合金钢）的建设"。

没有谁能够预测到，三家"同框"企业，最终"统筹"到了一起。

成都无缝钢管公司有着光荣的历史。1996—1998 年连续亏损，濒临破产。在经营困难的情况下，成都无缝钢管公司寻求攀钢帮助，并得到成都市政府的支持。

1998 年 10—11 月，攀钢工作班子进入成都无缝钢管公司；12 月，攀钢与成都无缝钢管公司签署《攀钢(集团)公司兼并成都无缝钢管公司意向性协议》；1999 年 10 月 16 日，攀钢与成都无缝钢管公司签署《关于攀钢（集团）公司兼并成都无缝钢管公司协议书》；2000 年 1 月 21 日，"攀钢集团成都无缝钢管有限责任公司"正式成立，成为攀钢的控股子公司。

攀钢的优势对成都无缝解困发展起到重要作用。重组当年，新公司扭亏为盈，实现销售收入 16.63 亿元，利润 117 万元。

2002 年，在成都市政府的推动下，攀钢坚持"统筹规划、以我为主"的原则，启动了对成都钢铁厂的兼并工作。当年 5 月，攀钢集团成都无缝钢管有限责任公司与成都钢铁厂联合重组，成立攀钢集团成都钢铁有限责任公司。5 月 28 日，"攀钢集团成都钢铁有限责任公司"正式成立。

根据四川省委、省政府要求，2003 年 11 月 20 日，攀钢对原四川长城特殊钢（集团）有限责任公司实行经营托管；2004 年 6 月 30 日，攀钢重组四川长城特殊钢（集团）有限责任公司，成立"攀钢集团四川长城特殊钢有限责任公司"（简称攀长钢）。为做大钛产业，攀钢在国家计委和四川省计委的共同推动下，2002 年 9 月 26 日，以 1.02 亿元现金出资，锦州铁钛合金（集团）公司以该公司 1.5 万吨／年氯化法钛白生产线作为投入，共同组建成立了攀钢集团锦州钛业有限公司，攀钢控股 51%。攀钢派出管理和工程技术人员，全力恢复生产，实施"短、平、快"技术项目履行，加强管理，使攀锦钛业当年实现投产以来的首次盈利，2005 年生产钛白粉 14615 吨，实现销售收入 29861 万元，利润 3260 万元。

2002 年 10 月 16 日，攀钢通过竞标，成功收购长城资产管理公司持有的 3900 万股重庆渝港钛白股份有限公司股权，占渝钛白总股本的 24.99%，成为渝钛白第二大股东，并受托管理公司生产经营。2003 年底，攀钢根据战略协议再次收购长城资产公司持有的渝钛白股权 900 万股，并于 2004 年 4 月获得中国证监会批复同意，使攀钢持有渝钛白的股权达到 29.8%，实现对渝钛白的控股。2004 年 10 月，渝钛白更名为攀钢集团重庆钛业股份有限公司；2005年，渝钛白生产钛白粉33820吨，实现销售收入42889万元，利润3260万元。

　　攀钢围绕钢铁和钒钛进行的系列化兼并重组，受当时社会经济环境、体制机制和跨境管理能力等的综合影响，对检验和提升集团管理与运营能力，为攀钢后续发展奠定了较好的基础。在新攀钢建设时期，他们已经成为攀钢构建新业态、打造钒钛钢新材料基地的重要支撑力量，必将发挥更大作用。

推动优质资产上市，打通直接融资渠道

　　1992年，攀钢开始对股份制改造进行研究探索，同年9月对热轧板厂进行股份制试点改造。1993年3月12日，攀钢集团板材股份有限公司创立；同年12月，攀钢集团财务公司成立，成为攀钢集团的非银行金融机构，攀钢自

2003年1月23日，新钢钒16亿可转债成功发行

此开辟了建设发展的"第二战场"。

1996 年 11 月 15 日，攀钢板材在深圳证券交易所上市，从此中国证券市场 000629 这个代码，代表的是攀钢在证券市场的实力与形象。

攀钢板材的精彩亮相，开启了攀钢资本运作的壮丽行程。攀钢通过"攀钢板材"发新股、发可转债和分离交易可转债进行直接融资，融资额近 60 亿元。这些资金主要用于热轧板厂建设、开发白马矿和修建万能轧制生产线等重点工程，为提高攀钢工艺技术装备水平和资源综合利用水平，强化攀钢在世界钒、钢轨等领域的领先地位，发挥了杠杆作用；为加速企业由计划经济向市场经济转型，应对 1997 年亚洲金融危机和 2008 年世界金融危机考验，扭转巨额亏损局面，发挥了战略作用。

攀钢通过自身发展和兼并重组，拥有了攀钢钒钛、工益股份、攀渝钛业、长城股份等四家同在深圳证券交易所上市的公司，在中国证券市场形成了独特的"攀钢系"现象。

攀钢资本运作，曾发生过一个令人感动和遗憾的插曲。

1996 年 10 月 28 日，朱镕基副总理视察攀钢，盛赞攀钢，赞成攀钢在香港发行股票，以解决资本金问题。1997 年 6 月 26 日、7 月 17 日，国有资产管理局、国家体制改革委员会分别发文，同意攀钢"组建上市公司并发行 H 种上市股票"，攀钢也为此做了大量工作。

后因亚洲金融危机，"攀枝花钢钒股份有限公司"未能在香港上市，转而借壳"攀钢板材"以"蛇吞象"的方式在深圳证券交易所上市，攀钢板材从此变成"新钢钒"；攀钢为减少关联交易、壮大新钢钒，通过市场直接融资的方式，把矿山、钒产品等注入"新钢钒"，"新钢钒"的简称因此变为"攀钢钢钒"；2007 年 7 月，攀钢为加强管理、优化资源配置、履行 2005 年攀钢钢钒、攀渝钛业、长城股份股权分置改革的承诺，实施了钢铁钒钛主业整体上市，攀钢完成整体上市后，攀钢上市公司"三合一"，"攀钢钢钒"的简称变成"攀钢钢钒"；2022 年 9 月 8 日，"攀钢钒钛"变更为"钒钛股份"，2023 年 3 月 16 日，钒钛股份公司入选国务院国资委"创建世界一流专精特新示范企业"，上市公司也实现了由单纯的板材生产经营型转型为钢铁资源型上市公司、再到资源钒钛型、再到钒钛新材料上市公司的多级跳跃。

攀钢通过推动优质资产上市，并实施连续的资本运作，通过证券市场直接融资，为企业提供了大量低成本资金，推动了攀钢二期工程、三期工程建设和资源整合，促进企业实现裂变式发展，增强了攀钢逆势发展的能力。

实施第三次管理变革，
构建与产业发展高度匹配的体制机制

攀钢面对残酷的市场竞争和贯穿"十二五"的困境，除了奋斗变革，已经没有更多选择。

要形成新的竞争优势，就要建立与对手战略对战略、决策对决策、执行对执行的竞争体系，建立从产品成本、产品结构到产品质量都满足用户需求的产品体系，建立把竞争从公司的事变成每名职工自己的事的管理体系。

卓越者能胜。

攀钢实施向死而生的第三次管理变革，破釜沉舟，以在新时期的艰苦卓绝，推动企业在逆境中崛起发展。

深彻变革的历史关口

攀钢对竞争环境和企业存在的问题进行研究后，深切地认识到，攀钢要发展，实现新攀钢建设的目标，唯有深彻变革，方能突出重围。

攀钢发展的环境仍然严峻，任务十分艰巨。钒钛钢铁市场竞争激烈、利润率低等问题将长时间存在，竞争对手快速发展，压缩了攀钢战略生存空间；产业政策和企业资源的现状决定了，攀钢难以通过规模扩张等外延式发展，只能走差异化和质量效益型的内涵式发展路子；攀钢在资源要素能力发挥及协同创效等方面还不强，需要进一步探索并优化提升；攀钢要成为世界新材料基地，需要构建与产业发展高度匹配的体制机制，强大研发力量，提升企业管理与创新能力。

这一切都要求攀钢必须变革不停，提高全流程全要素竞争能力，做强做优做精产业，提升核心竞争力。

攀钢第三次管理变革，是对企业全面、系统的再"刷新"。为此，攀钢进一步明确了变革指导思想和原则：坚持和加强党的全面领导，坚持发扬继承和变革创新相结合，坚持问题导向与目标导向相结合，坚持整体策划与系统推进相结合，对经营决策、组织架构、资源配置、劳动用工、激励机制等全部经营要素及所有业务单元实施针对性、系统性、彻底性的变革，构建与产业发展高度匹配的体制机制，全面促进质量变革、效率变革、动力变革，不断增强企业竞争力、创新力、控制力、影响力和抗风险能力，并提出了第三次变革的两大目标：

第一个目标，建立与产业发展高度匹配的体制机制。完善建立与未来市场竞争、"1+1+4+4"产业体系发展高度匹配的集团化管控模式、管理体制和运营机制，集团化管控架构、权责界面更加清晰，现代企业制度进一步健全，企业优胜劣汰、经营自主灵活、资本能进能退的市场化机制更加成熟，绩效考核、中长期激励约束机制有效实施，改革发展的制度活力和内生动力持续得到激发。

第二个目标，人均营业收入、劳动生产率等创效指标达到行业先进水平。资源配置的能力和效率显著提高，集团运营效率和市场化、现代化经营水平大幅提升，科技创新创业的能力与效率全面提升，企业经营活力和员工主观能动性充分激发，持续跑赢大盘、跑赢自身。到2025年实现人均营业收入提升50%、钢铁产业劳动生产率达到1000吨钢/（人·年）以上的阶段性目标，2035年实现人均营业收入、劳动生产率等创效指标达到行业先进水平，为建设世界一流新材料企业奠定基础。

第三次管理变革的内涵

第三次管理变革，重在落实六大措施。

一是围绕"1+1+4+4"发展战略，加快产业整合和组织架构调整，构建与产业发展高度匹配的组织体系；二是以分级授权和功能定位为核心，加快构建适应未来发展需要的集团化管控模式；三是加快体制创新，进一步完善公司治理结构，有效提升攀钢制度化科学化管理水平；四是以完善"三项制度"改革为重点，深入推进机制创新，不断增强企业经营活力；五是加快推进攀钢数字化智能化转型，实现管理方式和手段的革命性改变；六是强化基础管理，不断提升攀钢迈向高质量发展的基础能力。

六大措施涉及企业变革的重要领域和主要任务，有了措施后，更为重要的是落实与实施。攀钢经过研究，清晰了具体的落实路径。

从完善运营管控体系上，重点加强战略规划研究。突出战略规划的严谨性、引领性和精准性，滚动制定《攀钢 3-5 年滚动发展规划》，保持战略定力和及时修正，全力推进战略落地。

从管控模式上，按照"职能归口、管办分离、流程导向"的原则，构建新型分级管控模式。按照"集团公司实行战略型管控、事业部和子公司实行经营型管控、基层单位实行生产型（或业务型）管控"的总体思路，构建与分级管控相适应的组织架构和职能体系，建立适应新攀钢发展需要的管控体系；优化总部机关管理职能，提高集团机关的战略研究与管控能力；按照"放权、授权、取消"三种方式，明晰各层级企业的责任义务和权利边界，对发展决策、投资管理、经营管理、财务与资金管理、干部人事、劳动用工、薪酬分配、组织机构设置等事项实行差异化授权；完善各级法人治理结构，优化董事会结构及运作机制，保证放权放得下、接得住、行得稳，实现权力放下去、企业活起来、效益升起来的目标；清晰治理主体权责，推进法治体系、法治能力、法治文化一体化建设，着力打造法治攀钢；优化业务审批流程，开展规章制度的"立改废释"，加强信息化建设，全面提升决策效率；转变工作方式，强化服务意识，营造良好的营商环境，不断落实各单位市场主体地位，激发经营活力和创造力。

从产权角度上，向混合所有制迈进，深度转换经营机制。按照《中央企业混合所有制改革操作指引》，秉承合作共赢理念，围绕"引、改、活、提"，大力实施混合所有制改革，着力引入高匹配度、高认同感、高协同性的战略投资者，改革治理体制和经营机制，切实激发企业活力，提高企业效率效益；抓好混改项目推进，实现股权多元、治理多元、制衡有效、优势互补，促进传统产业改造升级和新旧动能转换。

截至2020年底，攀钢共有混合所有制企业18家，占比25%；完成积微物联、眉山冷弯、工科咨询3家企业的混合所有制改革，并同步开展骨干员工持股计划，通过"混资本"促进"转机制"，混改企业经营效益大幅提升，其中积微物联2020年实现营业收入176.50亿元，利润0.81亿元，同比分别增加11.39%、18.51%。眉山冷弯2020年实现营业收入3.57亿元，实现利润777.06万元，分别同比增长14.93.%、47.32%，创建厂14年以来年度最好业绩；工科咨询2020年实现利润602.99万元，同比增加33.20%；收购攀枝花市国钛科技公司51%的股权，新增高钛渣产能6万吨；新设立四川省钒钛新材料科技有限公司、攀枝花达海物流公司等2家混合所有制企业；启动纳米二氧化钛产业化项目组建混合所有制公司，探索通过实施知识产权作价入股和科研团队激励推进科技成果产业化转化。

在管理方法上，强调精细化管理。深入推进"五制配套""精益六西格玛"管理及打造最优工厂（产线）工作，为提高核心竞争能力打牢基础。在人力资源方面，建立人力资源优化滚动机制，优化人力资源激励机制，激活人的创造力，从更深更广的层面激发企业活力；通过制订科学合理的退出机制，构建人员退出通道，确保人力资源优化平稳进行、成本受控；通过推行"操作室集中化""操作岗位自动化、无人化"等智能化建设，为人力资源优化创造条件。

第三次管理变革，是攀钢管理理念和管理行动的升级，更重视提高企业整体竞争实力，努力让攀西资源在攀钢手里能用尽用、高价值利用，让攀钢物的价值得到充分体现，增值创效，让人的创造性得到更有效地发挥，创造更大的价值，得到更多的收益。最为重要的是，第三次管理变革，回答了攀钢应走向何方、成为一个什么样的企业、采取什么样的行动措施等重要问题，将开启攀钢发展的新征程。

以契约化管理，打造攀钢发展的管理力量

攀钢按照"重精准、强激励、硬约束、严考核"原则对各分子公司和事业部实行契约化管理，以"契约化"管理，抓住管理的"牛鼻子"。

通过建立简洁、高效的绩效评价指标体系，把市场经济的"契约"精神以制度的方式内化到企业，用契约化引导各级领导干部做改革发展的推动者和实干家，培养企业家精神，提高管理效率，打造攀钢崛起需要的管理力量。

激发管理者的责任与担当

攀钢按照鞍钢集团契约化管理的部署，抓住"企业的市场主体地位、经营者的市场化身份"这两个关键环节，把市场经济的契约精神，内化到企业管理中。

实施对管理者的考核变革。按照市场化原则，以契约的方式，强化分子公司的市场主体地位，赋予经营管理者组织竞争和参与竞争责任，明确经营目标，将企业目标转化为个人目标和责任；把经营管理者的"帽子""票子"和前途与经营业绩进行挂钩，把经营压力传导给管理者，激发他们的潜能，提升企业管理效率和效益；建立和完善"增人不增资、减人不减资"的分配导向机制，赋予经营管理者更多的分配自主权，形成干部职工共创业绩的格局，保证公司经营目标实现。

通过契约化管理，增加经营管理者的目标高度和完成任务的难度，强化经营者的风险意识，增加他们的风险收益。让经营管理者在高风险、高弹性、高责任、高激励的环境中，以满足用户需求为最高标准，全身心投入到经营管理中去，追求正确决策、积极行动和好业绩，与企业一起成长和收获。

攀钢按照契约化精神运作，为经营管理者修好公路和跑道，助推他们快跑与飞翔；同时，通过契约化管理，对经营管理者进行优胜劣汰，强化管理团队的管理与运作能力，提升契约化管理履行能力；通过建立与结果挂钩、刚性兑现的硬核考核评价机制，把"以产品为核心"与"以用户为核心"相

融合，实现产品成本最低、劳动效率最高、产品质量最好，为攀钢讲好创新与发展故事创造条件，为攀钢无论是在经济上行还是下行时期，都要能立于不败之地奠定基础。

经营管理者在管理中的担当与付出，形成了自上而下的领导力和自下而上的执行力，提高了管理效率和效果，也给职工树起了标杆、带来了信心，给自己树立了管理威信。

搭建契约化管理新体系

契约化管理体系，围绕落实制度化、法治化和效益化目标构建，主要由"两书""三办法"和若干保障制度组成。

"两书"指《年度契约化经营业绩目标责任书》和《聘用合同书》。"三办法"指《年度战略绩效与薪酬评价考核办法》《企业经营者绩效考核及薪酬管理办法》和《企业经营班子成员市场化选聘实施办法》。若干保障制度是指授权体系，业务审批权限，明确企业的市场主体地位；构建职能监控、审计监督、后评价追责"三位一体"的企业运营监管体系；搭建专业支撑、平台服务和监督保障的机关经营管理团队；分类规范法人治理结构等。

通过"两书"和"三办法"把经营管理者的目标、责任及考核制度化、法治化，把经营管理者的责权利统一起来，使契约化管理有章法、考核有办法、利益有得法，以达到契约化管理的目标。

攀钢在执行契约化管理过程中，重视发挥党组织的政治核心作用、党支部的战斗堡垒作用和党员的先锋模范作用，以形成契约化管理的政治优势与落实合力。

在与子企业负责人签订《年度契约化经营业绩目标责任书》和《聘用合同书》，子企业负责人与经营班子其他成员签订《年度经营业绩目标责任书》和《聘用合同书》的同时，集团公司党委与子企业党委签订《年度党建工作目标责任状》。通过各相关主体之间的责任书，层层明确目标和落实责任，以分解指标、落实责任、党政一体化考核的联动机制，实现目标的刚性兑现。

契约化管理，助推攀钢加速发展

攀钢实施契约化管理，把战略目标和经营任务分解落实，以指标方式明确经营管理者责任，做到了细化、量化、精准化，目标直指把该办的事情办好。

通过契约化管理，攀钢的管理更加科学有序，干部职工的责任意识持续增强，加速了企业产业结构调整与产品结构优化的步伐，形成了相对竞争优势；曾经被人们留恋的"铁交椅""铁饭碗""大锅饭"，被"市场化"替代；后勤辅助单位逐渐实现产业化，成了攀钢的相关多元产业和新业态。

契约化管理，也给企业经营管理者带来了更大的职业发展空间，培养了他们的企业家格局和视野，提高了他们承担管理责任的能力，给广大员工带来更好的经济收入，助推攀钢管理和发展迈上新台阶。

打造三大管理平台，强基固本

攀钢加强"五制配套""精益六西格玛管理""打造最优工厂"三大管理平台建设，以提高基础管理水平，提升企业竞争力。

实施五制配套管理，提升一贯到底的执行力

"五制配套"管理制度，最初由宝钢从日本引进。2010年，攀钢学习宝钢的管理经验，引进"五制配套"管理制度；经过"攀钢化"改进与优化，"五制配套"制度已成为基层管理的基本制度。

"五制配套"管理制度，核心是强化基层管理者的责任，让他们从等指令、靠上级、做执行的固化思维中走出来，大胆管理，担当责任，形成由下而上的管理力量，以上下贯通的管理激活企业管理。

"五制"，是指以作业长制为中心、以计划值管理为目标、以设备点检定修制为重点、以标准化作业为准绳、以自主管理为基础的管理制度。"五制配套"是对"五制"配套应用，目的是让最了解基层的人管理基层，构建从下至上的执行体系。

攀钢把生产现场按生产工艺、工序和工作性质划分为作业区，在每个作

业区设立作业长进行管理，用作业长取代原来的车间主任和工段长，强化作业长在基层管理中的地位和责任。

2010年，攀钢以攀钢钒为西昌基地配置人员为契机，在炼钢厂、冷轧厂和能动中心推行"五制配套"。实施中，对二级单位实行"3+2"管理模式，即将二级单位的机关科室缩减为综合室、生产技术室和设备室"3室"，由公司派驻人力资源室和财务室"2室"；在生产区撤销车间制为作业区制，并赋予作业长管理权限。

作业长在作业区内，具有生产作业指挥权、协同作业管理权、组织目标分解监督实施权、对作业区员工岗位续聘权、奖金评定权、作业长岗位培训资格选拔权等；让作业长承担起作业区安保、成本、作业、技术、质量等生产职责，负责管好队伍、班组建设和文明作业等，承担起基层管理的任务。

实施作业长制，使管理重心下移，调动了基层管理者的积极性，很多问题第一时间就能在基层快速解决。

2016年10月的一天，钛业公司的3号氯化炉生产不顺，需要进行底部排盐。按照以往的要求，要层层上报，等待指令，由厂里、车间指派人员处理。

在作业长制下，26岁的作业长刘汉国果断进行处置。刚开始作业时就遇到了困难，5米长的临时钻杆被陷在排盐口，进退不得。刘汉国以自己平时积累的经验，临危不乱，沉着应对。他仔细观察，跟同事商量对策，经过20分钟的努力，问题得以解决，氯化炉很快又恢复到稳定运行的状态。

为保证"五制配套"制度的落实，攀钢把"五制配套"上升到战略高度，进行配套实施。"标准化作业"，要求员工严格按照标准规范操作，并作为现场操作的刚性要求；"设备点检定修"，通过建立点检定修标准，实现定点、定标、定期、定法、定人地对设备进行检查维护，明确设备管理责任，优化设备管理和设备运行效率；"以计划值管理为目标"，从企业整体管理需要出发，统一生产、技术、预算等基准值，实现基层与基础管理的统一性；"以自主管理为基础"，员工围绕生产经营目标，以小组形式参与生产经营课题的创新和技术攻关等工作，强化基层管理的主动性和创造性。

2015年，攀钢在攀钢钒、西昌钢钒、攀长特等单位推广"五制配套"管理；

2017年,建立推行"五制配套"相关制度,对实施"五制配套"提出明确要求,"五制配套"进入全面化、规范化和标准化实施阶段。

攀钢通过"五制配套"管理,下放管理权,使复杂的经营管理问题变得井井有条,提升了基层和基础管理水平,为攀钢强基层、牢基础、生产最优产品,提供了重要保证。

实施精益六西格玛管理,为用户提供精准服务

2014年,攀钢达成了初步控亏目标,攀钢钒、矿业公司等主体企业和83%的非钢产业开始盈利;攀钢不敢松懈,把精益六西格玛管理作为战略性执行工具,首先在普钢领域应用。

"精益六西格玛"是一种以客户需求为导向,基于事实和数据进行决策,关注和重视流程的主动式管理方式。攀钢通过精益六西格玛管理,为用户提供精益求精的产品,提供精准服务。

首先在攀钢钒和西昌钢钒进行管理试点。为确保精益六西格玛管理成功,集团制定了建设"最优产线、最低成本、最佳品牌""做精品钢铁企业"的管理目标。攀钢钒和西昌钢钒建立精益六西格玛管理推进领导小组,在各厂区设立推进组和项目团队,以精益六西格玛模式改变传统的粗放管理模式,提升精准管理水平。

西昌钢钒围绕"打造国内最有效率的精品板材和国际一流的钒制品制造服务型企业"的目标,实施精益六西格玛管理。提出"干部职工晋升、职称评定、获得技术津贴,首先得拿出精益六西格玛业绩"。把实现精益六西格玛管理目标作为干部职工政绩业绩与分配的重要标准,激励干部职工积极主动地参与到精益六西格玛管理。

经过一年的努力,西昌钢钒在11个单位推行的31个"黑带项目"、23个"绿带项目"全部结题,效果明显。2015年,攀钢开始全面推行精益六西格玛管理,按照"着眼长远、统筹规划、分步实施"原则,采取建立自上而下的管理组织机构和严格的考核体系,推进精益六西格玛管理。

把精益六西格玛管理与日常经营相结合,增强了用户对攀钢产品的满意

度。截至 2019 年，攀钢一共实施精益六西格玛管理"黑带项目"498 项、"绿带项目"324 项；有 728 人次参加了中国质量协会的考试，在中国质量协会注册"黑带"44 人，培养精益六西格玛黑带讲师 44 人；西昌钢钒的高炉利用系数、炼铁金属收得率等指标大幅优化，仅 2015 年就实现效益 8185 万元；产品综合满意度也持续上升，产品质量问题投诉量明显降低；攀钢钒先后获得了 TCL "最佳价值贡献合作伙伴"、中国重汽集团成都王牌商用车有限公司"优秀供应商"等用户给予的荣誉。

　　2020 年，西昌钢钒克服新冠疫情影响，牢牢抓住"市场"和"产品"两个核心，坚持需求在哪里，服务就在哪里，把终端用户深加工的痛点作为提供技术增值服务的发力点，与用户结成"命运共同体"，进行联合攻关，推动了双方产品升级、材料优化和成本降低，促进了用户对产品的需求，为产品抢占市场提供了有力支撑。

攀钢在普钢板块引入精益六西格玛管理，狠抓精细化管理、
标准化作业和过程管控，提高用户合同兑现率

攀钢实施精益六西格玛管理，推动企业在满足用户需要的同时，在满足用户需求方面，发生了由内到外的变化。

打造最优工厂，实现最优经营目标

时任攀钢党委书记、董事长段向东在打造最优工厂调研中说："攀钢是一个产业、产品和产线十分复杂的企业，但制造业仍然是攀钢的核心。工厂是攀钢可持续发展的根基，攀钢钒及各生产厂要坚持以技术指标最优、产品质量最优、生产成本最优、工作效率最优及客户服务最优为目标，全面提升工厂管理能力，努力打造最优工厂，为新攀钢建设奠定坚实基础。"

2017年，攀钢结束了连续6年亏损的局面。聚焦新攀钢建设，攀钢把"打造最优工厂（产线）"作为增强产品竞争力的重要措施，从技术和管理的两个角度，从生产效率、产品质量、物料能源消耗、废弃物排放等7个维度，分别设立指标体系，以提升基层制造单元以技术能力和管理能力为核心的基础能力。

为推进"最优工厂（产线）"工作，攀钢成立了"打造最优工厂（产线）"组织机构和推进办公室，统筹"打造最优工厂（产线）"工作。"打造最优工厂（产线）"以二级单位厂长（经理）为第一责任人，采取试点单位先行探索再逐步推进的方式进行。

通过对标管理，明确"最优"目标。将对标对象从过去主要进行技术经济指标对标，上升到进行全系统、全方位对标。在对标主体上，既全面又突出重点，按照"对标、量化、实效"的要求，以国内最优为最终目标，坚持对标行业先进确定标杆值，不是简单以自身历史最优值或设计值来确定。对于短期内确实难以达到标杆值的，可分年度或分阶段设置高于当期考核指标的阶段目标值。

对标聚集四个目标。一是树立做工厂就要做最优工厂的理念；二是建立基层制造单元基础能力持续提升的机制；三是以对标管理方法为基础，形成融合对标管理、"两化融合"、工艺升级、精益六西格玛管理、系统量化降本等手段和措施的工作方法；四是打造一批最优工厂（产线）。

运用对标工作的方法，融合精益六西格玛管理、"五制配套"管理、"两化融合"、工艺升级、系统量化降本等工作方法，在科学界定最优工厂指标体系的基础上，按照"对标定目标、对标找差距、对标定措施、对标抓落实、对标作评价"的基本方法，聚焦关键重点指标。按照指标简单明了、决定因素单一客观、可控制、可调整、可测量的原则，攀钢将影响指标的主要因素指标化，根据需要将一级指标逐级分解至二级、三级或四级指标，指标分解到末端时就是具体的措施内容，从而形成从上到下渐次展开、从下到上逐级支撑的指标树。

依靠最优厂长打造最优工厂。攀钢从管理能力、表率作用、言行举止等多个层面确定"最优厂长"标准，把"最优工厂"指标具体化，以"最优厂长"从整体上"打造最优工厂（产线）"，通过"打造最优工厂（产线）"，提高公司满足用户需求的能力。

攀钢钒作为推行者之一，把对标重点从关键技术指标上升到产品结构、管理理念及管理措施等多个层面。按照"目标导向找差距，问题导向定措施，责任导向抓落实"的要求，建立四个管理机制。一是建立闭环机制，分级管控，一级抓一级；二是建立常态化机制，定时召开推进会、督导会、分析会，查问题、定措施、抓落实；三是建立交流学习机制，及时总结推广好经验、好做法、好典型，共享经验，共同提高；四是建立正向激励机制，对验收评价合格的最优工厂（产线）予以奖励，形成示范效应。

"打造最优工厂（产线）"工作，对标提升效果明显。

评选出最优工厂、产线各1个。攀钢钒轨梁厂是攀钢打造最优工厂的一张名片。轨梁厂从2017年起推行"深化对标管理,打造最优工厂（产线）"工作。经过两年多努力，轨梁厂的有效作业率达到71.98%，百米钢轨小时产量超越历史最好水平；国内铁路钢轨占比、国内出口量占比、百米钢轨成材率、吨钢消耗等指标，均超过标杆值。

2019年，来自中国铁道科学研究院等单位的14位内外部专家，对轨梁厂进行现场评审，按照"过程指标""结果指标"相结合的方式，经过对44个项目的综合评定，最终打出了94.94的高分。中国铁道科学研究院金化所首席研究员周清跃表示：攀钢为推动我国钢轨技术进步做出了特殊贡献，轨梁厂"打造最优工厂（产线）"的做法，在行业内具有借鉴作用。轨梁厂成为攀钢打造最优工厂的典范，不断增加的"最优工厂"，提升了攀钢"颜值"，攀钢以"优美"的方式提高了市场竞争力。

百米钢轨吊运

曾几乎被关停的成都板材也打造出首条"最优产线"。来自中国钢研科技集团有限公司等单位的4名外部专家和研究院等7名内部专家，对成都板材电器用热镀铝锌生产线进行现场评审和会议评审，并打出了92.91的高分。

基层制造单元2020年各项指标进步明显。

2020 年，攀钢钒炼铁厂人均产铁比标杆企业高 159.45 吨 / 人，金属制品高线日作业率同比提高 45.32%。攀长特轧钢厂模具扁钢产线全员劳动生产率增幅为 25.6%；锻轧厂锻造产线精锻机平均机时产量增幅为 17.4%；连轧产线线材产量增幅为 13.9%。西昌钒制品分公司以提高焙浸工序收率为支撑，氧化钒收率逐渐攀升，12 月份提高至 82.06%，当月氧化钒自产产量达到 1600 吨，创历史新高。西昌钢钒板材厂酸轧小时产量、热轧物料消耗、酸轧能源消耗、连退物料能源消耗等 13 项指标已超过标杆值，如酸轧小时产量比标杆企业 280 吨 / 小时高出 11.04 吨 / 小时。

攀钢变革奋斗，经历风雨见彩虹，也用事实证明，三线建设的明珠企业，也能够成为市场竞争的明星。盘点攀钢建设发展历程，如同在时光中穿越，经济效益最有说服力，攀钢人的付出，都得到了美好回报。

小故事　　三项制度改革　积微物联荣耀上榜

积微物联作为攀钢战略性新兴产业，脱胎于攀钢，成长壮大于社会，其线上、线下极致融合的发展模式，为产业链上下游用户提供钢铁、钒钛、化工等大宗商品的智能仓储、高端加工、智慧物流、在线交易、供应链业务、平台技术输出、市场配套等一站式服务和整体解决方案，获得了市场的广泛认可，先后获评"中央企业先进集体"等国家、省、市、行业级荣誉近百项，连续 4 年上榜四川企业 100 强。

按照党中央、国务院深化国有企业改革的决策部署和鞍钢集团"权力放下去、活力提上来、利润提上来"的新要求，攀钢秉承合作共赢理念，坚持宜改则改的原则，综合考虑企业资产质量、债权债务等因素，遴选合适企业实施混改，拟定混改工作计划清单，于 2019 年 9 月启动了积微物联"双百行动"综合改革内容之一——混合所有制改革。

历时一年时间的强力推动，积微物联历经业务调整、资产剥离、增资减资、审计、评估、战略投资者筛选与谈判、员工持股等工作，2020年 9 月成功引进了战略投资者，全面完成混合所有制改革，建立了现代企业制度，优化了法人治理结构，落实了董事会职权，完善了市场化经营机制，并同步推进实施骨干员工持股和职业经理人制度。其实践经验被收录入国务院国资委编撰出版的国资国企改革经验案例丛书——《改革样本：国企改革"双百行动"案例集》。

2021年初，国务院国有企业改革领导小组办公室对"双百企业"三项制度改革情况进行了专项评估。积微物联荣登2020年"双百企业"三项制度改革专项评估A级企业名单，这标志着攀钢三项制度改革取得了阶段性成果，改革成效获得国务院认可。

攀钢经历过建设的火红年代，经历过市场竞争的寒冷冰霜。在近六十年的建设发展中，以变革迎接变化，坚定地把握战略方向，虽经沉浮，又主沉浮，实现了从计划经济体制下的三线企业到适应市场竞争勇者的艰难转型。

攀钢的第三次管理变革，坚持高度的市场化方向，是对经营决策、组织架构、运营模式、资源配置、劳动用工、薪酬分配等经营要素及业务单元进行的系统性、深彻性的变革，将构建与产业发展高度匹配的体制机制，以变革促进企业质量变革、效率变革、动力变革，提高全要素竞争力，为把攀钢打造成为世界一流新材料企业奠定更坚实的基础。

攀钢人

大胆炉长——张邦志

大胆，源于他的积累，起于他的创新，根于他的自信。

心细，是他的习惯，是他的本能。

他不走寻常路，因为他叫张邦志。

在近半个世纪里，攀钢炼铁厂有超过百位的优秀炉长，却鲜有像张邦志这样胆大的炉长。

在一期老高炉上实习的时候，他就常问自己一个问题，我们究竟能用多大的炉子来冶炼钒钛磁铁矿。

一晃，张邦志在高炉上度过了十几个春秋。钢铁熔炉磨砺了张邦志敢为人先、勤于思考的工作作风。他渴望能够在高达 1400 多摄氏度的高炉旁干出一番事业。

张邦志终于等到了施展才华的机会。2009 年的一天，厂里任命他为新 3 号高炉的副炉长。那时，新高炉刚投产没两年，炉况不顺，脾气很大，仿佛一定要考验主人们的耐心。

有时，黏稠如练的铁水，躲在炉内怎么也不肯出来；有时，飞瀑一样的渣铁，大量地倾泻涌出，结果烧穿渣罐，熔化铁轨。更让人头疼的是炉温总是异常波动，忽高忽低毫无规律可循。冶炼失常，让炉前工们感觉又回到了一期时的艰难岁月。

张邦志天天思考着炉子的问题。有一天，他忽然开窍了，新 3 号高炉的容积是老高炉的一倍，能不能尝试新的操作方式呢？当他向同事和厂里提出设想时，许多人担心另辟蹊径，会让炉况更不稳定。

张邦志静静地等待着机会，也精心地做着从理论到实践的准备。时间一天天地过去，有人看着张邦志日渐透亮的额头，开玩笑地说：你不是等到花儿都谢了，而是盼到头发都掉了。

2011 年，厂里终于同意张邦志尝试新式操作法。面对突发的炉温异常，他指挥操控人员按照新上料工序冶炼。一点点地试着进行，果然如预期设想的那样，高炉日趋平稳，炉况很快恢复正常。

由于新方法完全与高钛型钒钛磁铁矿冶金教科书的"道理"背道而驰，引起公司和厂里炼铁专家及工程技术人员的热议，这种大胆的试验是不是过于冒进，有理论依据吗？

创新就要不走寻常路。

在关键的时候，公司和厂领导给予他极大支持，能让炉况更稳定、指标更优化、冶炼成本更低的方法，就是好方法！

有了尚方宝剑，张邦志大张旗鼓地开始进行大高炉冶炼工艺优化，并在实践中不断总结经验，摸索出一套新的冶炼操作法。

当年，新 3 号高炉的各项指标实现历史性突破。张邦志高兴得自掏腰包请大家喝酒，为炼铁厂干杯，为炉前的兄弟们干杯，为自己干杯。

新 3 号高炉的各项生产指标也呈加速度地上升，2014 年，生铁日产量曾连续两个月突破 5000 吨，高炉利用系数达 $2.5t/(m^3 \cdot d)$，创造了大高炉冶炼高钛型钒钛磁铁矿新的里程碑。

2015 年捷报频传，"2000 立方米高炉高效经济冶炼高钛型钒钛磁铁矿技术研究与应用"项目，获得四川省科技进步二等奖，载誉而归的张邦志又有了新的目标。

每天，张邦志都要在中控室待上几个小时，了解着高炉生产工艺状况。一旦遇到炉况出现异常征兆，他都会有序地下达加焦、升压等指令。

在张邦志等人的调教下，这座世界上最大的冶炼高钛型钒钛磁铁矿的高炉，似乎没了脾气，变得越来越听话了……

第五章

旗帜篇

党的领导是攀钢建设和发展的根本保证，攀钢取得的成就和跨越，都离不开党的坚强领导，离不开党支部的战斗堡垒作用和党员的先锋模范作用。

党领导攀钢创造建设发展奇迹，战胜经营困难，推动新攀钢建设取得新成绩；攀钢一定会在党的领导下，在高质量发展中实现更大作为。

艰苦创业担使命，勇立潮头敢作为

攀钢建设的"红色引擎"

攀钢党组织始建于 1965 年 5 月 6 日，时称四〇公司党委，隶属于中共西昌地区委员会。1966 年 4 月，四〇公司迁到攀枝花与冶金工业部第十九冶金建设公司合署办公，组成渡口市第二指挥部。1968 年 4 月，从渡口第二指挥部分出，经四川省革命委员会筹备组批准，成立革委会领导小组，实行负责人制，未建立党委。

1969 年 7 月 21 日，随着攀钢建设的持续推进，生产准备有序开展，经渡口革委会核心领导小组批准，攀钢成立公司革委会核心小组，党组织正式成立，行使党委职责，实行高度集中的"一元化"领导。按照毛泽东主席党委工作要"大权独揽、小权分散、党委决定、各方去办、不离原则、工作检查、党委有责"的 28 字领导原则开展工作。

当时，攀钢共有 759 名党员，公司机关设置党总支，在政工、生产、后勤三大组和下属的 22 个单位分别建立党支部。

攀钢党组织从其成立起，就承担起了保障攀钢建设发展的政治责任。为实现 1970 年"七一"出铁目标，革委会一边大力宣传攀枝花是"毛主席最关心的地方"，"搞好攀枝花建设就是最大的政治"，一边动员共产党员发挥先锋模范作用，在生产建设中发挥优良作风，立足岗位做贡献。

与此同时，攀钢按照党中央的要求，积极开展整党建党工作，建立健全党委工作制度，要求二级单位革委会严格执行民主集中制，并举办路线教育学习班，学习两条路线斗争史和毛泽东思想，加强对党员干部的学习和教育工作。于是，在建设攀钢现场，随时可以见到干部职工拿《毛泽东选集》学习，拿工具劳动的场景。

攀钢党委积极推动"办大庆式企业"

　　1973 年 4 月，中共攀枝花钢铁公司第一次代表大会胜利召开，通过选举成立了中共攀钢委员会。各级党组织和广大党员要继续努力，"攻破生产关"，为攀钢早日达到年产 150 万吨钢的设计能力而奋斗。同年，攀钢开始筹备工会和成立团委，标志着攀钢党群组织逐步建立健全，党的建设开始走上规范化之路。

　　攀钢党委始终把加强党组织的自身建设作为发挥政治核心作用的基础工程，坚持加强党的基层组织建设不放松，确保企业发展到哪里，党的建设就跟进到哪里，党支部的战斗堡垒作用就发挥到哪里，为攀钢发展壮大提供了组织保障，成为攀钢建设发展的"红色引擎"。

生产建设的先锋，创新奋斗的表率

　　汤乃武是攀钢的第一批建设者，他的父亲和姐妹都在美国或中国台湾居住。他多次谢绝姐妹们要他出国定居的好意，从武汉大学矿冶系毕业后，就加入到了钒钛磁铁矿冶炼的攻关队伍。

　　作为"108 将"中的一员，他艰苦攻关，智慧通关，做出了重要贡献。之后，他又被点名参加攀钢生产攻关。

　　1982 年，时任攀钢研究院副院长的汤乃武，常常感到腹部疼痛，吃不下东西。但他忍着剧痛，继续没日没夜地搞试验。同志们把他送往医院检查后发现，他患的胆管细胞腺癌已进入晚期。

　　得知病情后，他恳请医生设法让他再坚持几天，他要做最后的冲刺。第一天，靠着几针葡萄糖液，他硬撑着主持了一个开发攀西资源的学术会议。第二天，他继续忍受极大的痛苦走向讲台，宣读科研报告，可他只讲了 30 分钟，就再也坚持不下去了。第三天，他无论如何也站不起来了，还不时处于昏迷状态。

　　在生命的弥留之际，他断断续续地对看望他的领导说："我们……国家的钢铁……要搞上去。我的生命……已经……献给了党，我还有……许多工作……没有做完……"这是他的最后遗言，他以一名共产党员的坚强意志，谱写了壮丽恢宏的人生。

翻开 1964 年到攀枝花的原攀钢冶建公司职工、共产党员李金银的笔记，能够找到当初创业者的理想，能够看到攀钢共产党员的先锋模范作用。

他这样写道："我出身于穷苦人家，现在参加革命工作，我一定要不怕苦不怕累，完成共产党和毛主席交给我们的任务！"

据他的同事回忆，李金银干活如果落在人后，便"三不舒畅"："工作没有抢在别人前头，心里就不舒畅；干活没有超过别人，心里不舒畅；任务量完成得不好，心里更不舒畅。"

只要"三不舒畅"，哪怕不吃饭、不休息、不睡觉，他也要把工作干好。

凭着对党和国家的无限忠诚，李金银敢闯敢拼，遇到工作和困难总是冲在最前面。"别人两人抬一块石块，他一人挑两块；别人两人抬一根木头，他一人扛一根，而且往返速度比别人快一倍"，他是工地上最忙碌的人之一。

他的努力和成绩，受到表彰，被渡口市委命名为攀枝花"八闯将"之一，美誉为"穿山虎"。

在建设攀钢的现场，有许许多多像汤乃武、李金银这样的优秀共产党员。他们冲锋在前，率先垂范。在共产党员的带动和影响下，建设者战困难、斗酷暑，边勘探、边设计、边施工，闯过一道道建设难关，克服种种生活困难，建设速度大大加快，确保了攀钢按时出铁。

攀钢加强党的领导，有像汤乃武、李金银一样的共产党员当先锋、做表率，创新奋斗，使攀钢建设稳步推进，攀钢生产持续向好，扛起了开发攀西钒钛磁铁矿资源的大旗，取得了骄人业绩。

抓好党建，促进改革发展

党的十一届三中全会以后，改革的东风吹遍神州大地。攀钢贯彻落实党中央的指示精神，党委顺势而为，"围绕生产抓党建，抓好党建促生产"，积极推进党委领导下的经理（厂长）负责制。从 1978 年起，企业内部开始党政分工，车间党支部对生产工作实行保证监督，为党委领导下的经理（或厂长）负责制进一步落实创造了条件。

从 1985 年开始，攀钢党委在部分二级厂矿（单位）试行厂长（经理）负责制，在工作上努力向经理负责制过渡；1986 年 7 月，经冶金部批准，攀钢在我国冶金部直属大型钢铁企业中率先实行了经理负责制。与此相适应，攀钢党委主动从过去的"一元化"领导转变为保证监督。

在实际工作中，一些单位也曾对"厂长负责制"产生争议。厂长茫然，党务工作者也茫然，特别是二级单位的党委领导不知道该怎么做、做什么。

在这种情况下，攀钢党委深入基层调查研究，听取厂长、党委书记、工会主席和职工的意见。在充分调查研究的基础上，攀钢党委召开了规模空前的由党政工领导参加的干部大会，落实如何"把三心变一心"，如何围绕经济建设，围绕生产经营充分发挥企业党委的作用。

会上，厂长们就如何做好生产经营，又做好思想政治工作进行介绍；同时让轨梁厂厂长、党委书记、工会主席"现身说法"，就如何围绕生产、发挥优势、推动生产、创造效益进行讨论。

时任焦化厂党委书记、被称赞为"改革路上的带头人"的李福海，做了一个好榜样。

1985 年 1 月 25 日，攀钢决定把焦化厂作为第一家试行厂长负责制的单位。当时，厂里有少数党务干部想不通，他们说："一切工作由行政干部说了算，政工干部手中无权，地位下降，工人群众的思想工作咋去做？"

李福海在厂里搞"经营承包"试点时，对党政工如何围绕生产经营发挥作用深有体会，积累了经验，他找到党务工作者谈心，讲他的亲身经历和体会。

他说，在新形势下要有新观念，党的中心工作都转移了，为啥我们企业党委工作还转不过弯呢？让厂长放开手脚干，党委集中精力抓好党的建设和思想政治工作，围绕中心开展工作，有啥不好？李福海不断地讲体会、讲认识、讲做法、讲效果，渐渐拨开了同志们心中的迷雾，为实施厂长负责制扫清了思想障碍，也为攀钢实施厂长负责制积累了经验。

李福海在工作中自觉地坚持党委书记对生产经营和行政工作只实行保证监督的原则，对行政事务和厂长工作做到保证而不包办，支持而不干预，参谋而不代替，负责把好路线关、政策关和思想教育关，做好党的组织建设和思想建设，调动党员和职工的积极性和创造性，促进生产经营发展。

攀钢党委积极支持经理（厂长）负责制，维护和确立经理（厂长）的中心地位。在此基础上，党委又对党务系统进行调整，对党务工作人员进行精简，一些厂矿的党委书记和车间党支部书记还实行兼职，逐渐建立起了把党组织的政治优势转化为企业竞争优势的工作制度和工作机制。

20世纪80—90年代，攀钢各单位的党委书记、厂长经理密切配合，同心同德，推动了攀钢生产经营持续发展；基层党支部工作也服从于改革、服务于生产建设，不断进行有益探索，提高工作质量，成效显著。

一个支部一座"堡垒"

党支部是党的基础组织，党支部工作直接关系到党组织的凝聚力、战斗力和创造力。

雷飞鸣是原攀钢电气公司电气工程队党支部书记，他认为支部书记以身作则是建设好党支部的法宝。

他说，支部书记要勤政廉洁，要用人格力量树立权威，要用实际行动做出表率。支部书记不仅要懂党务，还要钻研业务、懂经营、会管理，要避免光耍嘴皮子不作为。同时，要在参与保证监督中胸怀大局，不争谁第一谁第二，工作上不分彼此，相互配合，才能够做好工作。

1994年，雷飞鸣尝试将党支部目标分解到党小组和党员。这年的4月和5月，炼钢厂3号转炉大修、初轧三期改造等工程，都进入到关键时刻，而队里却仅剩他一名领导。他既当指挥员，又当战斗员，身先士卒，带领全队圆满完成了检修任务，实现安全无事故、质量创全优的好成绩。

雷飞鸣的党支部目标分解法，为攀钢党委建立党支部目标管理体系提供了借鉴。在党支部建设中，他始终坚持集体领导与个人分工相结合，注重与班子成员协商通气，班子空前团结，他所在的党支部因此连续两年被攀钢命名为"尖子党支部"。

说起党支部的工作，不得不说傅克恒的故事。20世纪90年代初，炼钢厂转炉车间老工人贾盛海患了肺癌，当该车间党支部书记傅克恒得知给贾盛海治病的配方中缺一味名叫"料浆石"的矿物质时，立即四处打听药石的产地；听说云南省元谋县山区有这种石头,他便两次自费来往300多公里,到山里去寻找。

当时正逢雨季,大雨滂沱,山野路滑,傅克恒一路披荆斩棘,攀缘绝壁,一锤一锤地敲打采集,终于找回了凝聚党对群众一片真情的药石。

望着一身尘土的傅克恒,患者及家属几度哽咽,车间职工眼眶湿润:"党的心中有我们,我们决不辜负党"。转炉车间党支部和全体党员群众拧成了一股绳,1990年在设计能力只有150万吨的转炉里炼出了187万吨钢,还有十几个优质钢种打入国际市场,创下炉龄破1000炉的新纪录。

西部物联铁路物流事业部党支部的战斗堡垒作用,在攀钢脱困转型发展中得到了充分发挥。

2018年,该党支部紧盯保产运输任务目标,引领党员干部学习降成本、提质量、增效益、控风险的工作方法和技能,组织党员干部带头攻关,消除阻碍生产运行的不利因素等,为攀钢降低物流成本1.7亿余元,占攀钢总体物流降本的51.3%。

2019年初,该党支部面对倍增的工作量,持续围绕"运量提上来、费用降下去"的目标,抓住产成品发出和原燃料到达都要依赖铁路运输这一核心

基层党支部党员在签订《党员目标责任书》

要素，确立"精打细算，降低铁路运输成本""党建＋确保湾丘专用铁路保值增值"等共产党员工程，按攀钢铁路运输物资的运量及站点区域，与铁路部门展开沟通洽谈，获取路企合作共赢的最佳路径。

2019 年 7 月 29 日，一场天灾猝然而至。因持续暴雨，成昆铁路边坡塌方，导致成昆线货车运行中断，对攀钢原料进场和产品输出产生严重影响。

关键时刻，这个党支部号召党员带领群众攻克难关。他们紧急协调中国铁路成都局，启动"攀钢原燃料和产品经成渝线迂回运输"应急方案，按轻重缓急组织车辆进厂和产品发出，以最短的时间缓解了攀钢生产经营难题。

2019 年，该党支部通过实施"精打细算，降低铁路运输成本"共产党员工程，降低物流成本超 8000 万元。

攻坚克难挑重担，强根铸魂谱新篇

原成都无缝钢管厂的一名退休老共产党员，曾含着眼泪给厂领导写信："我在这里工作了一辈子，也是受党教育多年的老党员。现在我的儿子也在这里工作，看着后代发不出工资，我心里痛啊！如果厂里需要，我愿意继续为厂里工作，不要工资！"

这就是困难时期攀钢党员的心声，他们不愿意眼睁睁地看着企业垮掉，为了企业发展，他们都会全力以赴！

脱困转型的领导力量

昼夜交替，日新月异。

2015年10月31日，在困境中拼搏了四年的攀钢，迎来了第八次党代会。攀钢党委号召全体党员干部，以党的十八大精神为指导，全面贯彻鞍钢集团首次党代会精神，使尽浑身解数，穷尽一切办法，奋力打赢控亏强基和扭亏转型"两大攻坚战"，为把攀钢建成钒钛资源综合利用的世界级企业而努力奋斗。

2016年1月27日，习近平总书记主持召开中央财经领导小组第十二次会议，研究供给侧结构性改革；2016年10月10日至11日，习近平总书记在全国国有企业党的建设工作会议上指出，坚持党的领导、加强党的建设，是国有企业的光荣传统，是国有企业的"根"和"魂"。

攀钢党委深入学习贯彻习近平新时代中国特色社会主义思想和全国国有企业党的建设工作会议精神，认识新常态，适应新常态，引领新常态，持续压实党建工作主体责任，推动全面从严治党向基层延伸，把党组织的政治优势转化为企业的竞争优势。

2017年3月20日，时任攀钢党委书记、董事长段向东在西昌钢钒调研时，系统阐述了"实现全面从严治党向基层延伸，落实'党建、纪检、生产经营改革发展高度融合，深耕细作'的理念"，明确了党组织要把政治优势转化为企业竞争优势的方向。

轨梁厂党委在工作中提出了"三加两减一加强"工作法。即跨界联创"加"合力，融入中心"加"动力，创新平台"加"活力，组织建设"减"距离，先锋模范"减"瓶颈……让党建工作变成生产力、凝聚力，涌现出了一轧钢作业区等先进党支部，冯江等业绩突出的优秀党员。

轨梁厂党委始终坚持对党建工作新模式的实践与探索。2016年9月26日，他们与成都工务大机段党委启动"联创共建"活动，开创了以"党建搭台、文化联姻、经济唱戏、合作共赢"的新模式。随后，他们又以"五提升"为目标，分别与昆明工务机械段党委和中国铁建重工道岔分公司党委开展"跨界联创共建"活动。

在跨界联创活动中，廖云到成都工务大机段、昆明工务机械段交流学习后，结合用户要求和工作实际，提出了控制钢轨出厂质量的新建议；冷元平到中国铁建重工道岔分公司交流后，提出了优化道岔轨尺寸的新思路……

通过联思想、联文化，互动、互学、互助，借鉴做法，交流经验，轨梁厂的党建工作切实融入中心发挥作用，百米钢轨合格率提升了2个百分点，外发效率显著提升，助推了攀钢重轨品牌建设；2019年8月6日，轨梁厂成为攀钢首个"最优工厂"。

创新党建工作模式，轨梁厂党委并非个例。

近年来，攀钢各级党组织，落实融入中心、进入管理、嵌入治理、发挥作用的总体要求，坚持党建、纪检、生产经营与改革发展"三箭"齐发，注重思想引领，注重压实责任，注重夯实基础，注重高度融合，为新攀钢建设强根固魂，推动生产经营逐步向好，为攀钢2017年走出亏损困境奠定了基础。

求木之长者，必固其根本。

党的十八大以来，攀钢党委坚持党要管党，全面加强党的组织建设，严格贯彻执行新时代党的组织路线，逐级压实党建主体责任，承接鞍钢集团"1+9"制度体系，先后印发《党建工作责任制实施办法》和《党建工作考核评价办法》，制定《党委意识形态工作责任制实施细则》，制定《党员干部网络行为负面清单》，牢牢掌握意识形态工作领导权；2017年，攀钢党委就出台31个制度；制定和下发了任务清单。

以清单式加强管理，是攀钢党委压紧压实党建工作责任，推动全面从严治党向基层延伸的又一举措。

2013年以来，攀钢创建鞍钢级党支部示范基地34个，鞍钢级样板党支部123个，累计建成党员标准化活动室680个，开展公司级以上"共产党员工程"项目635项；206名党委书记抓基层党建项目被列为鞍钢集团级项目，31个基层党委获评鞍钢集团年度先进党委。

攀钢党委深入基层党支部宣讲党的二十大精神

一系列的抓基层打基础的制度、举措的强力跟进，推动了攀钢党建工作精准落地，党委书记抓党建的第一责任人意识更强，基层党组织的凝聚力、战斗力更大，党员做先锋当表率。在鲜红的党旗指引下，各级党组织为攀钢扭亏脱困和新攀钢建设提供了强有力的组织保证和精神动力。

攻坚克难的中坚力量

平时看得出来，关键时冲得出来，危难时豁得出来。

在危难时刻，广大党员干部保持清醒认识和昂扬斗志，是攀钢攻坚克难的中坚力量。设计院设计师、共产党员王江，就是奉献大军的一员。

2000年10月，攀钢正处在"三年解困"的特殊时期，王江咬牙接过了一副沉甸甸的担子——轨梁厂万能轧制技术改造方案总设计师及工艺设计任务。

有人劝他说，连国内著名设计院都不愿参与的项目，你这不是"自讨苦吃"吗？还有人断言说，万能轧制技术在攀钢是空白，无人才无技术，要设计成功就是"天方夜谭"！可王江不信，他坚持要在"寸土寸金"的弄弄坪，盘活设计万能轧机的"死结"。

过度的劳累，给王江的身体带来极大伤害。

一天夜晚，他在设计图纸时摔到地上，妻子把他送到医院。诊断为疝气，王江在昏迷状态中被推进手术室，他醒来后，仍然想着他的设计方案。

手术的第二天，王江就躺不住了。他向医生要求出院，没有得到同意。第一次找，医生不同意，他就接二连三地找；当他第六次找到医生要求出院时，医生被他的执着打动了。

他回家后，顾不上伤口还没有愈合，强忍着疼痛开始忙碌……从开始设计到结束，他只用了不到两个月时间就完成了任务。2000年11月，王江的设计方案提交攀钢董事会审议，获得了一次性通过。

一位领导这样评价王江的方案：投资省，物流更顺畅，原料不倒运，建设几乎不影响生产，完全满足重轨技术改造的要求。

王江从此有了"王轨梁"的美名。

亚洲金融危机后的"三年解困"，2008年"5·12"汶川大地震、"8·30"攀枝花地震灾后重建，全球金融危机雪上加霜，中国钢铁产能严重过剩……

随着一个又一个的危机袭来，钢铁行业生存困难，攀钢也难以独善其身，需要奋力脱困。

党员是党的肌体细胞和党的活动主体，党员队伍拼搏进取的工作热情和创新活力，直接影响职工群众。

2006年，学冶金物理化学的汪超，从东北大学毕业后，来到攀钢钒制品厂。十七年来，汪超"情定钒业"，致力于固废资源技术开发及产业化工作。

他说，能够从事与钒有关的工作，自己很知足。

钒资源利用效果关系到钒产业的可持续发展。2014年，汪超在重庆大学研修时，把提钒废水中钒铬分离技术作为研究题目。

2018年初，攀枝花钒厂启动建设废水污泥综合利用项目，这是一个全新项目。试运行初期，高温反应釜专用温度计因环境恶劣损坏，恢复需要一段时间，为保障项目按期完成，汪超主动持红外测温枪冒着80余度的高温蹲守在反应釜前监测温度；为采集详实工艺参数，汪超每天坚持带头人工添加强氧化剂近2吨。如此高强度的工作，他一干就是一个多月，为项目热负荷试车成功提供了保障。

在平时工作中，汪超常常和钒化工首席工程师李千文一起讨论工艺问题，李千文对这位年轻人赞赏有加："汪超对钒生产工艺理解深刻，遇到问题时有独到的见解，解决措施有力。"

汪超的努力，换来诸多肯定。他荣获了四川省优秀共产党员、鞍钢劳模、攀枝花市优秀共产党员、攀钢标兵等称号。

对于用努力换来的荣誉，汪超倍感珍惜。2014年，在攀钢十分困难的时期，他有机会交流到攀枝花市政府部门工作，但他终难割舍坚守"钒新材料事业"的初心，选择了留在攀钢。

鞍钢的第二次党代会明确了"建设具有全球竞争力的世界一流企业"战略目标，攀钢肩负着高效绿色开发攀西资源的战略使命，正致力于建设国内一流、国际知名的钒钛新材料公司。

汪超不无感慨地说，推动攀钢钒产业高质量发展，责无旁贷。

功夫不负有心人。

2015年以来，汪超多次参加与中国科学院过程工程研究所合作开发的固废资源化项目，主研的"钠化熟料沉钒液复合浸出新技术研究"项目，荣获2017年四川省科技进步三等奖；他发明的"粉状五氧化二钒的生产技术及废水处理技术"专利，在 2018 年第十届国际发明展览会上，荣获"发明创业类项目奖"银奖；他负责和参与完成了多项国家重点研发计划课题和攀西战略资源创新开发项目，发表科技论文 9 篇，申请和授权发明专利 5 项。

汪超用自己的行动彰显了共产党员的担当，在平凡岗位上写下了不平凡的篇章。他聚焦打造特强钒钛的战略目标，勇挑最重的担子，敢啃最硬的骨头，破解难题，默默奉献，让党徽在攻坚克难中熠熠闪光，影响和带动着钒制品厂党员干部勇往直前，奋力争先。

攀钢有很多像王江、汪超一样的共产党员，他们勇挑重担，是攀钢攻坚克难的中坚力量。

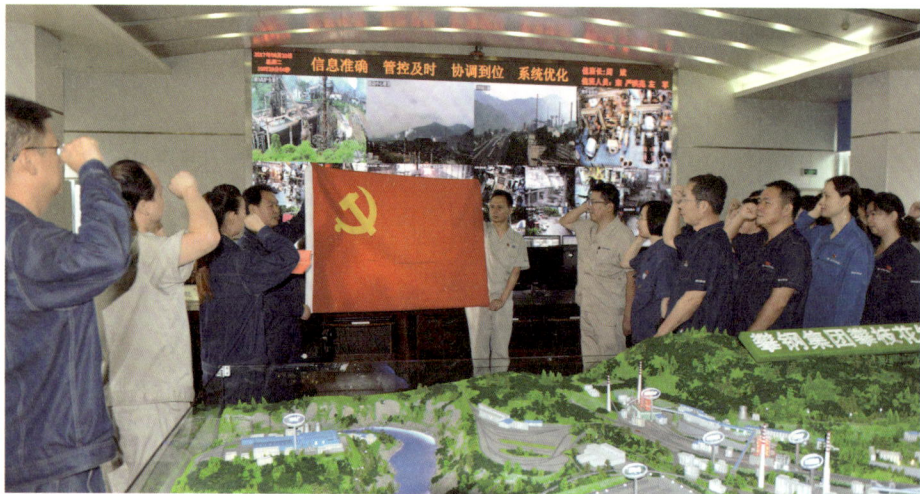

攀钢党员重温入党誓词

创新思想政治工作

1989 年 10 月 11 日，攀钢党委在南山宾馆召开干部大会，贯彻落实党的十三届四中全会精神，决定切实加强党的建设和宣传思想工作。

在学习贯彻党的十三届四中全会精神过程中，攀钢氧气厂党委一班人深深地感到，过去的思想政治工作，普遍存在"热在上层、冷在中层、荒在班组"的问题，处于"书记做报告，班组读读报，职工说说笑"的现象。

氧气厂党委为改变思想政治工作中存在的问题，1989 年 12 月，在全厂建立了宣传教育网、党群干部联系点、党员责任区和思想生活互助组，形成了网、点、区、组四位一体的思想政治工作网络。当年，全厂建立了54个思想生活互助组，对365名党员、工人无遗漏地进行访谈。

党委书记徐贵臣先后与31名科级干部和6名工程技术人员谈心、交流思想。他在与一位科级干部谈心后，这个同志说："我参加工作38年了，党委书记找我谈心，你是第一个啊！"

在思想上尊重，决策上参与，工作上依靠，生活上关心，行动上影响，使氧气厂的思想政治工作可亲、可信、有效，干部职工的思想稳定，党群、干群关系越来越融洽，干群的心在交流中逐渐地联系在了一起，职工的积极性空前高涨，氧气厂当年的五项经济指标，一直保持在特级企业水平。1990年，该厂成为攀枝花市在全省进行经验交流的三个单位之一。

观念决定行动，理论指导实践。在企业经营困难的时刻，更需要思想政治工作提供精神动力。如何提升党组织的工作能力，促进企业转型发展，攀钢各级党组织进行了探索和创新实践。

20世纪90年代初，炼钢厂党委创新了"情、理、形、细、实"五字工作法。以"情"创造思想政治工作氛围，以"理"抢占思想政治工作前沿，以"形"塑造思想政治工作形象，以"细"开拓思想政治工作深度，以"实"追求思想政治工作效果。

2004年10月，炼钢厂党委思想政治工作"五字法"引起攀枝花市委和四川省社会科学院的关注，并以此为课题，展开了系列调研和探讨，有关专家认为，"五字法"在"情"字上见了广度，在"理"字上见了高度，在"形"字上见了新度，在"细"字上见了深度，在"实"字上见了力度。

炼钢厂党委的"五字工作法"有力地促进了各项工作上台阶。该厂1号板坯连铸机工艺技术荣获国家科技进步一等奖，钢铁料消耗等十一项经济技术指标居国内领先水平；还培育出全国炉长大赛冠军汪先平、中央企业青年岗位能手刘关洪等优秀职工。

在企业经营发展的特殊时期，攀钢围绕应对危机、扭亏为盈、推动发展、深化改革等中心开展思想政治工作，为企业走出困境提供了思想保证和精神动力。据统计，1996 年以来，攀钢思想政治工作成果多达上百例，炼钢厂"五字法"被列为攀钢思想政治工作的百例之首。

攀钢以强有力的党建和思想政治工作，凝聚人心，鼓舞士气，汇聚力量，为建设发展提供了重要保证。攀钢的党建和思想政治工作也成为全国学习的榜样，连续多次荣获"全国先进基层党组织""优秀思想政治工作企业""全国文明单位"等荣誉称号。

在持续深化的实践建功活动中，攀钢各级党组织结合打造最优工厂（产线）、管理提升年、重大科研攻关等任务，在全体党员中深入开展"戴党徽、亮身份、树形象、作贡献"活动，参与党员达 35000 人次，完成急难险重任务 650 件，义务献工 27600 个，提合理化建议 46332 条，实施"共产党员工程"项目多创效益 8000 万元。

小故事　　　　　　　**朱舜的"三板斧"**

朱舜在鸿舰公司赫赫有名。究其缘由，还要从他的智能制造创新工作室说起。

四川鸿舰智能制造创新工作室，成立于 2018 年 5 月。智能制造创新工作室负责人就是朱舜，他在建设工作室过程中，被人传颂着著名的"三板斧"。

第一板斧，建立团队，培养人才。智能制造是一个新型的生产工艺，需要有技术过硬的团队，朱舜通过自学掌握了数控加工工艺、编程技术及工业机器人编程技术，能熟练编写鸿舰公司各类数控车、铣、镗、线切割、火焰切割机床及六轴机器人程序，并能熟练操作这类设备。同时，他培养了数十名数控机床及工业机器人操作者，这些人如今都是工作室的骨干，能熟悉操作这些机器设备。

第二板斧，制定工作目标。创新工作室宗旨：聚焦"一条主线"，激发"三个动力"，构筑"三大事业"，实施"六项工程"。突出"简、精、快、稳"，坚持"学习、创新、变现、速度、稳健、激情"，积微速成、深彻变革；为攀钢高质量发展服务。

第三板斧，让智能制造成为节约成本领头雁。记得在钢球斜轧生产线安装调试过程中，刚开始联系了厂家，可厂家借口生产这类产品磨损大，轧辊的吨单价要价达到 10 万元。

"不行，不能让企业花这么多钱，我们智能制造就是要为节约成本服务"，朱舜斩钉截铁地说。

否决了高昂的外委加工厂，就要在自己的机床上打主意。朱舜那段时间，整天围着机床转悠、琢磨，经过反复查看、仔细琢磨，朱舜信心满满地说："用普通数控车应该可以加工出来。"

通过深入研究轧辊孔型后，他编写出普通数控机床斜轧轧辊加工程序，在 2 轴的数控车床上加工出了合格孔型的斜轧轧辊，将轧辊成本降低了一半以上。

在短短的时间里，朱舜带领的团队，就在智能制造方面取得了骄人的业绩。他们的多项产品申请了国家专利，他本人也因为出色的工作，2019 年 6 月分别荣获了攀枝花市、鞍钢集团、攀钢集团"优秀共产党员"称号。

以上率下强队伍，党旗飘扬奏华章

1985 年 8 月 12 日，《人民日报》刊发了《攀钢党委围绕生产和改革加强党风建设》的文章，高度赞扬攀钢党建工作。

"攀钢几年来发生的显著变化表明，要搞好一个企业，抓住党风建设这个根本，至关重要。攀钢'腾飞'的事实充分说明了这一点。"这是 1985 年，中纪委要求全国企业学习攀钢《端正党风是搞好企业的根本》经验时写下的按语。

党的十一届三中全会以后，改革的东风吹遍神州大地。攀钢贯彻落实党中央的指示精神，党委顺势而为，"围绕生产抓党建，抓好党建促生产"，下大力气抓领导班子党风廉政建设，用良好的党风保证和促进生产与改革。

端正党风，党委带头做表率。攀钢投产二十多年的时候，有 30 多位公司领导先后离退、升职或调出攀钢。在他们当中，有德高望重的老红军、老八路，有的到国家部委担任领导职务，有的被选送到省厅局担任要职，攀钢对这些离开领导班子的同志，坚持一杯清茶、一个座谈会道别，一张照片留下他们在攀枝花艰苦创业、并肩战斗的纪念，一片肺腑之言相互激励，送别这些功臣。

攀钢的这个老规矩，一直传承下来。

持之以恒抓教育

群众看党员，党员看干部；战略与目标确定后，干部就是决定因素。

攀钢党委自觉地用党的最新理论和创新成果武装头脑、指导实践、统一行动。2013 年 6 月至 2014 年 10 月，攀钢党委以作风建设为切入点，在全体党员中深入开展了党的群众路线教育实践活动；2015 年 4 月至 2016 年 2 月，开展了"三严三实"专题教育;2016年2月以来,在全体党员中开展"两学一做"学习教育,推进学习教育常态化制度化;2019年6月至2020年1月,开展了"不忘初心、牢记使命"主题教育,把不忘初心、牢记使命作为加强党的建设的永恒课题和全体党员干部的终身课题;2021年3月,启动了党史学习教育活动;2023年,开展了学习贯彻习近平新时代中国特色社会主义思想主题教育。

通过教育,攀钢的干部和广大党员切实增强"四个意识"、坚定"四个自信"、做到"两个维护",责任意识和担当作用凸显。

攀长特公司经历过长期亏损的困局。攀钢党委在调研中发现,个别党员干部在转型升级中,迷失自我,忘记初心,缺乏"责任在我"的勇气。他们对工作缺乏探索创新精神,缺乏打破砂锅问到底的毅力,缺乏不解决问题誓不罢休的担当。

2017年11月,攀长特公司党委在管理大会上,公布了"长特干部的十五种陋习"。党委直接通报干部陋习,不回避、不遮掩,在各级干部中引起巨大反响,他们随后结合岗位深刻反思。在开展大讨论的同时,党委在党员干部中,开展了轰轰烈烈的综合素养能力提升实践活动。

经过一年多的实践活动,攀长特公司的干部职工精神状态明显改善,企业经营管理水平明显提高。2018年,攀长特公司的利润由负转正,2020年实现了主营业务盈利,这是攀长特公司难得一见的成绩,也是攀长特公司党委抓干部这一"关键少数",与领导干部签订"军令状",持续提升干部执行力后交出的一份靓丽答卷。

2011年7月成立的西昌钢钒公司,持续亏损,职工队伍思想波动大,士气低落,人才流失率高,生产经营十分被动。

该公司党委把实现扭亏脱困谋发展作为党建工作的实践工程,积极探索干部培养选拔的新机制、新方法,坚持干部"在基层成长、从基层提拔、到基层锻炼"的培养思路,以"锻造卓越人才"等方式,打造"卓越党建"品牌,将人力资源优势转化为企业发展的"源泉"。

2017年以来,西昌钢钒公司党委公开招聘副处级以上干部占新提拔干部的36.4%。2018年,该公司与投产时相比,硕士研究生增长了62%,高级职称增长了 57%，高级技师增长了 230%，217 人通过了精益六西格玛黑带考试，为企业转型脱困提供了人才支撑。

西昌钢钒公司还做到了 50% 以上的干部都有 3 个以上岗位的锻炼经历，40% 以上的干部有到行业先进企业挂职培训经历，70% 的一线党员有两个以上岗位任职资格，党员 100% 参与到"共产党员工程"中去，命名的先进操作法 90% 以上由党员提出，成功创建鞍钢党支部工作示范基地 5 个，样板党支部 8 个，27% 的党支部进入鞍钢先进党支部行列。党组织坚强有力，党员干部担当作为，促进了企业扭亏脱困，2018 年，西昌钢钒提前 3 个月完成契约化经营目标。近年来，西昌钢钒在绿色低碳、智能化和品牌化发展方面成绩喜人，已经成为钢铁行业中的领先企业。

攀长特、西昌钢钒党委的创新工作模式，是攀钢党委加强干部队伍作风建设的具体实践，既有代表性又具普遍性。

攀钢党委还按照新时代好干部标准和国企管理者的要求，全面推进领导人员任期制和契约化管理，全面落实党管人才的原则，专题研究选人用人、年轻干部培养和选拔任用工作，把德才能兼具的优秀人才选拔到领导岗位，成为以上率下的奋斗表率，成为新攀钢建设的领导力量。

风清气正好扬帆

面对攀钢发展取得的新成绩，攀成钢一位党员干部感慨地说："如果没有好的作风，就没有党和企业的好形象，就没有政治上的好生态，就什么事都办不好、办不成。"

近几年来，攀成钢经历了企业冶炼机组关停和钢管产线停产，人员分流安置改革等"阵痛"。

两次大的改革，打破了干部职工熟悉的工作、生活环境。2015 年以来，攀成钢党委在企业转型、改革发展中加强党的建设，在关停钢铁生产线，平稳协商分流人员 11000 余名，进行资产处置、打造积微智慧产业园工作中，发挥了重要作用。

在改革中，攀成钢党委全力支持纪委监督执纪问责，以亮剑精神惩治干

攀钢召开党风廉政建设和反腐败工作暨第九届纪委二次全委（扩大）会，
推动全面从严治党向纵深发展

部不作为、乱作为、慢作为，以及懒政、不按制度流程办事等行为，通过对
资产处置、工程建设、经营管理、业务流程和专项经费使用等的专项检查，
对管理人员和职工履职不到位，责任心不够，造成损失和负面影响的，进行
严肃追责。

严管与厚爱结合，激励与约束并重。2018年，攀成钢党委制定下发了《加
强干部作风建设实施意见（试行）》，按季度对干部在全面从严治党、落实重
点工作、规范权力运行、密切联系群众、积极履职尽责等五个方面进行测评。

在短短的9个月时间里，攀成钢党委下发考核通报17次；调整科级干部
22人，其中提职1人、降职2人、免职6人、交流调整13人；交流调整处级
干部4人，免职1人。

攀成钢的党员干部一级做给一级看，一级带着一级干，引领企业圆满完
成各项任务，企业经受住了考验。党员队伍进一步锤炼了党性，干部队伍提
升了驾驭复杂问题的能力，党员干部队伍作风与形象发生新变化，带领转型
后的企业快速发展，成为了攀钢新的增长极，为打造世界级钒钛钢铁新材料
基地做出了重要贡献。

作风建设没有休止符，这些只是攀钢党委全面加强党风廉政建设的片段。

近年来，攀钢党委不断创新监督模式，深化廉洁风险防控，反复告诫党员干部，干事不认真没有出路，夸夸其谈没有出路，没有担当没有出路，没有执行力没有出路，没有业绩没有出路。

攀钢党委正确运用监督执纪的"四种形态"，强化不敢腐的震慑，扎牢不能腐的笼子，增强不想腐的自觉，坚决查处违规违纪行为，"老虎"露头就打，"苍蝇"乱飞就拍，确保反腐倡廉工作力度不减、节奏不变、尺度不松。

近年来，攀钢在党风廉政建设中，对407人进行了批评教育、提醒谈话或诫勉谈话；对197人给予了纪律轻处分或组织调整；对46人给予了纪律重处分或重大职务调整；移送司法处理16人，收缴或挽回损失人民币1330.67万元、美元67.3万元，在攀钢形成了不敢违规违纪的氛围，监督执纪问责震慑效果初显，各单位守纪律、讲规矩的自我约束意识明显增强，为攀钢生产经营持续向好营造了风清气正的良好政治生态。

凝聚人心汇聚力量

"有困难找青松书记。"

这是在攀钢矿业公司选矿厂磁选作业区党员、职工中流传的一句话。点滴言语，传递着职工的真实感受。

"为党员职工服好务，让他们安心、专心、省心地工作，这是我的职责。"磁选作业区党总支书记年青松，善于和党员职工交朋友，善于倾听、化解职工的情绪和矛盾。

她在工作中，运用"摸排、分析、倾听""六字思想政治工作法"，全面摸排职工对作业区工作和管理的看法，掌握每名职工的性格、脾气、身体和家庭状况等，从中分析和找到职工潜在的需求点、矛盾点和解决问题的关键点，调动职工全力做好工作，完成任务。

该作业区一名女职工，对矿浆矿粉有过敏症状，老公和儿子患病行动不便，工作、生活困难。2016年，该职工的过敏症更加严重，加之她是家里的顶梁柱，工作的苦恼、生活的重担，压得她喘不过气来。

年青松得知情况后，主动找到她聊天、谈心，关心她的生活，帮她调换工作岗位，还和她结成帮扶对子，帮助她解决生活困难。

在她和大家的鼓励、帮助下，这名职工少了生活烦恼，放下了工作压力，笑容又回到了她的脸庞。

选矿厂是一个五十多年的老厂，年青松自2013年担任选矿厂磁选作业区党支部书记以来，针对作业区人力结构不合理、磁选作业区设备老化、来矿难磨难选生产压力大、作业环境无法实现大规模技改等问题，以"党建+服务生产经营"为平台，找准党支部工作与生产融合的切入点，创造性地开展党支部工作。

她在党员中实施兼学工种奖励制度，兼学一门每月奖励120元，兼学两门每月奖励150元，引导党员"精一门、会两门、学三门"。目前，作业区的65名党员，全部参与到了兼学活动中，党员李晓波还夺得过攀钢第七届职工技术运动会钳工复合焊工技术状元。

2018年，她实施党员科技登高招标制，党员自由组合投标，确定了"利用大网目筛板自流减少二段循环负荷"等23个攻关项目和"力争球磨机作业率95.3%，实现增效290万元"等3个"共产党员工程"项目，全年创效960.24万元。

2019年，年青松带领全体党员梳理党员攻关项目，制定年度党员攻关重点难点项目清单，确立了10项党员攻关项目，并对重大攻关工程项目实施党支部书记承包制，她承包了"磁选作业区集中值守改造"和"降低尾矿磁选铁含量"两个重难项目。

她在岗位人员配置上创新，推进区域性工种整合，生产岗位实现了上下工序兼学、左右岗位互助，有效地释放了职工潜能，确保了磁选作业区契约化指标的完成。2019年，作业区铁精矿产量、球磨机作业率等，均创历史最高水平。

年青松是攀钢党组织做职工群众贴心人的先进代表，党组织在凝聚人心、汇聚力量推动建设、战胜困难等方面做出了重要贡献。

2017年，年青松凭着卓越的工作业绩，被鞍钢集团党委授予"优秀党支部书记标兵"称号，2019年，她又被国务院国资委党委授予中央企业优秀党务工作者称号。

近年来，攀钢党委坚持党要管党、从严治党的方针，以政治建设为统领，把党组织嵌入公司治理结构，严肃党内政治生活，强力推动党建工作向基层延伸，确保党建工作在基层落地生根，成为促进企业发展的重要力量。

近六十年来，从莽莽群山到现代化的百里钢城，从严格按国家计划生产到参与市场竞争，攀钢的每一次转型升级、攻坚克难的胜利，都离不开各级党组织的政治核心作用和战斗堡垒作用，都离不开共产党员的艰苦奋斗和先锋模范作用。

攀钢第九次党代会在新攀钢建设的关键时期召开，提出了加强和改进党的建设"六个强化""六个提升"。即，持续强化党的政治建设，进一步提升思想引领力；持续强化党的组织建设，进一步提升党的组织力；持续强化干部队伍建设，进一步提升干部战斗力；持续强化人才队伍建设，进一步提升人才创造力；持续强化宣传文化建设，进一步提升企业凝聚力；持续强化党风廉政建设，进一步提升纪律约束力。号召全体党员和干部职工，更加紧密地团结在以习近平同志为核心的党中央周围，在鞍钢集团党委的坚强领导下，坚持以新攀钢建设为统领，牢记初心使命，深彻变革创新，艰苦奋斗、勇攀高峰，聚焦攀西资源综合利用，为打造世界一流新材料企业而努力奋斗。

面对新目标和新征程，攀钢全体党员干部将立足新发展阶段，贯彻新发展理念，在构建新发展格局的新征程中，以新攀钢建设的宏伟蓝图为行动纲领，以昂扬的斗志和旺盛的精神，跟党走、做旗帜、当表率，在新攀钢建设中发挥新的更大作用，做出新的更大贡献。

攀钢人

劳模传人——黄明安

出身于劳模之家,这是他的荣誉,
深深地扎根于基层,时时不忘革新与创造,体现着攀钢工人的忠诚与智慧,
每一个白天与黑夜,
记录着攀钢人的奉献与拼搏,也让他的人生精彩纷呈。

阳光明媚的周末，黄明安夫妻带着一对双胞胎外孙女，在炳草岗竹湖园嬉戏游玩，看着活泼可爱的孩子，夫妻俩露出幸福的笑容。

她们是老黄家的第四代。

1969 年，黄明安的父亲黄德山孤身前往渡口，成为攀钢的第一代开拓者；1973 年，为一家团聚并照顾黄德山的生活，妻子马凤娥带着黄明安和弟弟举家来到攀枝花。

马凤娥刚到攀钢工作时，负责石料制取工作。她每天早出晚归，天天抡锤砸石，身上经常青一块紫一块。可是她很知足，常念叨组织上照顾全家团聚，要好好工作。

黄德山是单位的钳工班班长，生产骨干，经常加班加点检修保生产，有时碰到故障抢修，整晚都回不了家。

后来，马凤娥成为攀钢生活公司的一名炊事员，在厂区食堂上班。不论刮风下雨，还是周末假日，马凤娥总是一如既往地准时来到食堂，完成早餐制作任务。

为了让大伙吃到可口的早餐，她总是早上 2 点钟就轻手轻脚地走出家门，来到厂区食堂，揉面、做馒头、烙馅饼和包包子。最多的时候，她一天要手工揉近 200 斤的面。她的用心换来职工的肯定，她做的面点十分畅销，每天都供不应求。

不知有多少个大年初一，马凤娥都在食堂忙碌着。

黄明安曾经透露一个小秘密，她母亲因为经常上早班，练出了一种特殊本领，闲下来时，无论靠在什么东西上，都能立即睡着。

笃行敬业、无私奉献的马凤娥，影响着身边的职工，成为全攀钢职工的学习榜样。1984 年，马凤娥被评为四川省"劳动模范"，并在 1986 年荣获全国"五一"劳动奖章。黄德山也不甘落后，被评为攀枝花市"先进生产工作者"。

青少年时期的黄明安，从父母身上看到了攀钢人的创业精神。父母也总教育黄明安兄弟俩："做人不求轰轰烈烈，但求问心无愧，咱老黄家的人就要讲个实在。"父母不爱张扬、生活俭朴，对待朋友热络和气、真诚相交，对待工作一丝不苟、精益求精。

子承父业，黄明安参加工作了，也是一名钳工。

黄明安不光肯学上进，还爱琢磨。班里有一位老师傅，曾对大家说，这小伙子将来一定有出息，这个班早晚都要靠他来挑大梁。

好苗子，千万不能荒废了。厂里给黄明安搭建了成长平台，安排他去学习和进修，提升他的专业理论水平和技能；他勤学苦干，进步很快，黄明安被安排担任钳工班班长。

初轧厂和轨梁厂合并后，黄明安来到万能轧钢作业区预装班。型材和钢轨是攀钢的拳头产品，要想轧好材，离不开好设备，预装班的工作十分重要，直接关系到产品的质量与合格率。

黄明安设计制作的以"立辊拆除架""立辊装配专用架""立辊轴承拆卸压具"为代表的十多项专用工具，使轴承拆卸、装配速度、质量和安全生产得到极大提高。最让黄明安引以为豪的是"万能生产线轴承拆除装置"的研制成功，这项他付出众多心血的机具，有效延长了进口轴承的使用周期，摘取攀钢集团公司职工合理化建议"金点子"奖，并于2010年获得国家实用新型专利。

工作期间，黄明安负责实施公司和厂级技术革新及重大合理化建议项目30余项，创造了可观的经济效益。

黄明安突出的工作表现，为他带来各种荣誉。他是连续多年的攀钢英杰，荣获包括全国劳动模范在内的荣誉。那个在北京人民大会堂披挂到身的"全国技术能手"绶带，他至今保存在家里。能成为国家级工匠，是对他几十年努力的肯定，也是对攀钢职工队伍的褒奖。

强将手下无弱兵，他所带的班组"牛气冲天"，先后获得"全国机械冶金建材系统先进班组""中央企业先进集体"等殊荣。

黄明安工作一辈子，都践行着"当工人就一定要当好工人，当班长就一定要当好班长"的职业操守。

他在工作中，践行"做实在人、干实在事"的家训，也常向女儿灌输父辈的思想。女儿毕业后也回到攀钢工作，作为"攀三代"，身在"劳模之家"

的她传承了前辈们勇于奉献，执着担当的职业精神。

半个世纪的风雨历程,续写了一个劳模之家的钢铁情怀。它是"艰苦奋斗，勇攀高峰"的攀钢企业精神在职工群体中的典型体现，是"献了青春献终身，献了终身献子孙"无私无悔的攀钢版本。

第六章

文化篇

诞生于三线建设的攀钢文化，魅力无限，是攀钢建设发展的精神动力。

攀钢的文化基因和精神特质，创新传承，发扬光大，内化为思想和行动，成为激活攀钢高质量发展的原动力，激励攀钢人完成新使命、建设新攀钢。

第一次文化创新，
提炼有攀钢品格的企业精神

建设者从五湖四海来到攀枝花，面对崇山峻岭和一片荒芜，以不负国家使命的家国情怀，以"泰山在前而不见，疾雷破柱而不惊"的壮志豪情，艰苦奋斗建成攀钢，创造了巨大的物质财富，更孕育和形成了攀钢文化。

攀钢文化独特的孕育环境

攀钢文化源于特殊的政治经济环境、艰苦的建设环境和特殊的人文渊源，有着独特的源起。

特别的建设背景

我国稀有金属冶金及材料专家、中国稀有金属工业创始人之一李东英院士，对建设攀钢有着生动评价。他说，如果把三线建设比作一条龙，建设攀钢就是"画龙点睛"。

建设攀钢的"点睛"之笔是这样挥就的。

第一，建设始于国家战略，党中央在事关国家安危的背景下决策建设攀钢，攀钢是三线建设的重中之重；第二，建设遵循我国自己设计、自己制造设备、自己施工的原则，攀钢是完全依靠中国人民自己的力量建设起来的，没有可借鉴的经验和外力支援，挑战多、难度大，攀钢是科技创新、自立自强的成功典范；第三，建设强调战略意义和战备需要，较少考虑对市场要素的配置；第四，每一位建设者都身担重任，有着强烈的国家意识、大局意识

一代人用双肩扛起象牙微雕钢城

和责任意识，爱国情怀和奉献精神为建设攀钢提供了强大精神动力。

在复杂的国际政治形势和艰苦条件下建成攀钢，体现了中国共产党的领导伟力，体现了社会主义制度的优越性，体现了中国人民的大无畏精神和智慧。

承受多大的使命，就要面对多大的压力，承受多大的艰难，就要付出多大的努力。建设者在国家民族的危难之际，以强烈的使命感和责任感，响应号召，不计较个人得失，甚至不惜付出生命，表现出强烈的爱国主义精神。伟大的三线建设是攀钢文化孕育的丰厚土壤。

艰苦的建设环境

站在历史的高度，打开历史长卷，方能认识建设攀钢的艰苦卓绝，更能切身体会建设者承受的痛苦和压力。

从地理位置看，攀枝花地处西南川滇交界的金沙江畔，西濒横断山脉，东临四川盆地，北连青藏高原，南抵金沙江谷，地处偏僻。

攀枝花属于干热河谷型亚热带气候，四季不分明；日照充足、阳光辐射强，干季多风，蒸发量大，雨季高度集中，洪水与泥石流多发；夏季长达半年左右，几乎无冬季；气候干燥炎热，年蒸发量为年降水量的 3 倍以上，年平均湿度只有 55%，月平均最低湿度仅 36%；年平均气温为 21.1℃，最高气温达 41℃，自然环境恶劣。

诸葛亮将攀枝花地区称为"不毛"之地，十分荒凉。

原炼钢厂厂长李志来攀钢之前，曾是鞍钢一炼钢厂生产计划科科长。到达攀枝花后，他要面对艰苦的建设环境，还因恶劣的自然环境，承受了失去亲人的痛苦。

一天，攀枝花下大雨引发了泥石流。泥石流卷走了他家的席棚子，也卷走了他可爱的儿子。当时，李志正在厂里指挥生产，不能回家，而他家的席棚子离炼钢厂只有不足十多分钟的步行路程。

1984 年，炼钢厂的炉龄一直在 500 炉左右，严重制约攀钢生产。李志带领干部职工全身心投入炉龄攻关。1993 年，攀钢炉龄突破 1061 炉，单炉最高炉龄达到 1327 炉，一下子将 150 万吨的设计产能提高到 233 万吨，并掌握了160 多个钢种的冶炼方法。

李志回顾这段经历时说："个人的事再大也是小事，建设攀钢的事再小也是大事"。建设者在物资匮乏、自然环境恶劣的情况下，心怀对祖国、对人民、对社会主义的无比忠诚，以早日建成攀钢的信念，以多吃一些苦，多遭一些罪，多受一些累，弥补物质基础和建设条件不足，义无反顾地投入到建设中去。

没有从天而降的英雄，只有在平凡事业中默默付出的建设者。

建设者面对艰苦的建设条件，因陋就简，乐观进取，将就着过生活，却坚持着对工程建设的高质量、严要求；以豁出去的精神干工作，克服困难，每一个人都有着奋斗的故事，因此有着奋斗多彩的人生。

攀钢文化是对"幸福都是奋斗出来的"生动诠释。

独有的建设方法

为加快建设攀钢，党和国家建立了由国务院直接部署落实战略决策，周恩来总理直接领导的特殊体制，保证攀钢建设能够顺利进行。

共和国采取全国大协作、各行各业大协作、军民大协作的方式，建设攀钢。随着党中央的一声号令，各路建设者一起出征，汇聚攀枝花。建设攀钢，至少有六支会战队伍、六个主战场。

第一是勘查、设计队伍，他们来自全国多个勘查、设计单位，完成了地质勘探、资源调查、厂区选择以及工厂设计等工作；第二是建设队伍，他们在异常艰苦的生活条件、异常恶劣的自然环境、异常困难的工作条件下，克服困难，建设攀钢；第三是科技攻关队伍，他们由国内 14 个有关钢铁企业、

席棚里面绘蓝图

大专院校和科研单位的一大批工程技术人员组成，在李公达、蔡博、周传典等冶金专家的率领下，进行研究和试验，突破了普通高炉冶炼高钛型钒钛磁铁矿的工艺技术难点，闯出了中国钢铁工业发展的新路；第四是攀枝花市的生产与城市配套队伍，他们白手起家，从零开始，建起了能够撑起一座钢城运转的服务系统；第五是攀钢生产准备与经营管理队伍，他们来自四面八方，是攀钢生产经营的支撑力量；第六是以成昆铁路建设为代表的建设者、协作者、支持者……全国大协作保证了建设攀钢取得重大胜利。

建设攀钢采用边设计、边施工、边攻关、边构建支撑体系的"多边"协同机制。设计队伍深入现场设计，建设队伍分兵实施，攻关队伍积极推进，城市支撑系统成建制迁进等，各项工作联动协同，争分夺秒，集中力量办大事。

攀钢文化如同攀枝花的钒钛磁铁矿是共生矿、伴生矿一样，伴随着建设攀钢与攀钢发展孕育诞生、传承发展。

独特的文化基因

重要的建设使命、特殊的建设背景、独特的建设方法，孕育了攀钢文化的强大基因。

胸怀祖国的责任基因

攀钢建设者和攀钢人，面临艰苦的自然环境和建设条件，发挥"干打垒"

和"南泥湾"精神，不惧艰苦、不怕劳累，哪里需要哪里去，指到哪儿打到哪，形成了艰苦创业、无私奉献的责任基因。

这种基因，可以用"献了青春献终身、献了终身献子孙"的"三线三献"概括。

提及那段峥嵘岁月，时任攀钢董事长赵忠玉，这位1968年就到达攀枝花的老人，依然豪情满怀。

作为建设大军的一员，他修过干打垒，住过席棚子，喝过泥浆水，对那段时光记忆深刻。他说："在没有城市依托、不通铁路、气候恶劣、物资奇缺的条件下建设一个钢铁厂，难到难以表达。'三块石头架口锅，帐篷搭在山窝窝；天作罗帐地是床，野菜盐巴下干粮'，就是那时的真实写照！"

他和建设者们，怀着为国争光、让祖国放心的赤诚之心，"为了建好攀枝花，再苦再累也不怕"。

生活艰苦没有难倒建设者，条件险阻没有吓倒建设者。在全国的支援下，建设者在荒无人烟的地方，建起了一座举世瞩目的钢铁企业，体现了攀钢人的使命与担当，也造就了攀钢人"大局胸怀和担当"的责任基因。

艰苦创业的奋斗基因

建成攀钢的目标，感召数十万建设者，焕发斗志，迎难而上。丁爱谱当年来到攀枝花，被分配到炼钢厂。

她的第一份工作是托儿所保育员。炼钢厂的托儿所，距离厂区不远，只有两间破席棚子，遮不住风沙，也挡不住雨。刮风时灰尘俱下，下雨时孩子们被淋得全身湿透。但无论有多难，她都坚守岗位，照顾好孩子，让一线的家长放心工作。

攀钢一期建设场景

丁爱谱的第二份工作是烧锅炉。她说："这个锅炉特别大，烧一次要两个多小时，有时候拉不到煤的时候，我就到一百多米远的火车站堆煤的地方往山上挑，一挑就是几十担，那个时候年轻也有劲。"

丁爱谱说起当年在攀枝花市的事儿，如数家珍。她就是这样在攀钢干了一辈子，在炼钢厂干了一辈子。

攀钢日报的一名记者，曾在丁爱谱退休后去采访她，探寻她作为建设者和劳模的内心世界。当他接触到退休在家的丁爱谱，了解她仍然关心攀钢发展，把业余时间奉献给左邻右舍，仍然不曾停下来的时候，他感慨道："攀钢人的奋斗精神已经融入了血液"：她在岗位是劳模，退休后仍然是劳模。

1998 年 4 月 13 日，美国的一家钒公司来中国推销钒氮合金，在攀钢研究院的学术报告厅。当时，攀钢希望引进美国的生产技术或进行技术合作，但遭到对方拒绝。

他们的理由充满挑战："你们要开发出来了，我们买你们的。"又说："20年来，德国、苏联都声称他们掌握了钒氮合金的生产技术，且提交了性质相同的样品，但是 20 年过去了，仍然没有生产出来成品！生产样品容易，要大批量生产就困难了。"

美国专家的高傲态度，刺痛了孙朝晖的心。他暗下决心，"我们自己干，都是脖子上顶一脑袋，我就不相信我们干不出来。"

时任攀钢研究院院长的周家琮充分认识到钒氮合金的开发难度和市场前景。美国专家走后，他立即与顾汉新副院长商定：加快研发！

攀钢依靠不懈努力，独创了钒氮合金生产技术。2006 年 1 月 9 日，在北京人民大会堂召开的全国科技大会暨 2005 年度国家科技奖励大会上，攀钢钒氮合金产业化项目获得国家技术发明二等奖。

这项拥有自主知识产权的世界一流技术，打破了美国钒企业对钒氮合金市场的垄断，攀钢文化中不服输的奋斗基因，再次创造了世界奇迹。

拼搏超越的创新基因

攀枝花钒钛资源丰富，从突破冶炼难关到出铁、炼钢、提钒，再到选钛、生产高钛渣等钛原料，生产钒钛钢系列产品，都离不开科技进步和持续攻关。

"108 将"坚持科技创新攻克普通高炉冶炼高钛型钒钛磁铁矿技术，获得国家技术发明一等奖，是建设攀钢和近六十年来攀钢发展的基石，由此造就了攀钢"科技创新，求变引领"的基因。

国家集中力量，基本解决了高钛型钒钛磁铁矿能否冶炼的问题，攀钢依靠创新攻关，解决了出好铁、炼好钢和综合利用等问题。

在攀钢建设发展史中，尘封着这样一段鲜为人知的历史。

炼钢厂吹炼的第一炉钢水，因设备原因没有过关而需要回炉再炼。在之后的一段时间里，事故频繁出现，防不胜防。

转炉风机的轴承按照设计可运转 8000 小时，实际上只能运转 60 小时，严重时运转时间只有几十分钟；转炉的氧枪胶管持续爆炸，有时连续换两个，都被炸坏；350 吨钢锭脱模吊车的主卷电机整流器线圈经常烧坏，大钳子油缸胶管和活塞胶圈漏油严重，成为"油老虎"，着火、烧坏吊车线路等事故频繁发生。

攀钢被迫进行全系统的科技攻关。

这项从完善设备到完善工艺流程的攻关工作，从冶炼和炼钢的源头开始，时间之长、内容之多、参加单位之广，同样全国罕见。

攀钢永远争第一

可以毫不夸张地说，每一个攀钢人，在不同岗位的攀钢人，都以不同的方式参与了攀钢达产达效攻关工作；攀钢系列和持续的攻关，是"108将"创新精神的延续发展，一直伴随着攀钢成长，形成了攀钢文化的拼搏超越基因，并发挥了越来越大的作用。

<table>
<tr><td>小故事</td><td>"对不起……"</td></tr>
</table>

1989年，攀钢二期工程中最大的建设项目，4号高炉建成投产。但高炉利用系数 $1.7t/(m^3 \cdot d)$ 都不能达到。于是，一场声势浩大的"打1.7"攻关战拉开了序幕。

这一战一打就是3年，却未能取得实质性的进展。时任炼铁厂厂长的孙希文"不信邪"，带头进行"攀钢高炉适宜鼓风动能研究"的项目攻关。在试验中，他逐步加大鼓风动能，炉况日渐稳定，渣铁流畅，为攀钢高炉实施强化冶炼迈出了关键的一步。

1999年，国际高炉炼铁学术交流会在欧洲举行，代表攀钢参加交流会的孙希文自豪地介绍了攀钢在高钛型钒钛磁铁矿高炉冶炼技术方面取得的新进展。

当他谈到攀钢用47%左右的铁矿石入炉品位，高炉利用系数突破 $2.2t/(m^3 \cdot d)$ 时，西方专家纷纷竖起大拇指，并希望他详细介绍攻克过程。孙希文却抱歉地说："对不起，这是攀钢也是中国的技术秘密，我不能在这里公开。"一句"对不起"，是骄傲，是自豪，也是向走过的艰辛致以崇高的敬意。

同舟共济的协作基因

1966年4月，郭沫若副委员长视察攀钢，并参加建设"干打垒"劳动。他有感而发，为攀钢建设作《水调歌头》两首。其中，他作诗盛赞建设攀钢的"五湖四海"与"四面八方"：

渡口英雄自八方

万千军号出战场，

渡口英雄自八方。

女尽金花男闯将，

要教熊虎并投降。

"渡口英雄自八方"是攀钢文化的特殊人文渊源。

攀钢的建设者来自五湖四海，都是各行各业的"好人好马"。攀钢有一个"一家跨五省"的特殊家庭。吴国庆是安徽人，他 1969 年从鞍钢到攀枝花参加建设，在他的家庭里，妻子是山东人，大女婿是四川人，二女婿是辽宁人，三女婿是湖南人。他家的女婿们，大多来自第一代建设者的家庭，并一直工作和生活在攀枝花。

与吴国庆一样，数万名有着不同地域背景、文化程度、人生经历、操着不同方言、穿着不同工作服的人们，来到攀枝花，共同完成建设攀钢的任务。他们团结协作，以强烈的协作意识，产生了强大的协同力量，构建了攀钢同舟共济的协作基因。

敢为人先的变革基因

建设攀钢，没有可以借鉴的经验，"敢为人先"的事例比比皆是。

"特区"的管理体制在重大工程项目建设中十分罕见；建设中因陋就简，建无定法，前无古人；冶炼高钛型钒钛磁铁矿，无论是生产组织和技术攻关等，皆为首创与创新；从建设转生产，从"包建"到"接管"，从半军事化管理到企业化运营，从计划经济到市场经济，变化不断，要求攀钢人从思想到行动、从管理模式到发展方式，都要主动适应，变革适应。

这种来时需开山辟路，前行要克难攻坚的建设发展之路，形成了攀钢文化的变革基因。

建设攀钢是中国钢铁工业的骄傲，是世界冶金建设史上的奇迹。建设者和攀钢人坚持国家利益高于一切，以到祖国最需要的地方去和奉献为荣，艰苦奋斗，拼搏攻关，创新超越，建成了伟大工程，诞生了攀钢文化的责任基因、奋斗基因、创新基因、协作基因、变革基因，为攀钢建设发展提供了宝贵的精神财富和巨大的精神力量。

攀钢企业精神的提炼

攀钢文化独特的源起和基因，孕育培养了独特的企业精神。随着时代变迁，攀钢文化从自发走向自觉、自强、自信，攀钢企业精神经历了几度提炼。

文化自觉。20 世纪 80 年代初期，攀钢生产经营逐渐走上正轨，启动了二期工程建设，从"钢坯公司"向"钢材公司"转变。在这个时期，攀钢拥有了"用世界的眼光从高处和远处打量自己"的眼界和胸怀，也形成了文化自觉。

1986 年，攀钢经过调查研究、广泛征求职工群众意见后认为，在攀钢建设发展过程中，"艰苦奋斗"是最响亮的口号，体现攀钢人的精神面貌，"勇攀高峰"是最大的特征，体现攀钢人的不懈追求，并提出了以"艰苦奋斗，勇攀高峰"为核心，内涵为"不畏艰难的创业精神，尊重科学的求实精神，团结奋斗的协作精神，勇于创新的开拓精神"的企业精神，命名为"攀登精神"。

1990 年 6 月 14 日，攀钢将"攀登精神"更名，攀钢企业精神作为攀钢人的价值理念正式提了出来。

文化自强。攀钢在适应市场竞争、克服困难谋发展的同时升华企业精神。

2002 年，党的十六大召开，中国跨入发展新纪元。为更好地支撑和引领企业发展，攀钢把这一年定为"文化年"，对企业文化进行重新审视和深度思考，推动企业文化自我认识和完善。这一年，攀钢提出要把人作为企业的第一战略资源来经营，要把文化作为企业的核心竞争力来打造，企业管理要以人为本，要以文化人促进职工全面发展和企业持续进步。

随着"文化年"活动的深入开展，攀钢也将企业精神的核心内涵的表述，由"艰苦奋斗，勇攀高峰"变更为"艰苦奋斗，永攀高峰"；将内涵确定为"艰苦奋斗，求实创新，诚信团结，永攀高峰"四个方面。

攀钢企业精神从"勇攀高峰"到"永攀高峰"，突出了攀钢在市场经济形势下，永不满足现状、不断挑战自我、不断攀登新高峰的价值追求。

攀钢通过开展发展观、创新观、生存观、动力观、团队观"五观"大讨论，转变干部职工的思想观念；通过构建安全、质量、创新、廉洁等子文化，将企业文化建设与企业经营管理紧密结合，促进企业价值观和行为规范的形成，提升企业经营管理水平，提高企业知名度和美誉度。

攀钢以"大力弘扬'艰苦奋斗，永攀高峰'的企业精神"为主线的企业文化建设工作，受到中央精神文明建设指导委员会的充分肯定。2005 年 12 月 21 日，攀钢被中央文明委授予新中国成立以来首批"全国文明单位"称号。

小故事　　　　　　　　　　**总经理改厂歌**

"我们是英雄的攀钢人，脊梁托起新钢城，阔步走进新时代，生命铸就钒钛魂……"

这首创作于 2002 年的《英雄攀钢》，歌词大气磅礴，音乐高亢有力，唱出了攀钢人的气魄，诠释了攀钢的企业精神。词来源于攀钢职工，是集体创作的结晶。

"这个歌词我们是反复修改多次，多次征集广大职工意见，最终成为至今在攀钢职工中传唱的经典之作。"

时任攀钢集团公司党委宣传部部长、企业文化部部长，现任国家钒钛产业联盟秘书长，四川省人民政府参事室特约研究员，四川省钒钛钢铁产业协会党支部书记、高级顾问张邦绪如是说。

"那在创作中是不是有很多精彩的小故事呀？"

"当然，小故事可多了，比如歌词中钢花照眼新，其中'照眼新'三个字就是我们集团时任总经理罗泽中亲自修改的"。"记得当日，我拿着《英雄攀钢》歌词初稿，来到罗总办公室，请他审定。他看了以后，对歌词总体提出了表扬，称写出了攀钢人的豪迈气概，写出了攀钢企业精神的内涵。"张邦绪回忆着。

"后来，他又反复地看歌词，觉得当时写的'钢花耀眼明'中的'耀眼明'三个字有些普通、直白、没有意境。他在办公室里走着方步，突然停住了，对我说，张部长，把'耀眼明'改成'照眼新'是不是更加的贴切，更富有诗意呢？"

"对呀，'照眼新'好，我一拍巴掌，铁流映霞红，钢花照眼新，飞溅的钢花照亮了令人耳目一新且日新月异高速发展的攀钢美景，同时，还预示了攀钢充满希望和光明未来"，张邦绪说到此处略显激动。

是啊，英雄的攀钢人孕育了英雄的攀钢，卓越的精神造就了卓越的辉煌。

高唱《英雄攀钢》，就是要在新时代和新攀钢建设中，艰苦奋斗，永攀高峰。既不畏艰难，执着创业，又锐意改革，开拓创新，用文化来提高攀钢核心竞争力，用文化来提高攀钢生存品质。

文化自信。历史总是在变与不变中奔涌向前，攀钢文化跟随历史脚步，历久弥新。

2015 年，我国经济进入到新常态时期。攀钢既要面对深化内部改革、转型发展、社会包袱重、固定费用高于行业平均水平等"内忧"，又要面对钢铁产能严重过剩、市场持续低迷、竞争激烈、资源环境约束日益突出等"外患"，经营一度陷入困境。

为破解困局，攀钢以保命经营为基础，全力打好扭亏增效攻坚战。攀钢企业精神的内涵也伴随社会经济发展和企业经营形势变化，丰富和延伸，攀钢的文化自信不断增强。

攀钢把"心怀感恩，奋力拼争，永不服输，与时俱进，关爱互助"等元素注入企业精神，坚定干部职工万众一心、众志成城，拼命降费用、铁血降成本，不断坚定打赢扭亏脱困、转型发展攻坚战的决心，并在 2016 年提出了新攀钢建设的目标。

新攀钢建设在企业困难时启程，注定要面对更多困难，解决更多的问题，需要有不服输、不言败的意志和勇气，更需要有文化自信。

从建设发展历程中进行文化寻源。在寻源中，攀钢深入学习习近平总书记的系列重要讲话精神，尤其是认真领会总书记常讲的"三句话"对文化寻源的指导和启迪意义。

"不忘初心"。对于攀钢来说，"不忘初心"就是不要忘记来时的路，不要忘记党和国家为什么要建攀钢，不要忘记党和国家对攀钢的关怀，不要忘记鞍钢集团对攀钢的坚定支持，不要忘记与攀钢风雨同舟的广大职工，从践行国家战略和鞍钢发展战略的高度，思考攀钢的发展和未来。

"文化自信"。习近平总书记在道路自信、理论自信、制度自信基础上增加了"文化自信"，强调更基础更广泛更深厚的自信。攀钢认为，攀钢出现过的阶段性迷茫和迷失，首先是文化的迷茫和迷失，没有文化可怕，丢失文化更可怕，讲文化自信，进行文化重塑和回归，对攀钢具有重大意义。

"幸福都是奋斗出来的"。没有奋斗的幸福是一种不踏实的幸福，不经过奋斗而获得的幸福是一种不靠谱的幸福，真正幸福的唯一条件是奋斗，就是撸起袖子加油干，用自己的双手创造幸福。用"幸福都是奋斗出来的"来诠释攀钢企业精神的"艰苦奋斗"也恰如其分，这也说明攀钢企业精神具有鲜明的时代特征，具有顽强的生命力。

经过文化寻源和深入讨论，攀钢把对企业精神的描述从"永远"的"永"改回到"勇气"的"勇"。"勇攀高峰"的"勇气"很重要，"勇气"可以造就一切，造就奇迹。同时，勇敢的"勇"和艰苦奋斗有着严密的逻辑关系，艰苦奋斗攀高峰需要勇气，需要攻坚克难，这既是逻辑的内在演绎，又是攀钢发展历史的真实写照。攀钢坚持文化传承，创造了多个世界和中国第一，就是"勇攀高峰"的文化体现。

一字之变，体现的是攀钢高度的文化自信，体现的是攀钢面前无险阻、勇攀高峰浴火重生的决心与信心。

攀钢企业精神从"艰苦奋斗，勇攀高峰"的表述到"艰苦奋斗，永攀高峰"，又回到"艰苦奋斗，勇攀高峰"，既是对攀钢建设发展的全面总结与诠释，也是攀钢人对企业精神的更深认识。

　　攀钢在文化寻源过程中，提出了三个"不可动摇"："艰苦奋斗，勇攀高峰"是攀钢重要的文化基因，是靠着汗水，甚至流血，靠勇敢、靠艰苦、靠奋斗凝结而成的，是建成攀钢的根本依靠和动力，所以要坚定不移不可动摇；是靠党员干部带头冲在前，靠半军事化管理，靠令行禁止的铁军精神体现出来的，所以要坚定不移不可动摇；"艰苦奋斗，勇攀高峰"与时代精神高度契合，与习近平新时代中国特色社会主义思想和党的二十大精神，与习近平总书记对四川工作系列重要指示精神中对国有企业的要求，与坚持科技、管理、经营、创新、振兴实体经济以及鞍钢的"三个推动"要求高度契合，所以要坚定不移，不可动摇。

　　时光里的攀钢，犹如立根乱崖中的岩竹，东西南北风中，咬定青山不放松，千磨万击还坚劲，摇曳生姿，节节攀高。

　　这就是从三线建设中走来的攀钢，一个有着光荣传统和伟大精神的企业，面对艰难再攀高峰的企业。

小故事　　　　　　**流淌在血脉中的担当**

　　2008 年 8 月 30 日，攀枝花市民正享受着秋日周末的惬意阳光时，一场突如其来的地震发生了。

　　下午 4 点 30 分左右，位于攀枝花仁和区和会理交接处发生里氏 6.1 级地震。顷刻之间，金沙江两岸地动山摇，巨大的响声从公路和楼宇间滚过。

　　因电力中断，攀钢新钢钒、矿业公司等单位生产受到影响。地震之后，单位的人员和生产情况如何？新钢钒各厂矿的管理人员几乎是奔跑着赶到生产现场，立即启动地震应急预案，组织抗震救灾，确保生产秩序稳定。

　　灾情就是命令，新钢钒煤化工厂拥有众多的易燃易爆储罐储槽，是攀枝花市重点危化品管控企业。厂生技室、设备室和作业区第一时间对危化品生产、储运系统进行逐一排查，不漏掉任何蛛丝马迹，确保设备状况良好。

夜深了，弄弄坪度过一个特殊的不眠之夜。

从炼铁厂的原料堆场，到冷轧厂的成品库房；从动力厂的电缆桥架，到运输部的运输隧道，闪动着千万盏灯火，广大干部职工都忘我地奋战在排查险情、恢复生产的各条战线上。

8月31日十二点半，新钢钒轨梁厂厂房内的照明刷地亮了起来，经检查确认后生产所需的动力电源送到各区域。

2008年，攀钢克服重重困难，凭借其毅力和韧性，咬定青山不放松，鼎力前行担重任，实现营业收入522.64亿元。这是攀钢营业收入首次跨越500亿元大关，攀钢也因此成为四川首家营业收入突破500亿元的企业。

第二次文化创新，
提升企业竞争的软实力

外化于形

从 1991 年起，攀钢通过系列活动，让企业精神外化于形，转化为干部职工的行动。

开展"四大讲"活动。一是大讲党中央、国务院对攀钢建设的重视和关怀，强化干部职工的使命感和荣誉感；二是大讲攀枝花得天独厚的资源优势，坚定干部职工推动企业发展的信心；三是大讲攀钢的艰苦创业史，鼓舞干部职工再奋斗；四是大讲攀钢的发展前景，激励和引导干部职工为企业发展做贡献。

通过"四大讲"，干部职工知晓了攀钢文化和企业精神的历史脉络，让干部职工坚定对攀钢发展的信心，更加关注企业的未来；传播和推广企业精神，让干部职工把企业精神与个人行动结合起来，规范自身行为，塑造新一代攀钢人形象。同时，攀钢确定了"遵纪守章，行为端庄，实干进取，献身攀钢"的攀钢人形象内涵，制定了"攀钢职工行为规范"，让干部职工对照要求，争做优秀攀钢人。

以培育"四有"新人为宗旨，开展"塑造攀钢人形象"活动。通过报纸、电视、座谈讨论、宣传鼓动、典型引路等形式，提高干部职工对"塑造攀钢人形象"活动意义和重要性认识，让他们明确攀钢人的形象要求，自觉地投身到活动中去，以期达到"神"与"形"的有机统一，培养塑造新一代职工队伍形象。

　　在全员"塑形"过程中，攀钢规范和细化了对领导干部、知识分子和工人等的形象表述。领导干部要"胸怀全局，尽职尽责，务实进取，公正廉洁"；知识分子要"严谨治学，勇于实践，团结协作，服务生产"；工人要"爱岗爱厂，勤奋好学，诚实劳动，团结向上"。

　　在这三个群体形象中，攀钢特别强调领导干部要带头塑造形象，做"塑形"活动的表率。经过三年努力，"塑造攀钢人形象"工程，利用领导干部的言传身教，文化媒体的熏陶感染，先进人物的模范实践，以及"爱岗敬业、争创一流"主题活动开展等，达到了"神"与"形"的有机统一。

　　在"塑形"活动中，涌现出一批代表人物。他们是"忠于职守、爱岗敬业的炼钢工"汪先平，"扎根高炉、实干巧干的'铁人'"马景强，"刻苦钻研、执着创效的技术员"沈世荣，"情系技改、专攻难关的金刚钻"孙善武，"呕心沥血、教书育人的优秀教师"陈宗敏，"倾注爱心、献身幼教的好园丁"李秀荣，"身先士卒、严抓善管的好班长"黄明安，"排忧解难、便民服务的热心人"程茂迁。

　　他们是新时期的"攀钢英杰"。集中体现了攀钢人"不畏艰难、默默耕耘"的创业精神，"尊重科学、勤于钻研"的求实精神，"严于律己、团结奋

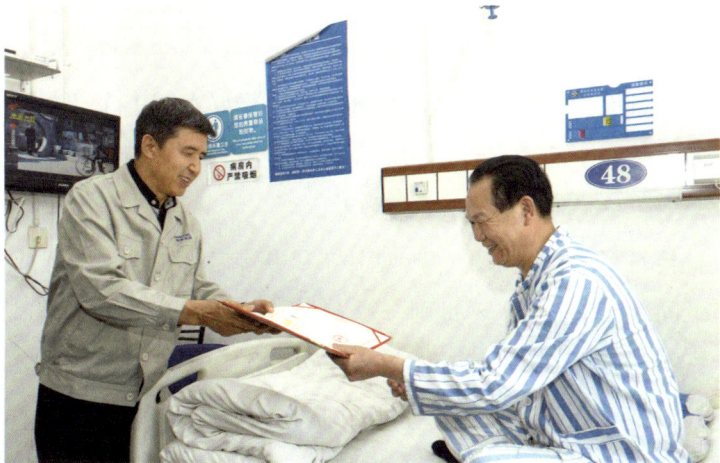

攀钢广泛组织开展以全国劳模、道德模范、最美人物、身边好人等为代表的形式多样、内容丰富的选树宣传活动，推出了一大批先进典型和模范人物，有力弘扬了社会正气、引领了道德风尚。图为攀钢党委授予邹明果"见义勇为先进个人"称号

斗"的协作精神，"锐意改革、勇于开拓"的创新精神，"胸怀集体、心想他人"的奉献精神。他们乐于奉献的精神境界与对人生价值的升华，构成了攀钢人"在牺牲和奉献中追求完美人生意义"的鲜明特质；诚实做人的品格和克己奉公准则之间的水乳交融，构成了"心中想集体、克己为他人"的攀钢人人格写照。

这些来自攀钢各条战线的时代精英，谱写着攀钢建设发展的赞歌。他们作为企业精神的人格化代表和共生英雄，激励攀钢人奋斗攀登，成为攀钢人的榜样。

他们的形象，让攀钢生动；他们的行动，让攀钢坚定，融入到了攀钢人奋斗创新的记忆，成为攀钢人的代表和榜样。

具化于品

文化从实践中来，更需要在实践中落地生根。攀钢把企业文化建设的重点，放在落地与实践，把文化建设成果转化为职工的思维自觉和行为自觉。

攀钢人认为，爱国爱企业不是一句空话，是实实在在的行动；立足岗位做贡献，用心出力，给国家创造效益就是最好的爱国。

1994 年，攀钢开展了"爱岗敬业、争创一流"岗位实践活动。"爱创"就是要珍惜、热爱自己的岗位，做到干一行、爱一行、钻一行、精一行；以敬业精神提升基础能力、专业能力、综合能力，干好本职工作，在岗位上建功立业；不断增强职工的爱岗意识和敬业精神，引导职工练就一流技术，提供一流服务，生产一流产品，创造一流效益。

经过宣传教育、持续讨论、典型引导和事实启迪，攀钢职工从整体上树立了"上下同欲推车上坡，不进则车毁人亡""品牌是战胜经济衰退的最强有力武器""造天人合一环境，走可持续发展道路""整合全球资源，建立现代化钢铁钒钛基地""创新重在创造市场，贵在创造有价值的订单""用户持续满意是攀钢生存和发展的基础"等新观念，力促职工在工作岗位埋头苦干，追求工作精益求精，实现平凡岗位与非凡业绩之间的完美统一，让攀钢文化结出效益之果。

　　　　　　　　她母亲般地呵护产品

2008年4月15日的早晨，在选钛厂微矿摇选班的摇床旁，女工梁爱清弯着腰，全神贯注低头用嘴轻吹摇床上的矿，仿佛一位母亲在呵护自己襁褓中的婴儿一般⋯⋯

"为什么要用嘴吹呢，看看不就行了？"站在旁边的人问道，"只有这么紧贴液面'吹'，才能吹开脉石和铁精矿，更好地看出钛精矿的品位啊。"她微笑着答道。

梁爱清1994年参加工作以来，在选钛厂辗转干了不少岗位，从钳工、焊工到摇选岗位。

摇选岗位流程中的脉石、泥沙、小石头很多，操作中最重要的就是责任心。每天接班后，她都"雷打不动"地把所有摇床台面仔细检查一遍，调节好水量大小，查看每一个传动箱螺丝，在嘈杂的机器运转声中倾听摇床有无异响，观察轴承是否缺油⋯⋯就像照顾自己的孩子般耐心细致。

"不做完这些事，心里就不踏实。"她说。班长高同友说起她来，也是赞不绝口："在她负责的岗位，连传动箱盖板都擦得干干净净！"熟悉梁爱清的同事们都知道，她工作起来"不知疲倦"。一次，摇床分矿器被小石头堵住了，梁爱清没有犹豫，一挽袖子就伸手到箱底疏通。矿箱内矿浆没到她肩膀，立刻湿了半边工作服，矿浆溅满她一脸⋯⋯

"这么干不累啊？"有人这样问她。

"累啊，但是我干得有劲头！我在选钛这么多年，看着我们厂一步步发展，就拿我们摇选来说，以前因为选别的是尾矿，现场环境不好，产品质量还不高。现在公司和厂里很关心我们，彻底治理了现场环境，修了休息室，摇选变得干净了，我们班还月月超产，受到了厂里的嘉奖呢！"梁爱清答道。

作为摇选班唯一的女党员，她不仅这样说，还与职工一起这样干。

2009年，她和她所在小组的同事们连续3个月获得产品质量评比第一的好成绩。她还被推荐评上了"选钛厂首席操作工"。

改革开放重塑攀钢文化

20世纪末，"一切向钱看"等思潮冲击干部职工的思想观念和行为选择。攀钢坚持与时俱进，丰富文化内涵，增强文化的生命力。

建设与时俱进的文化体系。攀钢通过开展形势任务教育和讨论，培育适应市场经济需要的新思想、新观念。在形势任务教育和大讨论中，攀钢从建设规划、组织机构、机制建设等方面完善文化体系，提炼形成了七大文化理念。

七大文化理念包括，"艰苦奋斗，求实创新，诚信团结，永攀高峰"的企业精神；"以人为本，人企合一，严字当头，一丝不苟"的管理理念；"让顾客满意，让职工满意，让社会满意"的经营理念；"遵纪守章，行为端庄，实干进取，献身攀钢"的攀钢人形象理念；"爱岗敬业，争创一流"的攀钢职工职业道德理念；"有限、相关、多元、持续"的攀钢发展战略；"建设现代化钢铁钒钛基地"的攀钢发展目标。

七大文化理念确立了攀钢的价值理念，构建了独具特色的文化体系，标志攀钢文化建设步入新阶段；七大文化理念成为攀钢职工的重要行动指南，成为攀钢企业文化外化于行的有效载体和攀钢建设发展的重要精神力量。

小故事　　　　　"大王巡山"

周日下午4点，烈日当空，一名女职工匆匆走出物贸公司大楼，打上出租车，赶往南山工业园区了解生产厂家备件生产进度。

她是鞍钢集团劳动模范、物贸公司设备事业部经理肖文敏。

2019年3月底，为了及时保障金属制品公司轧机技改项目设备按时到货，肖文敏和该公司首席工程师张颖刚一起，到中冶赛迪位于重庆江津德感的一家装备公司催货。到了之后，发现该公司轧机设备制作非常缓慢。

"张首席因单位有事先回去了，我一个人催货，压力山大。"肖文敏说，"我学的是电气专业，如何把好机械设备质量关，心里很忐忑。"

　　肖文敏除了用网上学来的知识，对轧机制作把关外，她天天到这家装备制造公司督查。时间久了，就被该公司工作人员戏称为"大王巡山"。

　　4月的江津德感白天黑夜雨兮兮的，尤其是晚上，肖文敏深一脚浅一脚去"盯梢"……

　　她的敬业精神，感动了工作人员，他们抢进度保质量，终于如期交货。"下回催货我要买一打袜子。"因为天天往返于宾馆和厂房，短短的二十天，肖文敏的袜子竟然磨烂了5双。

重在落地

　　2003年，是攀钢文化与生产经营融合的重要一年。攀钢本着文化要与企业生产经营高度融合、要"落地"的原则，开展了安全文化、质量文化、营销文化、廉洁文化等子文化建设，构建了企业文化行为体系。

　　建设质量文化。攀钢深入开展"质量信得过班组"创建、"质量文化月"、质量理念的宣传教育和质量文化论坛等活动，编发了《攀钢典型质量案例汇编》等，以活动为载体，以典型为引领，以考核为约束，使"质量是企业的生命"的理念和质量意识深入人心，不断增强职工的服务意识和精品意识。

　　建设安全文化。攀钢提炼出了"有安全才有效益""安全为自己，安全在自己"等安全文化理念，开展了系列安全文化主题教育活动，推进职业健康安全管理体系的建立和运行，全面清理和规范安全标识，让安全文化看得见、能入心、见行动，为安全生产提供有效的文化与精神支持。

　　建设营销文化。攀钢将营销和品牌意识教育，贯穿于产品设计、生产、营销、服务全过程；根据产品特点和市场情况，明确产品的品牌定位；以产品实物质量为根本，生产好产品、精品，努力满足用户需要；强化售后服务工作，提高服务竞争力；做好宣传与展示，提高产品的知名度和美誉度，既营销产品，又营销企业，不断提升市场影响力。

　　建设廉洁文化。 攀钢作为三线企业，有着奉献与奋斗的传统，通过传统教育和职责使命教育，引导干部职工树立以廉为荣、以贪为耻的基本价值观，从思想观念上建立廉洁行为的第一道防线；制定依法从业、诚信经营的职业标准，提出"干事·干净"的廉洁文化理念，开展"领导树廉""学习促廉""媒体督廉""文艺颂廉""家庭助廉""制度保廉"等活动，从社会公德、职业道德、家庭美德等"三德"教育入手，开展丰富多彩的廉洁文化创建活动，培育职工正确的价值观念和高尚的道德情操。

　　围绕企业文化如何作用于企业生产经营与改革发展，进行研究与探索，建立健全《攀钢企业文化建设管理标准》，从价值观培养、思想品德塑造、职业道德构建、工作绩效评价和行为习惯养成等方面，以定性与定量相结合的方式，定期检查文化建设的具体进程，提出考核评价意见并与绩效联动，推动攀钢文化建设不断与企业经营管理相结合，为攀钢发展提供精神力量。

> **小故事**　　　　　　　　　　　　**文化的力量**

　　攀钢与贵州盘江矿务局同是三线建设的重要企业，一个是钢铁基地，一个是煤炭基地，两家企业有着历史渊源和"煤来铁去"的合作关系。在攀钢的用煤中，盘江煤占了 22% 以上。

　　1997 年 5 月，事关攀钢生产大局和职工生活的煤，一度库存不足，最紧张的时候库存仅万余吨。

　　为解燃"煤"之急，巩固和加深攀钢与盘江的友谊，5 月 13 日至 23 日，时任党委副书记、工会主席刘新会带领攀钢艺术团一行 46 人，到盘江矿务局进行了 10 场慰问演出。为做好演出，演员们克服感冒、胃疼、拉肚子等疾病困扰，以饱满的精神状态投入演出。

　　演员高凌飞发高烧达 39 度多，不得不住院治疗。但为了演出，他在病情稍有缓解后，自己拔掉输液针头，回到现场坚持演出。他说，来了就要演好，艺术团代表的是攀钢形象。

　　在一个矿区俱乐部演出时，李波领舞的高山族舞蹈《雪山梦》刚结束，意外发生了。屋顶上的聚光灯灯罩突然爆炸，一块玻璃碎片从天而降，击中李波的右膝盖下方，顿时鲜血直流。

这一意外让在场的盘江矿务局领导和职工十分紧张。但突如其来的事故，并没有影响后面的节目演出，攀钢艺术团的演员们处变不惊，经简单的现场处理后，演出继续进行。

在那次慰问活动中，艺术团每天坚持演出两场，边走边演，走遍了盘江矿务局的每一个矿区，把攀钢的慰问和情谊带给了盘江人。

攀钢人的精神状态，艺术团的精彩演出，真诚演绎的"煤矿之歌"，感染和感动了盘江矿务局的干部职工。他们说，攀钢人做事认真、真诚、了不起，并表示攀钢缺煤，盘江人会全力保供。

5月27日，攀钢对艺术团赴盘江矿务局慰问演出进行总结时，攀钢物资处的领导告诉演员们，盘江煤已经源源不断地到达攀枝花，每天到达的煤有40个车皮！

文化为媒，解了攀钢的"燃煤"之急。

时隔二十多年以后，当年带队演出的刘新会对盘江之行，仍然印象深刻。他说，文化是有感情的，有温度的文化能够带来效益，文化有力量。

攀钢"有温度的文化活动"还有很多。2008年，汶川大地震发生后，地处江油的攀长特公司受灾严重，又面临着"堰塞湖"放水大撤离的威胁，职工充满恐慌，情绪低落。

攀钢紧急调配物资抗震救灾，并派出艺术团前往慰问演出，提振精神。攀钢党委宣传部、工会、文联、艺术团等紧急行动，只用一天时间就做好了慰问演出的准备工作。为减轻攀长特的压力，攀钢把演出需要设备等，全部从攀枝花长途运过去。

攀钢前往慰问演出的领导和艺术团员看到江油沿途倒塌的房屋，到处拉起的警戒线，以及情绪低落的人群，心情十分沉重。他们不顾长途奔袭的疲劳，用心、倾情演出。

在临时搭建的帐篷医院外演出时，观看演出的医护人员等都流下了眼泪，现场掌声雷动。他们从艺术团的演出中，感受到集团的关心，感受到了集团力量！

当初对艺术团到攀长特慰问演出表示怀疑、认为"添乱"的人，看到演出的效果十分感慨，赞叹"真的没有想到，效果这么好，远超动员会"。

攀钢艺术团在攀长特的演出都在坝子里进行，与建设攀钢时的"坝坝电影"血脉传承，相映生辉，有着同样的温度。

这样可感可视的具象文化活动，富有影响力，唤起的是巨大的力量。

三化实践

企业文化的本质在于知而后行，化思想为行动。要达到助力企业发展的目的，需要经营实践的验证。

2004 年，攀钢企业文化部完成"攀钢实施文化管理的探索"课题研究，提炼形成了攀钢"内化于心、固化于制、外化于行"的文化建设"三化"模式，攀钢文化建设首创的理论实践模式，很快便在全国推广。

内化于心，就是形成群体心理定式，进而形成企业共有价值观。通过"内化于心"，将攀钢文化的核心价值观和企业精神，转化为群体意识，让攀钢的价值理念"进车间、到班组、入人心"，增强职工对企业的认同感和归属感，提升企业文化的生命力。

在操作层面上，主要是抓理念故事化、人格化和自觉化。"故事化"，就是充分挖掘反映攀钢价值理念和精神实质的人与事，用故事、绘画、书法、音乐等多元手段反映企业文化和企业精神，让价值理念通俗易懂、喜闻乐见、可亲可信；"人格化"，就是强调典型的引导与示范作用，运用典型教育群众，引导舆论，推动工作；"自觉化"，就是把企业的价值理念转变为员工的价值追求和自觉行动，在职工身上自觉地表现出来，形成习惯。

固化于制，就是用体制、机制、制度把文化理念固化下来、反映出来。

攀钢健儿拼搏鞍钢第二届职工运动会赛场

使员工既有价值观导向，又有制度化规范，由强制到自觉，进而推进企业进行文化管理。

在操作层面上，重点抓"文化管理化""文化制度化""建设项目化"三个环节。"文化管理化"，就是强调企业文化的管理特征，按照企业管理、企业创效等要求，把企业属性和文化属性相结合，建设独具特色的企业文化；"文化制度化"，就是树立"以人为本，人企合一，严字当头，一丝不苟"的管理理念，充分融合和体现诚信；"让顾客满意，让职工满意，让社会满意"的经营理念，以制度的方式固化下来，以约束促自觉，以文化促进企业管理；"建设项目化"，就是把价值理念与项目相结合，与项目融合、生根、发展。

外化于行，就是让攀钢文化的成果落实到行动。使文化理念成为干部职工的自觉行动，塑造良好的攀钢人形象。

在操作层面上，重点抓行为、抓形象和做产品三个外化环节。"具化于行为"，思想是行为的基础，行为是思想的体现。企业文化建设的成果要通过行动表现出来，服从服务于企业发展；"美化于形象"，就是要塑造良好的攀钢人形象，塑造"节约型攀钢""绿色攀钢""清洁攀钢"的攀钢形象；"物化于产品"，就是要把文化建设的效果，通过优质产品、优良服务体现出来，塑造攀钢品牌。

攀钢的文化建设模式揭示了企业价值理念转化的内在规律，攀钢人耳熟能详；还得到国务院国资委的肯定和国内专家的高度认同，在一些知名企业进行了推广实践，取得了"墙内开花、墙外也香"的效果。

小故事　　　　　　　　　　**攀钢人永远是一家**

王幸是歌曲《攀钢人永远是一家》的词作者。

当我们采访她时，她对当时的创作情况记忆犹新。

她说，这首歌是她接到任务之后两天就创作出来的。2002年，攀钢重组成都无缝和成钢并组建攀成钢后，很多人在观望，有疑惑，有担心，甚至说消极的话。

这个时候，急需一种精神力量来鼓舞攀成钢的干部职工，凝聚人心，搞好企业。

集团公司领导做出了安排：派出文明列车小分队到攀成钢去，用文化的力量来团结职工，提升攀成钢干部职工的精气神。

为做好文化融合，攀钢除准备了歌曲、器乐、舞蹈等节目外，还需要创作一首新歌，一首主题紧扣攀成钢重组、体现攀钢和攀成钢一家亲的新歌。

这个任务落在了攀钢文联的王幸身上。

王幸说："时间紧，任务重，我感到这次创作意义远非平日里创作一首抒情歌词，它要能够打动人心，激发斗志。我不敢怠慢，想着攀成钢应该是我们攀钢大家庭的一员，那么创作歌词的主基调应该是亲切平和、滋润心田的，我在心里不停地酝酿，用心体会大家庭融合的气氛，就有了灵感的冲动，《攀钢人永远是一家》就这样诞生了。"

天也大／地也大／初次相逢敬杯茶；笑也好／唱也罢／兄弟姐妹把话拉；无论同度秋冬还是共浴春夏／攀钢人永远是一家。

一首歌词写出了攀钢人和攀成钢一家亲的深厚感情。

这次演出，文明列车小分队带给攀成钢的是攀钢的问候，是攀钢干部职工对攀成钢干部职工的深情厚谊，是大家庭融合后凝心聚力的信心，更是攀钢和攀成钢风雨同舟在一起，迈向未来携手创奇迹的雄心壮志。

抓好宣传，展示攀钢文化

通过加强宣传，让攀钢文化和企业精神深入人心。利用《班组五分钟》《攀钢日报》《工作与研究》《宣传动态》《工作通讯》等平面书刊、画报、挂图、卡片等载体，宣传企业文化和企业精神；通过电视台、互联网络等现代传媒及各类会议，进行普及教育和渗透，增强职工对攀钢文化和企业精神的感知认识，营造接受攀钢文化、崇尚企业精神的氛围，让职工无时不感受到攀钢文化和企业精神的存在，无时不感受到攀钢文化和企业精神的激励与影响。

抓系列活动，增强感染力。攀钢开展了"新理念、心体验、行动见"等文化传播活动，让全员参与大讨论；通过企业文化答卷、签名、征集格言警

"攀钢文明列车"文艺演出

句等活动，让职工感受攀钢文化的魅力；通过开展"读一个案例，明一个道理"活动，将攀钢企业精神的时代内涵用系列故事表现出来，用一个故事反映一个观点或道理，让职工在故事中领悟道理，形成文化自觉和文化自信。

抓结合，把文化建设融入经营管理。攀钢在每一次决策、每一个举措、每一步行动之中，都要求体现企业精神，做到"虚"功"实"做，让职工将弘扬企业精神与自己的行动联系起来，执行下去，产生聚合效应；将精神外化为企业形象，在企业形象推介、户外广告、产品包装中体现精神面貌、反映职工的精神风貌，提升企业形象。

抓实物载体，提升美誉度。攀钢建设文化广场和文化活动中心等基础设施，并将其作为展示攀钢文化、让攀钢人感受文化的重要场所。用老照片等形式，鲜活地展示艰苦卓绝的创业历程和攀钢文化的产生过程，用火热的生产场景等反映攀钢的勃勃生机，用油画、壁画、雕塑等艺术手段，展示攀钢的辉煌成就，用音像制品等激励职工为攀钢的未来努力拼搏。

建立展厅和通过展览展示等渠道，展示和传播攀钢文化。展厅突出攀钢文化及企业精神对建设发展的作用，把攀钢文化和企业精神的时代内涵，放在核心位置，贯穿于展厅设计理念，凸显攀钢核心价值观及攀钢文化建设的做法和经验，让参观者全程感受攀钢文化、企业精神和品格，增强展览展示的感染力，增加文化的影响力。

第三次文化创新，
为新攀钢建设提供精神动力

2020 年 6 月 16 日，攀钢第九次党代会胜利召开，号召要"牢记初心使命，深彻变革创新，聚焦攀西资源综合利用，打造世界一流新材料企业"，提出要以践行"鞍钢宪法"精神，传承弘扬"艰苦奋斗，勇攀高峰"企业精神为核心，着力打造具有时代特征的企业文化体系，为攀钢生产经营和改革发展提供文化保障和精神动力。

新攀钢建设"打造世界一流新材料企业"的目标，也是攀钢文化建设的目标和新起点；这一目标展现攀钢的美好前景，激发攀钢人拼搏奋进的热情，也彰显了攀钢人的责任担当。

新攀钢新理念

企业要赢几个回合、赢得三五年，要靠商智与运气，企业要做"百年老店"，则要靠文化、商道与商德。

在新攀钢建设中，攀钢认真学习贯彻习近平文化思想，举旗帜、聚民心、育新人、兴文化、展形象，深入实施"文化浸润"工程，为新攀钢建设凝聚起强大的正能量；坚持干部带头，大力弘扬"艰苦奋斗，勇攀高峰"的企业精神，推动文化理念到岗位、入人心、见行动；注重传承优良传统，倡导"大局责任与胸怀担当"的责任基因、"科技创新与崇尚变革"的创新基因、"干部带头与严格管理"的执行力基因、"组织利益高于一切"的团队基因；同时注入富有时代特征的新内涵，提升"制度文化、诚信与信任文化、变革与创新文化、品质文化"专项文化建设水平；加强"学习、创新、变现、速度、稳健、激情"理念教育，培育员工主人翁精神，为攀钢发展注入灵魂。

攀钢树立"正派经营不容妥协，安全不容妥协，品质不容妥协"的新理念，体现出作为中央企业、追求永续发展企业的站位，体现其对国家、对企业、对用户、对员工负责的责任与担当。

正派经营是企业之本，就是要提高企业及员工的道德水平，制定遵守法制的制度，重塑企业与职工道德高地；安全绿色是企业之责，是从企业风险管理的角度认识企业，不因小失大，安全并非简单的安全生产，也包括生产安全；品质发展是企业之尊，没有好质量就不能算是好产品，品质是客户反映出来的，不是检查出来的，客户说品质好才是好，品质也是塑造品牌最为核心的力量，最为核心的要素。

攀钢以三个"不容妥协"的经营观、发展观和用户观，引导职工无论何时何地都坚守合法规范和符合伦理的经营之道，不急功近利，不损人利己；坚守安全绿色准则，不碰红线底线，走绿色发展道路；坚守以产品高品质体现队伍的高素质，塑造良好的品牌形象，努力成为受尊重的企业。

小故事　　　　　　　　　　　**品质不容妥协**

"现在这批钢卷有麻坑质量缺陷，请机组停机退料处理。"在西昌钢钒板材厂酸轧作业区酸洗机组检测平台，该作业区区域工程师罗勇用对讲机向主操人员喊道。

五月，闷热的厂房里，滚滚热浪与机器轰鸣声交织在一起。停机退料就意味着白干半个班。

质检员范祖鹏跑上来二次确认，沿着带钢的方向打量了一圈，诧异地说：这啥问题也没有啊！罗勇推了推眼镜，擦了擦额头上的汗水，指着带钢边部说"你再仔细看看。"范祖鹏顺着罗勇手指的方向凑近看，在透着银光的带钢上有三四个针眼大小的凹坑。"罗工，这也太小了吧，肉眼都快分辨不出来了，和用户协商一下，应该可以放行。"范祖鹏试探着说。

"我知道，合同量大，各班生产都紧张，现处于汽车钢用户交货的关键时期，千万不要放过任何质量缺陷。麻坑虽小，但冲压后缺陷会不会放大，谁也无法保证。我们要生产高质量的产品，该退的必须退。"

罗勇严肃地说。范祖鹏信服地点了点头，接着，班组迅速组织退料。

罗勇负责该作业区质量管理、汽车板管理及科技管理工作，"产品质量对用户负责"是他的工作理念，为了推动科技创新，提升全员质量意识，他以身作则，积极参与操作规程、技术手册编写和 QC 项目评审，成为同事眼里的"工艺全书"。

由于工作认真努力，2018 年，罗勇获得该厂精益六西格玛管理二等奖，"质量管理先进个人"等荣誉称号。

新攀钢的工作操守

在新攀钢建设中，攀钢确定了"学习、创新、变现、速度、稳健、激情"的员工新操守。

新工作操守的内涵：员工要保持对工作和工作质量的敬畏与谦卑之心，时刻保有危机意识和创新学习意识，坚持不断学习，做到学以致用，持续提高工作能力；做到学用相长，笃行致远，让学习创新成为一种习惯。

员工要以知识变现、能力变现、成果转化、提高效率等为工作目标，以最短的时间，填平目标与现实之间的差距，以压实工作为最真实的表现，以脚踏实地的努力，推动企业高质量发展。

员工要以公心和良知，担当使命，以昂扬向上的精神风貌干事创业，以稳健和激情的工作方式，刚柔相济地做好工作，把创造一流业绩作为持续追求的目标，把每一个职工的工作成果，汇集成企业的经营效果，实现企业可持续发展。

积今日而筑未来。把握住当期，经营好当下，方能拥有美好的前景和未来。

新攀钢建设遵循的新理念和新操守，涵盖公司战略、管理与员工规范，体现了新的发展理念与行动状态，以系统融合的方式，构建形成了攀钢文化的新内涵。

攀钢文化因此常新，助力攀钢永续发展。

新攀钢的文化融合实践

攀钢文化是文化融合创新的成果；攀钢在发展过程中，随着并购重组与合作发展进行文化融合，攀钢文化内涵不断丰富。

鞍攀联合重组后，鞍钢的优秀企业文化与攀钢文化融合，给攀钢文化注入了新活力。

攀钢与鞍钢在企业文化建设上血脉相通。攀钢建设初期，鞍钢派出了6799名管理、技术骨干支援"包建"攀钢，也为培育攀钢文化做出了贡献。尤其是以黎明、赵忠玉等为代表的攀钢领导来自鞍钢，他们作为鞍钢人的优秀代表，为攀钢带来了以"鞍钢宪法"为核心的鞍钢文化因子；攀钢的管理思想、企业精神和管理风格等，也打上了鞍钢文化的烙印。

鞍钢"创新、求实、拼争、奉献"的企业精神和攀钢"艰苦奋斗，勇攀高峰"的企业精神，虽表述不同，但实质相同，都体现了中央企业的核心价值观和使命感。

鞍攀文化融合，有着历史渊源，是两家企业发展的现实选择。攀钢坚持把两家优秀企业的文化相融，推动攀钢企业文化实现了创新与发展。

在新的历史方位和新的发展阶段，攀钢通过创新再造，重塑企业文化，在攀钢强化鞍钢信仰、鞍钢品质和鞍钢取向，具化鞍钢文化理念。

鞍钢集团的愿景为：成为最具国际影响力的钢铁企业集团；鞍钢集团的使命为：制造更优材料，创造更美生活；鞍钢集团的核心价值观为：创新、求实、拼争、奉献；鞍钢集团的文化传承为："鞍钢宪法"精神、企业光荣传统；鞍钢集团的管理法则为：职工为本、市场导向、持续变革、依法合规、精益严格、高效执行；鞍钢集团的行为规范为：遵章守纪、爱岗敬业、崇德向善、文明健康；鞍钢集团的形象为：长子风范、世界品牌。

攀钢企业文化的融合创新，重点要围绕对鞍钢集团的愿景、使命、核心价值观和管理法则、员工行为规范和鞍钢形象等的融入展开，以促进攀钢文化进步与升华。

深植四个文化

新攀钢文化建设对鞍钢文化的融合，主要体现在深植"四个文化"上。

深植"制度文化"。攀钢融合与深植鞍钢文化中倡导规矩意识、敬畏意识和契约精神的制度文化，构建制度治理的管理新格局。

企业制度文化主要包括领导体制、组织体制和管理体制三个方面。用制度规范和约束企业及员工行为，促使企业在复杂多变、竞争激烈的环境中保持良好状态，保证企业目标的实现。

攀钢认为，优秀的企业组织在管理上应80%靠制度和流程，20%靠领导者的能力素质；制度文化的重要性，在于可把好的管理方法变成制度、变成流程传承下去，让企业经营管理更高效、更有效，能让企业更好地规避风险。

职务越高，对制度的破坏越大，越是岗位重要的干部，越要带头遵守制度。攀钢要求，各级领导干部要带头学习制度、严格执行制度、自觉维护制度，不断养成用制度管权、管事、管人的良好习惯，在新攀钢建设中培养制度竞争力，建设优秀的制度文化。

深植"诚信与信任文化"。攀钢融合与深植鞍钢文化中"以诚信为前提的信任和至诚至真、至善至美的组织文化"，提升组织的领导力和战斗力。

诚实守信是中华民族的传统美德。诚信不仅是一种品行，更是一种责任；不仅是一种道义，更是一种准则；不仅是一种声誉，更是一种资源。就个人而言，诚信是高尚的人格力量；就企业而言，诚信是宝贵的无形资产。

信任＝自信＋他信＋信他。离开信任这个土壤，一切合作的种子都无从发芽；信任贵在真诚，贵在尊重，贵在不欺骗、不隐瞒。

诚信与信任是相互关联的两个概念，诚信与信任相辅相成。"诚信"讲自己，"信任"是彼此诚信，"诚信"是"信任"的基础。被信任也意味着你有义务讲诚信，一旦你不守诚信，哪怕只有一次，你也会失去信任。

攀钢坚持诚信与信任是激发干部职工动力和潜力的重要基础，进行诚信与信任文化建设，把诚信作为评判干部的重要标准，教育各级领导干部要始终做到光明磊落、襟怀坦白、表里如一；要求各级领导干部要牢固树立正派经营不容妥协、安全不容妥协、品质不容妥协的"三个不容妥协"理念，杜绝弄虚作假、阳奉阴违、口是心非等行为，倡导党员干部职工要用诚信来回报集团公司的信任。

深植"变革与创新文化"。攀钢融合与深植鞍钢文化中的"苟日新，日日新，又日新"的变革与创新文化，进一步加大创新进取的力度。

攀钢在深植鞍钢"变革与创新文化"中，把继承和弘扬攀钢优良传统相融合，把要解放思想、转变观念，积微速成、深彻改革，积极探索、加快改革创新，作为深植变革与创新文化的具体体现，作为破解发展难题的"法宝"，为新攀钢建设提供新思路、新方法、新举措。

深植"品质文化"。攀钢融合与深植鞍钢文化中的"品质是产品灵魂"的品质文化，用品牌赋能企业，提升企业竞争力。

品质是质量、信誉、责任和文化的集合，是企业"人品"的重要表现形式。品质文化包含三个方面：一是人的品质要高，包括能力、品格、道德水平、技术能力；二是企业的产品要品质好；三是企业经营和发展质量要好。

攀钢在融合与深植品质文化过程中，充分认识到，只有走高品质发展的道路才能高质量发展，成为优秀企业；只有坚持提升经营、发展、资产及体制"四大品质"不动摇，方能促进企业可持续发展。

攀钢独特的建设背景与艰苦的建设环境，造就了独特的文化基因和企业精神，形成了充满活力的攀钢文化，为攀钢建设发展提供了强大的精神动力。攀钢文化不断融合丰富，与时俱进，重塑发展，产生了更大的精神力量，必将在新攀钢建设中发挥更大作用。

按照攀钢党代会的部署，攀钢将大力实施"文化浸润"工程，全面贯彻落实习近平新时代中国特色社会主义思想和党的二十大精神，践行鞍钢宪法精神，实现鞍钢集团文化体系落地，形成攀钢统一意志，实现管理提升和队伍提升，切实增强攀钢的文化软实力和企业竞争力，引领攀钢高质量发展，全面夺取新攀钢建设的新胜利，打造世界一流新材料企业。

攀钢人

板材专家——郑之旺

创新是他工作的灵魂，专注是他前行的动力，精致是他攀登的方向。
知识的叠加、积累的质变，支撑他自由翱翔在板材的灵动空间。
攀钢人的骄傲，与他的名字一样兴旺！

1997 年 3 月 1 日，攀钢冷轧厂热负荷试车成功，生产出西南地区第一张镀锌板。看着锃亮的新产品，站在轧机旁的攀钢研究院板材室工程师郑之旺激动得鼓起掌来。

近三十年的人生旅途，郑之旺在中国大地画出了一个"C"形轨迹。

郑之旺生于江浙，学于辽沈，工于巴蜀，在攀枝花他学会了吃辣椒，更开始了与钒钛磁铁矿钢板产品的亲密接触。

为了打好专业基础，工作之初，郑之旺就深耕自己的理论沃土。他自学德文、日文，研读国内外的钢铁板材学术刊物，聆听院内外的专家讲座，很快有了长足进步。自 1998 年成功研发罩式退火冷轧钢板开始，攀钢的冷板产品逐步升级；2002 年热镀锌钢板问世，填补西南片区板材的空白；2008 年高品质的连续退火冷轧钢板，提升了家电板材的竞争力。

这一系列成绩的背后，浸透着郑之旺和众多研究人员的心血。

10 年前，郑之旺率领研发团队转战西昌钢钒，开始了汽车用板生产的攻关之路。

汽车用板是冷轧板家族中的顶端产品，工艺复杂，技术要求高，轧制难度大。尤其是利用钒钛磁铁矿冶炼生产的热轧板卷进行深加工，更是国内尚无先例的大课题。

从"家电与汽车应用钢"研究室的几人小组，到一个团队，郑之旺和同事们历经艰苦跋涉，做过数不清的各种试验，终于掌握了钒钛钢材质的深冲钢、低合金高强钢等六大类汽车用钢最佳的轧制技术参数，为汽车板生产打下了坚实的基础。

2017 年 4 月 27 日，庆祝"五一"国际劳动节暨全国"五一"劳动奖和全国工人先锋号表彰大会在人民大会堂隆重举行。郑之旺代表攀钢数千名工程技术人员，满怀豪情地站在领奖台上。

他知道，这份荣誉属于研究院的研发团队，属于整个产学研的每一位职工，更属于充满希望的攀钢。

第七章
责任篇

　　攀钢始终牢记使命，勇担责任，体现出央企的担当。

　　面对新发展格局和新挑战，攀钢初心如磐。攀钢坚决贯彻国家产业政策，履行战略使命，走绿色低碳、智能化发展的道路，打造高质量发展的世界级新材料基地，努力做履责担当的典范企业。

履行战略使命，大企业大担当

攀钢牢记国家赋予的使命和初心，只要国家有需要就义无反顾地去干，只要是要做的事情就努力地做好。

把国家利益放在第一位

1976年，铁道部向攀钢求援，希望攀钢轧制装配列车大梁的310乙字钢。

这种钢材断面不对称，外形复杂，轧制难度大。我国的钢铁企业不愿意或不能生产，只好每年花1000多万美元从苏联进口。苏联断供后，只好改用国产槽钢焊接代用，但使用寿命只及进口310乙字钢的十分之一。

铁道部找到攀钢，他们的话诚恳且激发人心：中国的列车每天都盼着使用中国自己的310乙字钢，已经等了20年！希望攀钢能够轧制出"争气钢"。

我国首条时速350公里高速铁路——京津城际高速铁路全部采用攀钢钢轨

攀钢知道难，但没有推辞。历经两度春秋，攀钢研究设计出了310乙字钢。1978年3月，中国的第一根310乙字钢在攀钢诞生。

2008年11月，为了应对国际金融危机给中国经济带来的增速回落、出口负增长、大批农民工返乡、经济面临硬着陆等风险，中国推出了扩大内需、促进经济平稳较快增长的十项措施，第三项措施是："加快铁路、公路和机场等重大基础设施建设，重点建设一批客运专线、煤运通道项目和西部干线铁路，完善高速公路网"。攀钢作为国内最大、最好的钢轨生产基地，一直承担着为中国铁路建设提供钢轨的任务。

国家的需要就是命令。当年，钢铁产品价格持续上涨，但国家采购攀钢钢轨的价格，一直没变。攀钢不计较利益得失，圆满完成了向铁道部供应钢轨的任务。

为了感谢攀钢对中国铁路建设做出的贡献，铁道部一位副部长专程拜访攀钢。当他听到攀钢领导汇报说，"攀钢是以废钢的价格把世界上最好的钢轨卖给铁道部"时，这位副部长站起身来，向在场的攀钢人鞠躬，表示最诚挚的感谢！

攀钢作为一家三线建设的中央企业，在国家需要的时候，再次体现了担当。攀钢供应铁路钢轨方面的故事，件件都担当。

中国铺设秦沈客运专线时，攀钢钢轨的质量不比国外的差，价格却只有国外钢轨的一半。为展示钢轨实力，打开钢轨市场，替代进口，降低国家铁路建设成本，攀钢请求铁道部同意让攀钢钢轨在秦沈客运专线上与进口钢轨同路比拼。

铁道部感谢攀钢的贡献，欣赏攀钢人的志气。于是，在我国首条客运专线上，出现了"花式"钢轨铺设场景。攀钢钢轨与进口钢轨，你一段、我一段、再一段地铺设，在铁路线上摆起了"擂台赛"。

比拼的结果令攀钢人欣喜，攀钢钢轨胜出。自此，中国再没有进口过一斤一两的钢轨，攀钢钢轨反而走出国门，走向世界，成为世界钢轨的顶级品牌。

2000年左右，攀钢在自身仍处于"三年解困"的艰难阶段，根据四川省和成都市的要求，先后对成都无缝钢管厂、成都钢铁厂和江油长城特钢进行兼并重组，承担起帮助四川省钢铁企业解困发展的任务，体现出了大企业的担当。

进入"十四五"以来，攀钢坚持以习近平新时代中国特色社会主义思想为指导，进一步明确了把攀钢建设成为世界一流的先进新金属材料企业的目标，提出攀钢到"十四五"末，新攀钢建设取得成绩，实现营业收入 1200 亿元以上，综合盈利能力排名进入行业前 10 名左右。同时，研发创新产业成为行业领先的科技创新及成果育成中心；资源产业成为国内最具竞争力的钒钛磁铁矿原料生产基地；钒产业成为全球规模最大、品种结构和质量最优、最具竞争力的钒产品供应商，引领全球钒产业发展；钛产业成为国内最具竞争力的钛基础材料与新材料企业；特钢产业成为极具竞争力、极具特色的高端特殊钢材研发制造基地；普钢产业成为西南地区具有市场主导地位的钢铁产品生产制造和服务商；新兴产业具备区域领导力、行业较强影响力；相关多元产业更加健康、更加壮大。

到 2035 年远景目标，把攀钢建设成为基于攀西钒钛磁铁矿资源低成本、绿色高效分离及产业化开发利用的技术创新型企业，基于铁、钒、钛、铬等元素高端材料研发及提供定制化材料解决方案的综合服务型企业，让社会尊重、客户满意、员工幸福。

攀钢基于保障国家钛金属资源和产业发战略需要，努力以攀钢所长，满足国家所需要，提出要成为国内唯一 100% 使用攀西钛资源生产海绵钛的企业，资源保障能力国内第一，全球唯一突破高炉渣提钛产业化技术的企业，国内唯一具备从钛资源到海绵钛、钛材及产品应用一体化产业基础能力的企业，构建具有攀枝花特色的钛产业生态，打造最具竞争力的钛及钛合金企业和中国钛金属现代产业链"链长"企业的目标。

攀钢铭记使命，以响应国家战略为己任，以突破国家重大专项、重大工程、重要领域的关键技术为核心，坚持更优材料，挺起国家的脊梁，助力中国由制造大国成为制造强国，实现央企的担当。

与城谐进共发展

攀枝花是一座直接从农耕生产到工业重镇的城市，建设攀钢是攀枝花经济发展的一次大跨越，影响和带动作用突出。同时，受政治经济环境、技术水平、思想观念、环保投资等限制，不可避免地会对城市的环境造成影响和破坏。

建设攀钢打破了攀枝花的宁静，改变了攀枝花的环境。攀钢主动作为，协力打造阳光碧水花城。

带活产业链企业，带强一方经济

攀钢作为攀枝花市工业的发展之源与发展之基，在攀枝花建设发展中占据重要地位，建设攀钢带动了地方工业的起步与发展。

最先兴起的是建筑材料。为满足建设攀钢需要，一批小型沙场、石料厂、机修厂等在半年内就建成。通过"以小养大"的方式，为攀钢提供建设物资，形成了攀枝花的第一批地方工业企业。

围绕攀钢主业形成的产业链逐渐建立，形成了矿产加工、冶金装备、矿山机械装备、汽车配件、工程机械配件、金属制品加工等工业体系；机械制造业尤为突出，成为攀枝花的支柱优势产业。

攀钢的建设还带动了攀枝花骨干企业的兴起。

十九冶是建设攀钢的功臣，并驻守攀枝花。十九冶在攀钢二期、三期和西昌项目建设中，均发挥了主力军作用，是攀枝花的重要支柱企业，为攀枝花经济发展做出了重要贡献。

攀枝花矿务局同样是三线建设时期，与攀钢同期建设发展起来的国有大型煤炭企业。自建成以来，攀煤集团源源不断地为攀钢提供煤炭。

"攀煤有煤挖，攀钢有钢炼，攀枝花的经济就有保证。"攀煤与攀钢关联度极高，同样作为攀枝花的主要支柱企业，保证了攀枝花的经济发展。

除了因攀钢建设初期而兴起的大型企业，攀钢还带动了一批新兴企业发展。由钢城企业总公司改制成立的攀枝花钢城集团，在攀钢的带动下，加快经营机制转变，成功地从劳动就业服务型企业向市场经营型企业转变，成为攀枝花最大的地方企业。

钢城集团下属的攀枝花环业冶金渣开发有限责任公司（攀枝花环业公司），专业从事攀钢冶金渣综合利用。自 2001 年成立以来，利用冶金渣生产路面砖、矿渣碎石、矿渣砂、微粉、水泥、商品混凝土、石油支撑剂等建材产品，对攀钢冶金渣的综合利用率已经达到100%。以它为中心，形成了一条完整的冶金渣处理产业链，带动了攀枝花地区环保产业群的形成。

攀钢吉靓轩超市已成为一家集生鲜、食品、百货、日化和家电为一体的大型综合性超市

攀钢早期的"小社会"服务单位与服务企业，在攀钢转型与移交后，形成了一批面向社会提供服务的企业，为攀枝花市构建全方位、本地化、服务能力强的第三产业奠定了坚实的基础。

保护绿水青山，低碳绿色发展

20世纪70—80年代，中国环保事业刚刚开端。

1976年，攀钢成立环保办公室，把保护环境与改善环境质量提上议事日程，开始抓废气、废水、废渣的"工业三废"治理。

到1988年，攀钢投入了8365.49万元，用于治理烧结、提钒、转炉、高炉等产生的"三废"，治理能力达到每小时可处理废气360.57万立方米，每天可处理废水17.53万吨，每年处理废渣119.6万吨。

1988年之后，攀钢制定了《攀钢"三废"综合利用暂行管理方法》，提出要把工业"三废"利用起来，变废为宝，既消除污染又能节约资源。攀钢改造转炉污泥干燥系统，把炼钢产生的污泥干燥回收；建立钢渣处理系统，回收废钢渣代替石灰石；1989年"三废"综合利用为攀钢创效4000多万元，被国务院环境保护委员会评为"全国环境保护先进企业"。

进入20世纪90年代，攀钢加大对环境治理的投入，二期工程建设时，攀钢在投入大、资金紧张、债务负担重的情况下，仍然坚持开展环境保护工作，治理一期工程的污染源。

到 2002 年，攀钢污染物综合达标率达到 96.2%，工业用水重复利用率达到 94.26%，"三废"综合利用创产值 51306 万元，实现内部利润 20107 万元，在环境治理上取得了良好成绩。

随着国家对环境治理的重视和对环境质量要求的不断提高，环境问题对攀钢的压力越来越大。2006 年开始，攀钢对电厂、焦化、烧结、炼铁、炼钢等所有工序全面开展环保综合治理，"十一五"期间，共投入 21.2 亿元，重点实施了电厂脱硫改造、高炉除尘改造、转炉除尘改造等 94 项重点环保项目，缚住了弄弄坪主厂区"腾飞"多年的"黄龙"。

对在短期内难以从根本上解决的问题，攀钢"下猛药"，先后淘汰了攀钢钒炼铁厂 1—5 号"功臣"烧结机。同时，向攀枝花市民承诺，攀钢再难也要搞环境治理，攀钢要还攀枝花市一片蓝天，与全体市民共享一片蓝天。

"十二五"期间，在资金持续紧张的情况下，攀钢咬紧牙关，投入 15.2 亿元，实施 104 项重点环保升级改造项目，不拖不推不欠环保账。先后完成了对 6 台烧结机的高硫烟气脱硫整改工程，攻克了攀西钒钛铁精矿烧结烟气脱硫的世界性技术难题，二氧化硫削减量居全国钢铁企业第一，实现工业污染物排放达标率 100%，工业水重复利用率达到 96% 以上。

2016 年，攀钢主要生产基地所在的攀枝花市、凉山州环境空气质量优良率达到 100%，占据四川省环境空气质量 5 个达标市州中的 2 个，攀钢对此做出了重要贡献。

"十三五"期间，攀钢以"建设绿色超低排放企业"为目标，制定环境提升规划，坚持"环保达标就是企业生命线，环保能力就是企业竞争力，环保投入就是企业发展投入"的理念，在循环发展、绿色发展、低碳发展的道路上砥砺前行，成绩卓著。

2016 年以来，攀钢累计投入资金 25.4 亿元，围绕废弃资源综合利用、超低排放改造、厂区矿山生态建设，实施环境提升项目 231 项，大大加快了攀钢绿色发展的步伐。

持续投入与不懈的努力，使攀钢的生产越来越"绿色"。数据显示，2019

攀钢深入贯彻落实国家节能减排部署，主动淘汰落后产能，全面实施工艺技术升级改造，坚决打赢污染防治攻坚战。图为 2018 年攀钢关停拆除 3×10 万千瓦火电机组

年与 2006 年相比，攀钢吨钢综合能耗下降 23%，吨钢新水耗量下降 58%，二氧化硫排放量下降 93%，烟粉尘排放量下降 74%，攀钢人交出了满意的环保答卷。2018 年，攀钢钒获得四川省"环保诚信企业"荣誉称号；2019 年，攀钢钒荣获冶金行业"2019 绿色发展二十大优秀企业"称号；2020 年，矿业公司朱家包包铁矿、兰尖铁矿、白马铁矿被授予"绿色矿山"称号。

2019 年，生态环境部发布全国地级及以上城市国家地表水考核断面水环境质量排名，攀枝花位居全国第七名；攀枝花的空气质量，也历史性地在四川省名列前茅。

为履行好绿色发展的责任，攀钢在西昌钢钒建设过程中，加大环保投入，环保投资约占总投资的 14%。2013 年至 2019 年，西昌钢钒仅环保方面的技改投资就超过 10 亿元。目前，西昌钢钒已建成环保设备设施 160 套，其中烧结烟气脱硫 3 套、焦炉烟道废气脱硫脱硝系统 2 套、除尘设施 143 套、废水处理设施 12 套，每年投入环保运行的费用就达 8 亿元，高于行业平均水平。

西昌钢钒坚持不懈打造绿色超低排放企业，成效明显：污染物排放指标优于国家现行排放标准，先后获得"全国绿化模范单位"、钢铁行业"清洁生产环境友好企业""2018年绿色发展十大先进企业""2019最具影响力绿色发展企业品牌"等荣誉称号。2023年，西昌钢钒成为四川省首家完成全流程超低排放改造的钢铁企业。

这里得天独厚，这里山清水秀。攀钢牢记高效绿色开发攀西战略资源的国家使命，加快推进循环发展、绿色发展、低碳发展，为落实国家碳达峰和碳中和政策做出贡献。攀钢用行动和事实证明，新攀钢是美丽的攀钢，是绿色的攀钢。

攀钢牢记"绿水青山就是金山银山"的责任和使命，切实保护长江母亲河

小故事 候 鸟

"飞机满座！" "火车满座！"

元旦过后，成千上万的"过冬候鸟"从"千里冰封，万里雪飘"的北国向阳光明媚、鲜花怒放的攀枝花"飞"来……

"绿水青山就是金山银山"。2016年，攀枝花环境空气质量优良率100%。

2019年，生态环境部首次发布全国地级及以上城市国家地表水考核断面水环境质量排名，攀枝花市位居全国第7名。攀枝花市环境质量持续向好，离不开攀钢钒的卓绝努力。

攀钢钒所冶炼的钒钛磁铁矿含硫量是普通矿的6倍多，每立方米烧结烟气中二氧化硫含量达到了5000毫克至8000毫克，治理难度远高于同行业。

为了捍卫攀枝花的碧水蓝天，攀钢钒坚持保护环境与生产经营并重的原则，坚持节约发展、循环发展、清洁发展，实行淘汰落后产能与采用新工艺、新建环保设施并举的综合治污方法，现有4台烧结机全部实现烟气脱硫，6座焦炉全部实现干法熄焦，5座高炉全部配套TRT发电，转炉煤气全回收，江排口污水集中收集处理，实现了"达标排放"和"总量控制"目标。

2018年，攀钢钒获得了四川省"环保诚信企业"荣誉称号。攀钢钒切实履行企业的社会责任，坚持绿色高质量发展，为攀枝花碧水蓝天、花香鸟语，成为阳光康养胜地，做出了贡献。

退城入园，城企共赢

"二十四城芙蓉花，锦官自昔称繁华"。似乎就在一夕之间，充斥着机械运转声的红砖厂房，变成了高楼林立的现代都市。

"退城入园"是我国大多数城市中老工业与老企业的宿命。成都无缝钢管厂曾是老成都人记忆里的繁华工厂，它位于东郊乌龟坝。

1999 年，攀钢托管和兼并成都无缝钢管厂后，组建攀钢集团成都无缝钢管有限责任公司。无缝钢管厂见证成都的工业时代，随着时代变迁和城市规模扩大，东郊成为成都市的重点发展区域。

工业区导致市内环境污染，越来越拥挤的城市，已容不下污染的工厂。成都市政府提出实施"东调"的战略工程，对东郊老工厂实施搬迁改造，成都无缝被成都市列入搬迁名单。

2002 年 5 月，成都无缝钢管厂与原成都钢铁厂联合重组为攀钢集团成都钢铁有限责任公司。同年，成都无缝配合成都市的"东调"战略，将迁出市区计划提上日程。

要把一家有数万名员工、年产钢 30 万吨、铁 70 万吨、管材 50 万吨的大型钢铁企业搬迁到 30 公里外的青白江，工程量巨大。

成都市落实搬迁政策后，攀钢说到做到，说搬就搬。2002 年底，攀钢完成了 50 吨转炉等三大主体及配套项目的搬迁；2006 年，原成都无缝钢管厂搬迁到青白江工业园区，为成都市发展腾出了宝贵空间。

2014 年，攀钢服从西昌市发展需要，关闭西昌新钢业。

攀钢重庆钛业位于重庆巴南城市区，受城市建设和环保问题影响，攀钢于 2015 年关停城区老厂，向重庆麻柳沿江开发区搬迁。

2016 年 9 月，一座现代化的硫酸法钛白粉生产厂建成投产。新工厂工艺技术装备达到世界硫酸法钛白粉技术的高水平，装备水平做到低碳、节能、环保；新工厂环保投资达 1.5 亿元，环境污染防治设施配套到位，做到同设计、同建设、同运行，为绿色生产创造了条件。

重庆钛业着力打造"生产高效、品牌一流、管理规范、员工幸福"的绿色工厂，通过加大资金、技术等投入，强化运营管理，深化资源综合利用，做到了节能环保生产和"三废"排放全部达标、新工厂与周边生态环境的和谐共生。

时代进步，斗转星移，城市发展不可逆转。

攀钢在适应城镇化发展进程中，面对城市发展与生产及环境污染的矛盾，"退城入园"，表现出与时俱进的发展意识和绿色生产的决心。

办好"社会"，为职工谋幸福

攀枝花因钢而城。在攀枝花建市之初，社会服务功能不健全，攀钢被迫"办社会"。

人心不稳，企业就不稳。一个工人曾对当时的总经理赵忠玉讲，"你们当官的想生产、攻难关。你知道我们想什么吗？我们想走……"

攀钢当年确实走了不少人。13 名高级工程师走了 7 人，攀钢医院有名望的医生全部走光。骨干队伍情绪波动，攀钢人才"一江春水向东流"。

后勤工作的严峻现实，给领导敲响了警钟。搞活企业关键是"搞活"人，建设攀钢可以讲奋斗、讲精神、讲奉献，但要把十几万人长期稳定在攀枝花，要让他们除了有事业，还要有一个温馨的"家"。

深思熟虑后，攀钢做出了"排除职工的后顾之忧，稳定职工队伍，让大家安下心来搞生产建设"的决定。

攀钢生产经营走上正轨，特别是在 20 世纪 70 年代末、80 年代初，攀钢全面启动子女教育、职工生活和职工住房建设等后勤保障工作，以稳队伍、聚人心、促发展。

积极办教育

建设之初的攀枝花市，能为攀钢提供的教育依托屈指可数。迫于需要，很多单位只好自己办学，办学从托儿所、幼儿园、小学、初中甚至办到了高中。

攀钢作为企业本不应办教育，但又必须办教育。各单位自办学校，解决了适龄儿童入学的燃眉之急，却解决不了教学质量问题。

1980 年，攀钢高考被"剃光头"！

这个结果，对攀钢领导和职工震动非常大。职工献了青春献终身，会不会又"献子孙"？领导在思考，职工更在焦虑。

糟糕的教育质量，让攀钢人心浮动，很多家长彻夜难眠。

为提升教育质量，让职工放心、安心，让"大侄子""大侄女"们能够考上大学，攀钢在《渡口日报》《四川日报》《光明日报》等报刊连发三天招聘广告，大规模招聘教师，一下子收到了 3800 多封应聘信。

攀钢采取招聘、引进、商调、提高待遇等措施，全国招聘老师，教师队伍不断壮大。从 1980 年到 1990 年，攀钢商调的教师就有 600 多人；到 1990 年，攀钢教师中的大学本科生占到 31%，专科生占到 49%，大大地提高了教师素质。

攀钢还不断加大对教育投入，在攀钢最好的房子是学校；老师们一到攀钢就住上了楼房，解决了夫妻两地分居等问题。同时，攀钢老师的工资还高于集团机关干部，同是师范学院毕业的大学生，在攀钢任教比外地任教工资高出近 50%；攀钢南山宾馆是当时攀枝花市的第一家准三星级宾馆，入住的第一批客人，是集团邀请的教师代表，他们享受的是贵宾待遇，教师在攀钢是最受尊重的职业。

攀钢努力推动教学质量稳步提升，很快跃居全市领先地位，迈入四川省先进行列，职工关心的高考，也不断传来好消息。从 1983 年开始，攀钢高考上线的人数持续增加，到 1993 年上线人数达到 170 人，有的还升入了清华、北大、中国人民大学等名牌高校。

时任攀钢总经理的赵忠玉将职工子女们称"大侄子""大侄女"。他曾自豪地说，攀钢人炼钢炼得好，办教育同样要办得好，要让"大侄子""大侄女"有书读，还要上好大学，攀钢人做什么都要争先！当时，凡是攀钢子女考上大学，攀钢还为他们送上行李箱、电子计算器和词典"三大件"。

那个时候，每一个考上大学的职工子女，都以自己是攀钢人的后代而自豪！

攀钢抓教育，稳定了职工的心。

得人心者，得天下。攀钢办教育，体现出对社会和攀钢人的责任担当，也让攀钢人以企业为家，不怕艰难困苦地为攀钢做贡献。

让职工过上幸福生活

攀钢十分关心职工的生活，从建设之初就承担起了生活后勤服务工作，高峰时期攀钢有食堂 100 多个。从 1979 年开始，攀钢对食堂进行统管。

"饭菜里面有钢铁"。攀钢把食堂合并为 51 个，进行"餐馆化"管理。通过改造、维修和新建，使食堂环境如餐馆，当时哪怕是在厂区食堂，就餐仍然如进饭店；主食和副食丰富，菜品琳琅满目，南北搭配，辣甜咸均有，职工想吃什么就选什么，吃一周可以不重样；攀钢在舟山群岛建立鱼类供应基地，在大邑建立猪肉供应基地，在雅安建立烤鸭基地，自建一座储藏量为 500 吨的冷冻库和一座储藏量为 500 吨的水果库；派人到外地学习烹饪手艺，引进天津狗不理包子、北京烤鸭、山城火锅、成都赖汤圆、云南米线等名菜和风味小吃，让攀钢人"住在攀枝花，吃遍全中国"，让攀钢美食成为攀枝花的一道风景线。

宿舍"旅馆化"，回去如同"家"。攀钢为职工宿舍配备管理人员，配备铁床、折叠椅和全套卧具，由服务人员每日打扫卫生；宿舍还配备阅览室、游艺室、彩电室、理发室和小卖部等，方便职工生活。

在攀枝花市向阳村，当年有一栋宿舍被称为"熊猫馆"。里面住的都是大学生，除为他们配备了宿舍都有的用品，还为每人配备一张写字台，为他们提供良好的休息与学习环境，让他们更好地工作，扎根攀钢。

积极解决"行路难"问题。攀枝花的城市特点，决定了攀钢职工居住分散、要上下班都会遇到"行路难"的现象。攀钢结合实际，专门开辟通勤线路，方便职工上下班；为带孩子的女职工开设母婴车，为职工到市区购物办事和探亲出差，增设生活车，努力为职工工作和生活创造条件。

攀钢的贴心服务，使很多职工离开攀钢时会有些不适应。到了新的单位，会问单位有没有通勤车。在没有私家车、主要依靠公交车出行的时代，攀钢人天天有通勤车接送上下班，确实是一种幸福。

1981 年 5 月 1 日，攀钢职工有了自己的通勤车

为职工解决住房问题，发展医疗卫生事业。1980 年，攀钢成立房产管理公司，1985 年成立房产公司，统管攀钢房产工作；还积极投入解决职工住房问题，让职工在攀钢有家；攀钢在各生活片区设立门诊部或卫生所，攀钢总医院设备先进，为广大攀钢职工服务，是攀西地区实力强、有名望的医院，号称"攀西的华西"。

关心单身职工生活。攀钢有很多单身职工，他们大多是 1964—1966 年参加三线建设时入厂，或由部队退伍入厂的。他们多数是生产一线骨干，很多人住在四川偏僻的山区，家庭人口多，上有老下有小，生活困难。

受政策影响，绝大多数单身职工解决不了配偶和子女"农转非"的问题。这些职工长期两地分居，生活艰苦且寂寞。

为让他们吃好，攀钢以发"加餐菜票"等方式，"强迫"他们吃肉；为他们提供困难补助，做到困难大补助多，困难小也要补，为单身职工解决实实在在的困难。仅 1989 年，就补助 6546 人次，家在农村的职工占 69%。同时，攀钢积极争取政策，以"轮换工"方式，让单身职工的孩子"睡老子的床、吃老子的粮"，解决部分来自农村职工夫妻两地分居的问题和子女的就业问题。1987 年 5 月 30 日，攀钢第一批换工的 535 名青工加入到攀钢大家庭。

这天，是 535 个家庭的节日！

根据很多单身职工探亲要经过成都的情况，攀钢专门在成都梁家巷，建设了一座 16 层的"攀钢大厦"。攀钢职工探亲、出差路过成都，再也不用为找不到旅馆而蹲车站了。为方便单身职工住宿，攀钢为他们提供两张"免费住宿券"，单身职工来往成都，都可以免费入住成都攀钢大厦；还安排专门车辆接送乘火车的职工，让他们到成都如同到家，离开家后成都和攀钢就是他们的家。

移交社会职能

攀钢"办社会"，一办几十年；是无奈更是担当。

2005 年，攀钢和攀枝花市根据《国务院办公厅关于第二批中央企业分离社会职能工作有关问题的通知》要求，开始向攀枝花市政府移交中小学 22 所，公安机构 1 个。

2012 年，在国务院国资委、财政部的组织下，国有企业将职工家属区供水、供电、供热（供气）及物业管理分离移交政府，以减轻企业社会负担。2016 年，攀钢分别与攀枝花市水务集团、电网公司签署供水供电分离移交框架协议，开始办理供水、供电的分离与移交，并积极推动物业改造移交工作。

2017 年，攀钢西昌新钢业陆续将长宁街办人员、社区管理职能、相关道路等移交给西昌市人民政府；在攀枝花区域的企业办社会职能，也全部移交给政府；2019 年，攀钢在成都向当地政府移交了 17 个"办社会"项目。

攀钢从 1970 年投入生产到 2016 年在攀枝花基本移交完社会职能，经历了 46 年的历程；把西昌和成都区域的一些社会功能移交政府，从 1970 年算起，则经历了 49 年。

攀钢履行社会职责"办社会"，走了一段很远的路，体现攀钢的难，却也给攀钢人留下了十分珍贵的幸福感。老一代攀钢人现在仍然津津乐道，攀钢要是发带鱼，全攀枝花都能闻到煎鱼的香味，攀钢发的新疆葡萄，会成为很多家庭晚上甜蜜的幸福。

攀钢履行社会职责的办与交，都是在履行对国家之责、对企业之责、对职工之责，体现自己作为三线企业的责任与担当，留在了攀钢人的记忆深处，成为攀钢人的永久传颂。

定点帮扶，助力脱贫攻坚
与乡村振兴

2019 年 12 月 2 日，国务院扶贫办官网和新华社《经济参考报》深度聚焦一家企业，这家企业是攀钢！

以《攀钢集团：打出精准扶贫"组合拳"助农奔小康》为题，浓墨重彩地报道了攀钢抓党建促扶贫、"输血"变造血、消费扶贫等方面的成效与做法。攀钢扶贫的成绩，很快引起人们的关注。

多年来，攀钢承担了贵州省盘州市，四川省凉山州盐源县、喜德县、木里县、甘孜州稻城县，攀枝花市盐边县、米易县，江油市等 8 个县、12 个贫困村的对口帮扶任务。

攀钢坚持扶贫与扶智并行，民生基建、产业扶贫、教育扶贫、医疗扶贫、消费扶贫、党建扶贫等相结合，在实践中探索可造血、可复制、可持续的精准扶贫长效机制，助力帮扶地区脱贫发展，彰显脱贫攻坚战中的央企力量。

2023 年，攀钢深入落实习近平总书记关于"三农"工作的重要论述，始终把定点帮扶作为重大政治任务，加强组织领导，强化资金、政策、人才等要素保障，做到帮扶力度不减，持续巩固拓展脱贫攻坚成果，全面推进乡村振兴。全年投入无偿帮扶资金 2420 万元，实施帮扶项目 38 个。在国家考评中连续第三年获评"好"，攀钢党委获评贵州省"全省乡村振兴驻村帮扶工作先进集体"，《推动三项工作　实现三个助力，赋能盘州刺梨产业》入选《2022年中央企业助力乡村振兴蓝皮书》。

2020年，攀钢援建的10000头生猪规模养殖场落地贵州省盘州市，
带动对口帮扶村增收百万元

精准施策，实施产业与民生扶贫

扶贫重造血。攀钢把扶贫的重点放在去贫困之根上，逐渐实现了从物资和资金扶贫向产业扶贫、教育扶贫等多元化扶贫过渡，帮助贫困村和贫困户走出困境。

2019年春节，春意盎然。

攀钢驻村干部、贵州省盘州市瞿家庄村第一书记何凯，面对攀钢投资种植的云茸嫩芽，喜上眉梢。

攀钢坚持以产业为抓手，帮助扶贫村脱贫致富。在帮扶村开展了云茸种植、蔬菜大棚种植、分葱种植等；同时，积极为困难户解决资金问题，提供技术支持，帮助他们提高"造血"机能。

攀钢采购铁矿石、煤炭等资源，以经营助帮扶，带动贫困村发展；探索新帮扶模式，在坤牛物流公司支持下，喜德县乐武乡成立了"喜德县阔山汽车租赁有限公司"，以"资金＋市场＋管理"的方式扶贫。2018年以来，达洛村及里柯惹村建档立卡的贫困户，每年可分得收益3000元。

攀钢依靠市场、营销、平台等优势，解决贫困地区产品外销的"最后一公里"

问题。依托下属的大型超市，开展"农超对接"，以购代销，持续进行土豆、苹果等农副产品采购；积极帮助扩展扶贫产品销售渠道，把产品推荐到职工食堂和职工家庭，为他们提供更大市场；同时，探索电商扶贫模式，帮助扶贫点农户在线上销售农副产品，增加贫困农户收入，增强贫困户的内生解困能力。

攀钢对口帮扶的对象多在偏远山区，交通不便，基础设施落后，民生基建问题突出。

攀钢在帮扶过程中，加大对民生基建的投入，为贫困地区铺路搭桥，兴修水利，改善居住环境，补齐帮扶地区民生基建的短板，推进脱贫攻坚战的进程。

2017年，攀钢设计研究院帮助设计的盐井镇城东安置点、梅雨镇观山安置点、金河乡温泉安置点A区和B区共计2124户（套）9420名彝族同胞安置房规划设计，设计风格统一，功能完善，基础设施齐全，成为周边县城学习的样板。

2016年到2018年间，攀钢共实施水利灌溉工程4项，改善了三个定点扶贫村的水利灌溉问题；攀钢还坚持科技扶贫，利用攀钢的钒电池电力技术，解决了未通电村民的用电问题，给他们送去了方便和光明。

助力教育医疗，去掉贫困的"病根"

攀钢实施"治贫先治愚、扶贫先扶智"措施，发挥机电学院、教培中心、技能工作室等作用，构建了"教育+技术"的扶贫模式。

攀钢派人定期组织扶志与扶技宣讲，为帮扶地区提供养殖、种植技术培训，以及焊接、电工专业技术培训；通过机电学院与贫困地区学校签署对口培养协议，提高对贫困地区学生的招录比，让贫困地区的学生有书读，有技能学，做到一人有技术，全家能脱贫。

攀钢还积极开展助学活动，2018年设立300万元的"攀钢·圆梦助学金"，为贫困地区考上大学的贫困学生提供帮助，为建档立卡贫困家庭的学生实施助学帮扶，通过智力扶贫，让他们提高脱贫能力。还利用攀钢集团总医院国家"三级甲等"医院的技术资源优势,积极解决贫困户"因病致贫""因病返贫"的问题。

通过为贫困户提供医疗救助,改变贫困户"看不起病、一病入贫"的状况;通过接收贫困患者、选派技术优良的医护人员到对接贫困地区医疗机构服务,让贫困患者的疾病能够得到及时救治;同时,加强对口帮扶单位医院的学科建设和医疗人才梯次培养,为提高贫困地区医疗水平发挥作用。

在攀钢的持续帮扶和对口支援下,盐边县医院顺利创建成国家二级甲等综合医院。

强化党的领导,变脱贫为振兴

攀钢通过打造务实管用、特色鲜明的基层战斗堡垒,创新了独具特色的党建引领脱贫模式。党建扶贫作为攀钢"三位一体"扶贫模式的重要部分,已经形成了完整体系。

攀钢由党政主要领导担任扶贫小组负责人,加强对扶贫工作的组织领导,加大工作落实力度;选派优秀驻村干部,实施点对点、人对人的扶贫措施,增强针对性扶贫;通过开展党建共建活动,宣传法规制度、爱国卫生、村规民俗等,营造浓郁的文化氛围;攀钢党建专家还到帮扶地区讲党课,组织对

攀钢实行领导班子成员联系扶贫点制度,每年到帮扶联系点开展扶贫调研

口帮扶地区党员干部进行考察交流，开阔农村党员视野，提升他们的综合能力素质。

攀钢定点扶贫的盘州市高官村位于贵州西部盘州市，是首个党建扶贫点。高官村位于滇黔桂石漠化地区，党组织涣散，经济发展落后。

面对不利的内外环境，攀钢确立抓扶贫抓关键的思路，把抓"党建引领促脱贫"作为关键。选派优秀干部挂职村党支部第一书记，因地制宜选人组建村两委领导班子，增强高官村党组织的凝聚力；完善党支部会议制度、党支部学习制度、作风建设等基本制度，把企业考核方式引入党支部建设，明确党员干部在扶贫中的职责和权力，发挥他们的先锋模范作用；还出资为高官村打造党建活动场地，规范党建活动，增强高官村党组织的战斗力和对脱贫攻坚的领导力。

2018 年 6 月，高官村成功摘帽，成为攀钢推行党建脱贫模式的示范基地。在高官村示范带动下，攀钢对口帮扶的盘州市刘官街道瞿家庄村、淹五寨村两个定点帮扶村，都摘掉了贫困的帽子，人们的生活越来越好。

强有力的党支部，是瞿家庄村、淹五寨村脱贫的引领者，也是乡村振兴的组织者，必将带领曾经的贫困村，走上乡村振兴的发展之路。

一个都不能少

攀钢对少数民族的扶贫起步较早。1978 年，攀钢就开始与周边的少数民族地区开展经济协作，先后与凉山州会理县、云南峨山县、元谋县等地签订长期合同，通过经济协作，帮助少数民族地区经济发展。

1986 年，开始对攀枝花市洼落乡、箐河、岩口乡等十四个少数民族地区实施扶贫工作，为他们修建了响水河发电站，架设起数公里的输电线路，修整公路 40 多公里；还帮助他们建起了木材加工厂、粮食加工厂和方解石加工厂。

1987 年 1 月 14 日，是原洼落、岩口彝族乡彝族同胞难忘的一天。

在这一天，攀钢将职工捐赠的衣服、鞋子、帽子和企业购买的棉被、锄头、课桌凳、医疗器材、药品等装满 27 辆大卡车，赶在春节前送到他们手中，让他们过了一个温暖的春节。

2019 年 8 月 17 日，在"攀钢伴你成长"活动中，来自攀钢对口帮扶点的 31 名小朋友参观攀钢

据统计，从 1978 年到 1990 年，攀钢立足攀西、辐射周围乃至全国开展经济协作，先后投入 6600 多万元资金，钢材 6 万多吨，并帮助他们建设了较稳固的原燃材料供应基地和生活物资供应协作网络。

凉山州彝族地区是攀钢扶贫重点地区之一。2015 年，攀钢采取基建扶贫、产业扶贫、技术扶贫、医疗扶贫等形式，帮助盐源县脱贫攻坚。协助盐源县推行"山上生产、山下居住"的移民搬迁模式，为盐源县易地扶贫搬迁提供规划设计，负责该县数千名彝族同胞的安置房规划设计工作。

2016 年至 2018 年间，攀钢帮助 26116 人完成易地搬迁工作；还根据彝族居住区地势高、冬天寒凉的特点，自研自制生物质炉，改变贫困群众烟熏火燎的"火塘"生活方式。

攀钢始终对各族同胞怀有浓厚情义，把脱贫攻坚作为政治任务，主动担起责任，将爱心洒向一片片热土，助力他们脱贫致富，走上幸福路。

攀钢好党员，驻村好干部

张勇是攀钢国贸公司综合部副部长，是攀钢派到盘州市淹五寨村挂职的第一书记。

2018 年，他在女儿只有一岁多时，到盘州市驻村扶贫，2019 年春节回家，女儿当他是陌生人；在淹五寨村村民眼中，张勇却不是亲人胜似亲人。

他与村民真诚交流，做村民的朋友，得到了村民认可。当他了解到 69 岁的孙国才无儿无女，长期在外务工回村后房屋无法居住时，马上为老人争取资金，让老人家住进了新房。

"共产党好，攀钢派来的干部好。"这是孙国才经常挂在嘴边的话。

四川机电职业技术学院培训部的牛思川，是甘孜州稻城县挂职省母乡的副书记、省母村驻村工作队队员。

牛思川立足扶志与扶智，撰写的《关于稻城县省母乡发展旅游产业项目长期富民的调查报告》，得到了稻城县主要领导的充分肯定："如果每位稻城人都像攀钢干部这样务实，稻城县至少进步 30 年。"

牛思川认真研读国家、省市政策，组织申报省母乡古村落保护项目，得到了 60 万元的资金支持。

村民的认同和夸奖，是对"娘家人"最好的报答。不管村民在村里遇到何种困难，攀钢永远做他们的"娘家"和坚强的后盾，每当"娘家"来人，村民们都会热烈欢迎。

驻村挂职干部不是农业专家，农村工作经验也不丰富，但他们依靠默默付出与担当，把对村民的感情融进每一项工作，直到村容村貌逐步改善、基层党建逐步完善、贫困户脱贫退出、村民脸上露出幸福的笑脸。

攀钢坚持创新和精准扶贫，用真诚、努力和成绩做出贡献，赢得了尊重，也得到了诸多肯定和荣誉。

2001 年以来，攀钢获得了"全国扶贫开发工作先进集体""四川省十年扶贫开发工作先进集体""四川省对口定点扶贫工作先进单位""四川省民族团结进步模范集体""攀枝花市定点扶贫工作先进单位"等荣誉；贵州省盘州市高官村被六盘水市授予"党建引领促脱贫示范基地"，攀钢派驻的扶贫干部获得各级政府表彰和村民的爱戴。近年来，在四川省扶贫综合评价中，攀钢连续被评为"好"。

近六十年来，攀钢不忘初心，始终牢记使命，坚持国家利益第一和央企的责任担当，以己之付出，贡献社会；攀钢从来就是一家顾大局有担当的企业。

擎钢人

永葆初心——丁爱谱

十几个岗位，平凡、普通，她用极致，诠释爱岗敬业；

二十多年善举，细微、琐碎，她用爱心，营造"温暖家园"；

忠诚、执着，她用行动告诉我们，什么是共产党员！

2017 年 6 月 23 日下午，攀枝花市东区"爱谱讲坛"启动仪式暨第一期讲坛活动在攀枝花中国三线建设博物馆开讲。

讲坛以全国优秀共产党员、党的十八大代表、第一届"感动东区"人物丁爱谱同志的名字命名。

1970 年 8 月，一路颠簸，丁爱谱举家来到渡口。

丁爱谱从事的第一项工作是保育员，在两间简陋的席棚子里，她像"袋鼠妈妈"一样连背带抱照顾孩子。为了带好这些建设者的"宝贝"，她想了许多好办法，却时常因忙碌时将自己的孩子忘在家中。

炼钢厂正式生产后，丁爱谱被分配到炉衬车间成型工段，成为厂里的第一个女搅拌工。没过多久，选料班组人员紧张，车间希望她能到那去帮忙，她高高兴兴地去工作了。

当锅炉工的时候，丁爱谱除了烧锅炉，卸煤的活也总是主动揽下来。卸完一整车的煤，她已经累得说不出话来。

1981 年，她担任宿舍清洁工，负责打扫单身宿舍 4 个楼层的卫生。每天她都是早来晚走地做好工作，遇到职工生病的时候，她就帮忙。她以忘我的工作态度，干一行、爱一行，做就努力做好。

丁爱谱总是有干不完的活，使不完的劲。在攀钢炼钢厂工作的 22 年里，她曾连续 378 个星期天不休息，18 个春节在厂里加班。

1984 年，丁爱谱光荣地加入中国共产党，实现了多年的愿望。举起右手入党宣誓的那一刻，她心情异常激动。自此，她的人生之路有了更高的目标，她要更加努力工作，一心向党，心系群众。

丁爱谱的事迹感动了大家，时任攀钢经理的赵忠玉，专门给她写了一封信，号召全体职工向丁爱谱学习。1991 年，丁爱谱成为攀枝花建设新时期的十二位英杰之一。

1992 年，丁爱谱退休了。当许多退休职工都在享受退休生活的时候，丁爱谱却找到了新的工作，她在社区的岗位上发挥出光彩夺目的赤诚余热。

在社区党总支的支持下，丁爱谱首先动员和组织成立了社区党员志愿服务队和夕阳红女子服务队，带领大家治理脏乱差。街坊邻居总能看到丁爱谱在挨家挨户走访居民，了解特困户的情况，组织党员志愿队献爱心，实施帮扶。

"遇到困难找丁爱谱！"成为健康路社区居民挂在嘴边的一句话。

丁爱谱是刘勤勤心中最亲的人。两岁时，小姑娘被火车轧断了双腿，父母都是进城务工人员，父亲跑"摩的"收入微薄，母亲因违法被劳教。她9岁了还没上学，没有户口，甚至没有名字。

看着在泥水中爬的孩子，丁爱谱感到心里像针扎得一样疼。她和志愿者们一起为这个小女孩取了一个名字——刘勤勤，只要勤恳就会有幸福的未来。

丁爱谱带领志愿者轮流去看望帮助小勤勤，生活上的关照，精神上的鼓励，让小姑娘充满了感激，萌生了希望。

后来刘勤勤成为四川省残疾人运动队队员，参加了四川省第七届残疾人运动会，拿到了她人生的第一块举重金牌。"是丁奶奶和大家让我坚强地站起来，学会了去跑、去飞，我要努力实现梦想，去回报那些关心我、爱护我的好人们"。

付出诠释价值，奉献传承精神。

2012年，丁爱谱当选为党的十八大代表，作为四川数百万退休职工党员的唯一代表参加会议。丁爱谱曾被评为全国优秀共产党员，她格外珍惜这份荣誉，共产党员就是要坚持服务群众，多为群众做雪中送炭的事儿。

每天，丁爱谱都会拖着老风湿腿，爬三步歇一步，走出位于6楼的家，到社区的工作室开展计划好的各项工作。

丁爱谱始终没有忘记是攀钢培养了她，是共产党教育了她，要永葆初心，像一块普普通通的砖，哪里需要，哪里安家。

附　录

攀　钢　赋

　　泸水滔滔，碧波宛转；群山巍巍，奇峰连绵；裂谷峥嵘，云崖送暖；钒钛丰蕴，独厚得天；激荡五洲，声震赤县。微雕钢城，方寸盘桓；半世沧桑，壮阔画卷。皎皎攀西明珠，灼灼若木璀璨；熠熠三线之光，煌煌华夏名片。

　　忆当年，地质先驱，筚路蓝缕，踏勘矿源。三环六境，阴鸷诡谲，伺起狼烟。一代伟人高瞻远瞩，备战备荒擘画三线；十万大军共赴时艰，好人好马同谱诗篇。三块石头支锅，守山风兮露餐；江水半泥且饮，压杠杠兮将眠；铁锤钢钎成路，机器上山靠肩。昼顶烈日，夜负霜寒；勠力同心，无私奉献。宝鼎兰尖，粮草争先；弄弄坪上，宏图大展。铁水奔流，沸腾寂寂荒蛮；钢花飞溅，锃亮张张笑脸；钢材曼舞，明媚切切期盼。

　　邓公伟略，改革开放；国有钢企，攀钢率先；承包经营，激情重燃。市场经济似金鹏奋翅，击水三千；责权相连如妙药灵丹，产值翻番；国际贷款舍我其谁，赓续华篇；财务公司蟾宫折桂，肌舒骨健。兼并上市重组，揭开历史新颜。开疆拓土，南北征战。摆脱一隅锁限，长风破浪向前。梧桐生朝阳，孔雀飞西南。机电学院，职教标杆；攀钢医院，惠民万千。人尽其才，效应纷现；科技成果，数项夺冠。呆矿冶炼，创世界冶金奇迹；钒钛亮剑，夺行业话语柄权。百米长轨，欧亚横贯；民用板材，鳌头独占。不毛之地，生机盎然；钒钛之都，享誉宇寰。

　　金融危机，全球蔓延。钢铁航母，浴火涅槃。求生存，壮士断腕；谋发展，焕新理念。牢记初心，开发资源；不忘使命，高峰勇攀。

看今朝，继往开来，深彻变革。治党管党，全面从严。平台跨界产融生态，多元协调蔚为大观。国贸公司，出海扬帆；一带一路，刚柔并显。积微物联，驰骋星汉；物贸钒贸，共享共融共兴；天府惠融，融信融资融券；坤牛物流，运力无边；钒花钛花，惊鸿耀眼；长城特钢，揽月飞天；傲挺华为，昆仑肝胆。

泱泱攀钢，暖暖花城。产城互荣，康养首选。诚信为本，高质发展。红色基因，薪火永传。树蕙滋兰，行胜于言。扶危济困，尚德从善。新攀钢潜龙腾渊，新文化奇葩初绽。

伟哉攀钢，青衿之志，经久弥坚；壮哉攀钢，心系国运，行稳致远；勇哉攀钢，浪高何惧，弄潮当先；大哉攀钢，使命唯我，神州巨椽！美哉攀钢，三线骄傲，成功典范！当以歌之，当以赋之。

（作者：何仕贵）

英雄攀钢

1=♭E 4/4

攀　轩词

黄虎威曲

进行曲速度 坚定、自豪地

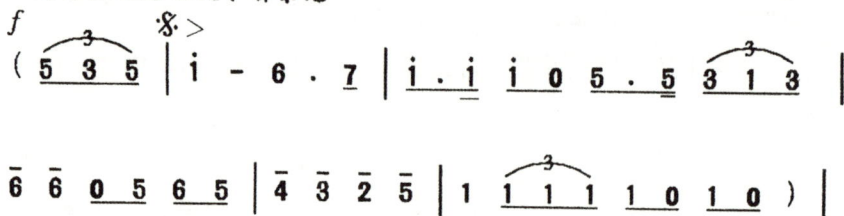

f

(5 3 5 | 1 - 6·7 | 1·1 1 0 5·5 3 1 3 |

6 6 0 5 6 5 | 4 3 2 5 | 1 1 1 1 0 1 0)

女高　5 5·5 5 3·1 | 2 2 5 0 5 5 | 1 2 3 4 | 2 - - - |

女低　3 3·3 3 1·1 | 7 6 5 0 5 5 | 5 7 1 1 | 7 - - - |

我们是英雄的 攀钢人，脊梁 托起新 钢城，
我们是光荣的 攀钢人，拼搏 市场开拓创 新，

男高　5 5·5 5 3·1 | 2 2 5 0 5 5 | 1 2 3 4 | 5 - - - |

男低　3 3·3 3 1·1 | 7 6 5 0 5 4 | 3 5 1 6 | 5 - - - |

流畅、舒展地

5 5 5 3·1 | 6 6 2 0 3 4 | 5 4 3 2 | 1 - - - | 0 0 0 0 |

3 3 3 1 | 1 1 6 0 1 2 | 3 2 1 7 | 5 - - - | 0 0 0 0 |

阔步走进 新时代，生命 铸就钒 钛魂。　　铁 流
阔步走进 新时代，继往 开来与时俱 进。

mf

5 5 5 3·1 | 4 4 6 0 5 4 | 3 4 5 4 | 3 - - - | 6 - 6·3 |

3 3 3 1 | 4 4 4 0 3 2 | 1 2 3 5 | 1 - - - | 6 - 6·3 |

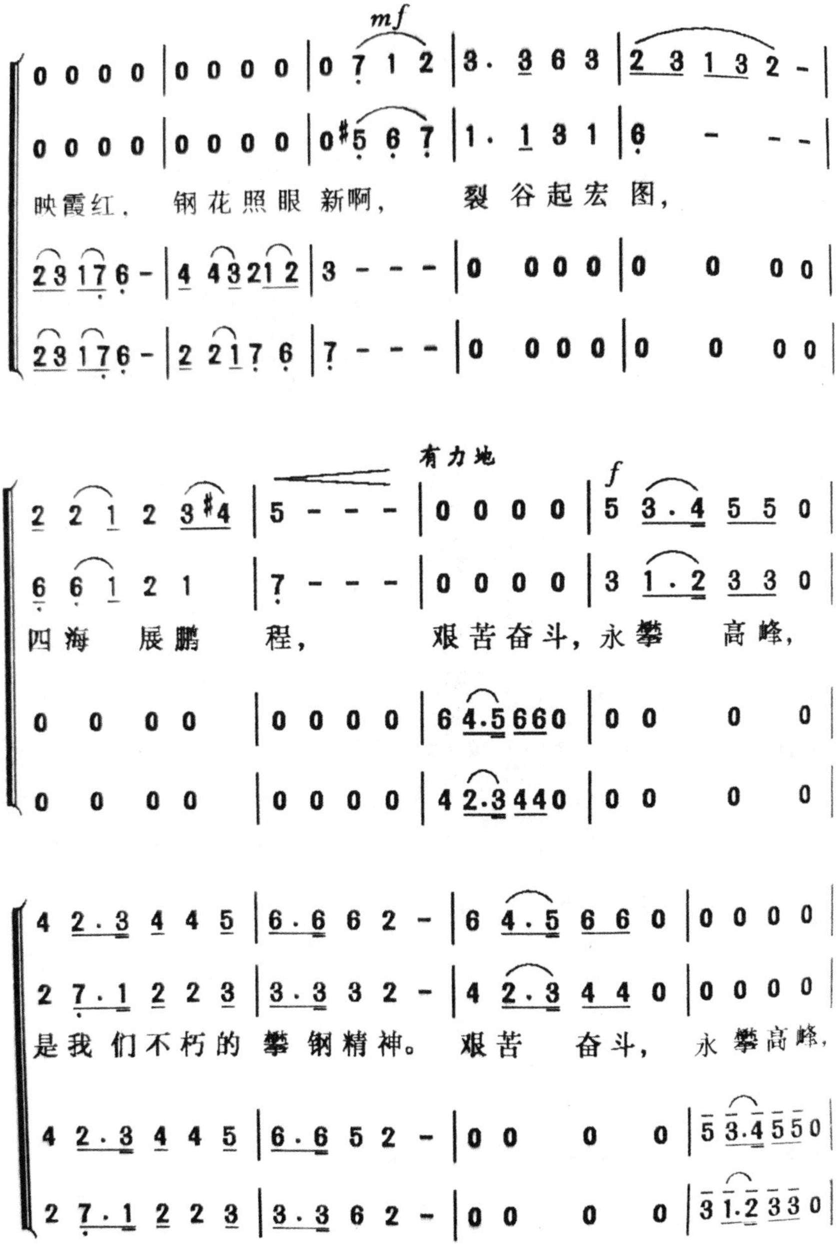
mf
映霞红，钢花照眼新啊，裂谷起宏图，
有力地
f
四海展鹏程，艰苦奋斗，永攀高峰，
是我们不朽的攀钢精神。艰苦奋斗，永攀高峰，

宽远、宽广地 稍慢一点

ff

```
4 2.3 4 4 5 | 6.6 7 5 - | i - 6.7 | i.i i 5.5 5 3 1 |
2 7.1 2 2 3 | 3.3 #4 2 - | 5 - 4 - | 5.5 5 3.3 3 3 1 |
```

是我们不朽的 攀钢精神。 建 设 现代化钢铁钒钛

ff

```
4 2.3 4 4 5 | 6.6 i 7 - | i - 6.7 | i.i i 5.5 5 3 1 |
2 7.1 2 2 3 | 3.3 6 2 - | 3 - 4 - | 3.3 3 3.3 3 3 1 |
```

```
6 6 0 5 6 5 | 4 3.3 2 1 | 5 - - - | i - 6.7 |
4 4 0 3 3 3 | 2 1.1 6 - | 7.1 2 5 | 5 - 4 - |
```

基 地 是我们 共 同 的 心 声。 建 设

```
6 6 0 5 6 5 | 4 5.5 6 - | 5.6 7 - | i - 6.7 |
4 4 0 3 3 1 | 2 3.3 4 #4 | 5 - - - | 3 - 4 - |
```

1.

```
i.i i 5.5 5 3 1 | 6 6 0 5 6 5 | 4 3.3 2 5 | 1 - - 5 3 5 |
5.5 5 3.3 3 3 1 | 4 4 0 3 3 3 | 2 1.1 6 7 | 5 - - 0 |
```

现代化钢 铁钒钛 基地, 是我们 共同的心 声。

```
i.i i 5.5 5 3 1 | 6 6 0 5 6 5 | 4 5.5 4 - | 3 - - 0 |
3.3 3 3.3 3 3 1 | 4 4 0 3 3 1 | 6 5.5 4 5 | 1 - - 0 |
```

D. S

渐慢

‖2.

6 6.6 7 5 | i - - - | i 0 0 0 ‖

4 4.4 4 - | 3 - - - | 3 0 0 0 ‖

共 同 的 心　声。

6 6.6 5 7 | 5 - - - | 5 0 0 0 ‖

4 4.4 5 5 | 1 - - - | 1 0 0 0 ‖

重大事件记录发展轨迹
史海钩沉重温流金岁月
——攀钢大事精选

（1964—2023）

1. 1964年5月，中共中央在北戴河召开工作会议，毛泽东主席重提建设攀枝花问题，中央正式做出建设攀枝花钢铁基地的决定。10月，中共中央批准攀枝花钢铁厂在攀枝花建设。

2. 1964年12月5日，冶金部"攀枝花铁矿冶炼试验组"正式在北京成立。该组由西南钢铁研究院（攀研院前身）、长沙矿冶研究所、东北工学院、重庆大学、鞍钢、包钢、邯钢等专家、教授、干部、工人108人组成。

3. 1964年12月26日，冶金部批准，四〇公司（攀钢前身）在西昌正式成立。

4. 1965年3月4日，毛泽东主席在冶金部部长吕东、副部长徐驰给国务院《关于加快攀枝花钢铁基地建设的报告》上批示："此件很好。"，由此拉开了建设攀钢的序幕。

5. 1965年12月1—2日，中共中央总书记邓小平视察攀枝花，亲自审定工业区建设方案，称赞"这里得天独厚"。

6. 1966年1月15日，冶金部批准攀枝花弄弄坪钢铁厂初步设计。攀钢一期设计规模为年产生铁160万吨至170万吨、钢锭150万吨、钒渣3.45万吨、钢材110万吨。

7. 1969年3月4日，东风钢铁公司革命委员会成立，对外代号由四〇公司改为"三四"信箱。1970年1月5日，东风钢铁公司更名为攀枝花钢铁厂，对外代号由"三四"信箱改为四〇公司。1972年6月30日，四〇公司正式改为攀枝花钢铁公司。

8.1970年2月27日，兰尖铁矿采场投产;3月4日,选矿厂一、二系列投产。从此，攀钢拥有自备矿山，并开始承担钒钛磁铁矿的选矿任务。1971年5月21日，攀枝花朱家包包铁矿狮子山万吨大爆破成功起爆，掀开我国铁矿资源大规模开发和攀钢大发展的崭新篇章。

9.1970年7月1日，攀钢炼铁厂1号高炉投产，生产出第一炉铁水，改变了外国专家断定为攀西钒钛磁铁矿是"死矿""呆矿"而不能冶炼的结论。

10.1971年10月1日，攀钢提钒炼钢厂1号120吨氧气顶吹转炉顺利炼出第一炉钢水。

11.1973年4月11—13日，攀钢召开首届党代会，选举产生了中共攀钢第一届委员会。委员会由33名委员组成,设常委12人。孟东波任书记,白良玉、李海清、李原、荆博任副书记。

12.1973年5月1日，冶金部批准攀枝花冶金矿山公司成立，原属攀钢的兰尖铁矿、选矿厂等单位划归攀矿。1993年6月27日，攀矿并入攀钢。

13.1974年8月16日，攀钢轨梁厂第一次轧出162毫米方钢。1975年11月17日，轨梁厂热轧线和精整重轨、型钢、方圆钢作业线全部投产，标志攀钢一期工程建成。

14.1978年2月15—23日，国务院副总理方毅在成都主持召开第一次攀枝花资源综合利用科技工作会议。1978—1987年，方毅连续9年组织召开攀枝花资源综合利用科技工作会议，8次到攀钢实地视察调研，就攀钢科技、深化改革、二期建设、人才培养等工作做出重要指示。

15.1978年3月，攀钢雾化提钒工艺获全国和四川省"科技成果奖"。

16.1978年3月，攀钢炼铁厂在钒钛烧结矿中配加普通天然块矿冶炼，解决了泡沫渣的问题,使高炉冶炼顺行,这是钒钛磁铁矿冶炼技术上的重大突破。

17.1978年12月28日，攀钢提钒炼钢厂经过1、2、3号试验炉的工业试验，经冶金部批准正式建成提钒车间;1998年，攀钢从德国GFE公司搬回一座钒生产厂。如今，攀钢是全球第一的产钒企业，三氧化二钒、高钒铁、钒氮合金等产品的生产标准进入世界先进水平。

18.1979年9月28日，攀矿选钛厂建成投产;1994年10月8日，钛白粉厂正式投产；1999 年，攀钢成功实施钛白粉厂"四改六"，改变了我国高档造纸钛白全靠进口的格局。

19. 1979 年 10 月，攀钢成立集体企业生产服务公司（钢城企业总公司前身），在增加就业、稳定队伍、提供服务上发挥了积极作用，攀钢集中统管迈出第一步。

20. 1979 年 12 月，攀枝花高钛型钒钛磁铁矿高炉冶炼技术获国家发明一等奖。

21. 1980 年 5 月 30 日，攀钢出口 90 毫米方钢、氧气瓶钢、钒渣，这是攀钢产品首次打入国际市场。

22. 1980 年 10 月 30 日，经财政部、冶金部批准，从该年起至 1985 年，国家对攀钢实行上交利润定额包干承包经营责任制，当年攀钢实现利润超过亿元。以后改为上交利润递增包干，直至 1992 年。

23. 1982 年 1 月 1 日，冶金部通知，攀枝花钢铁研究院及所属四一〇厂划归攀钢领导。

24. 1985 年 1 月 9 日，攀钢在焦化厂、初轧厂、钢研院等 8 个单位实行厂长（经理）负责制试点。随后，又在炼铁厂等 7 个单位试行厂长负责制。这是攀钢全面实行目标承包经营责任制的第一年。

25. 1986 年 1 月 14 日，攀钢二期工程破土动工；1997 年 3 月 1 日，冷轧厂第一卷镀锌卷顺利产出。历时 11 年的二期工程全面建成投产。

26. 1987 年 5 月 28 日，攀钢向世行贷款 2.1 亿美元用于二期建设，成为我国进入国际金融市场的第一家工业企业，开了中国企业国际融资的先河。1996 年 5 月 28 日，攀钢按期还清本息共计 2.87 亿美元。

27. 1988 年 7 月 11 日，由广西电影制片厂摄制的电影《共和国不会忘记》在攀钢开机拍摄。该片以钢铁工业为题材，以攀钢等为背景，歌颂了改革开放以来，一代钢铁工人献身钢铁事业、开拓进取、勇于创新的英雄壮举和光辉成就。随后，攀钢分别被团中央、四川省确定为全国青少年爱国主义教育基地、四川省爱国主义教育基地。

28. 1988 年 8 月 20 日，攀钢承包昆明冶金工业公司四家企业（冶金工业公司、市轧钢厂、焊管厂、无缝钢管厂）合同签字仪式举行，这是攀钢首次跨省对外承包。

29. 1988 年 9 月 29 日，国家经济体制改革委员会批复，同意成立攀西冶金企业集团。1988 年 12 月 21 日成立了以攀钢为主体，以原料、生产、经营、科研、设计、制造、施工等若干大中型企业单位为骨干的攀西集团。1993 年 6 月 28 日，攀钢集团成立，冶金工业部攀枝花钢铁公司更名为攀枝花钢铁（集团）公司。

30. 1989 年 11 月 14—16 日，国际钒钛资源开发利用会在攀钢召开。

31. 1990 年 4 月 10 日，攀钢经理赵忠玉被评选为第三届全国优秀企业家，获金球奖。

32. 1990 年 6 月 14 日，攀钢对企业精神进行提炼，核心内涵为：艰苦奋斗，勇攀高峰。

33. 1991 年 4 月 18 日，中共中央总书记江泽民视察攀钢，并题词"努力把攀钢建设成为现代化的钢铁钒钛基地"；1999 年 4 月 19 日，江泽民再次视察攀钢。

34. 1991 年 9 月 2 日，攀钢"全长淬火轨"和"攀枝花钒钛磁铁矿冶炼新流程"分别获国家"七五"科技攻关一等奖和二等奖。

35. 1992 年 5 月 1 日，攀钢被中华全国总工会授予全国先进集体称号，首次获得"五一"劳动奖状。

36. 1992 年，攀钢推行劳动、人事、分配三项制度改革，通过三项制度改革，攀钢 7 个主线生产厂人员精减率达 15.12%，全公司处级机构减少 10 个，科级机构减少 149 个，干部岗位人数减少 1500 个，废除了等级工资制，建立了岗位技能工资制。

37. 1993 年 3 月 12 日，攀钢集团板材股份有限公司正式创立，同时召开第一届股东代表大会，大会选举九人组成的董事会，赵忠玉为董事长。

38. 1993 年，攀钢提出管好主体、搞活辅助、放开后勤的改革思路，1994 年攀钢推行精干主体、分离辅后改革；从 1993 年 10 月 18 日煤化工公司在原焦化厂的基础上改组成立，至 1998 年 3 月 18 日自动化公司在原自动化部的基础上改组成立，攀钢分离出 36 个二级单位，共计 6 万余人，改组成立 12 个专业化分（子）公司。

39. 1994 年 9 月 29 日，攀钢被国务院授予"民族团结进步模范单位"称号。

40. 1994 年 11 月 17 日，中宣部组织新华社、《人民日报》、中央电视台、《经济日报》、《光明日报》等中央 5 家新闻单位到攀钢采访，宣传攀钢艰苦创业事迹，弘扬爱国主义精神。

41. 1995 年 12 月 31 日，攀钢在册全民职工与（集团）公司签订劳动合同。从 1996 年 1 月 1 日起，攀钢实施全员劳动合同制。

42. 1996 年 11 月 15 日，攀钢板材股票在深圳证券交易所上市交易；1998 年 11 月 18 日，"攀钢板材"在深圳股票交易所更名为"新钢钒"正式挂牌交易。

43. 1997 年 6 月 13 日，国务院总理李鹏视察攀钢，并题词："发挥攀西资源优势，促进攀钢不断发展。"

44. 1997 年 9 月，攀钢（集团）公司及钢钒公司同时获得中英文版的中国冶金工业质量体系认证中心证书和冶金质量评审中心证书，获准攀钢（集团）公司和钢钒公司质量体系通过 GB/T 19002、ISO 19002 标准的认证。

45. 1998 年 7 月 24 日，攀钢（集团）公司六届四次职代会议确立了攀钢"三年解困、五年步入良性循环"的五大目标和八项措施。8 月 26 日，攀钢（集团）公司党委召开全委扩大会议，讨论并通过《攀钢党委关于确保公司实现三年解困、五年步入良性循环目标的决定》。

46. 1999 年 10 月 16 日，攀钢兼并成都无缝钢管公司签字仪式举行。2002 年，由攀钢集团成都无缝钢管有限责任公司和成都钢铁厂联合重组的攀钢集团成都钢铁有限责任公司正式成立。

47. 1999 年 12 月底，攀钢"钒钛磁铁矿强化冶炼技术"获国家科技进步一等奖。

48. 2000 年 4 月，攀钢首批时速 200 公里铁路用轨通过评审，结束了中国不能生产高速轨的历史。

49. 2000 年 7 月 18 日，攀钢债转股协议签字仪式在北京举行，此次债转股共涉及金额 46.73 亿元。

50. 2000 年 12 月 31 日 22 时，矿业公司、钛业公司联合实施尾矿零排放成功，标志着攀钢"零点行动"圆满实现目标。从 2005 年以来，攀钢环保治理投资达 170 亿元，先后实施环保治理项目 450 多项，攻克了以攀西钒钛磁铁矿烧结烟气脱硫、捣固焦炉烟气二氧化硫深度治理等为代表的难题，二氧化硫削减量居全国钢铁企业第一，走出了一条艰苦卓绝的绿色发展之路。2017 年，攀钢通过中央、省市环保督察"大考"。2018 年顺利通过中央环保督察"回头看"。在国家生态环境部首次发布全国地级及以上城市国家地表水考核断面水环境质量排名中，攀钢所在的攀枝花市位居全国第 7 名。

51. 2001 年 6 月 12 日，冷轧酸轧连机改造开工，攀钢三期建设拉开序幕；2005 年，世界一流水平的 340 连轧管机组、轨梁万能轧机生产线、新 3 号高炉和冷轧 3 号镀锌线等 8 项重点工程建成投产，攀钢整体装备水平大幅提升，推进了材变精品战略的实施。

52. 2001 年 6 月 29 日，攀钢与凉山州政府整体移交西昌分公司签字仪式在邛海宾馆举行。

53. 2001 年 7 月 1 日，攀钢党委被中共中央组织部评为"全国先进基层党组织"。

54. 2002 年 6 月 27 日，国内首条钒氮合金生产线在攀钢建成投产。

55. 2002 年 10 月 16 日，攀钢代表中国钢铁企业应诉反倾销诉讼赢得裁决，美国国际贸易委员会最终裁定中国出口到美国的冷轧板、卷未对美国产业造成实质损害或损害威胁。

56. 2003 年，按照"有限、相关、多元、持续"发展战略，攀钢兼并重组攀渝钛业。

57. 2004 年 6 月 30 日，攀钢集团四川长城特殊钢有限公司正式挂牌成立。

58. 2004 年 12 月 29 日，攀钢万能生产线热负荷试车成功，顺利轧出 100 米长尺钢轨，攀钢成为国内第一家、全球第三家采用万能轧制工艺生产 100 米长尺钢轨的企业。

59. 2005 年 4 月 12 日，《攀钢主辅分离辅业改制分流总体方案》正式出台，标志着攀钢主辅分离辅业改制工作拉开序幕。2007 年，攀钢先后整合优势资源成立了攀钢集团钛业有限责任公司、攀信公司等 7 个专业分子公司；同年12 月 5 日，攀钢集团钢城企业总公司正式移交攀枝花市政府管理；2009 年，攀钢机关改革顺利实施，组建了供应分公司，调整了国贸公司职责，钛产业资源整合顺利实施，攀长特社会职能移交工作基本完成，清理处置了一批低效资产。

60. 2005 年 3 月 28 日，攀钢"低碳铁素体、珠光体钢的超细晶强韧化与控制技术"项目获国家科技进步一等奖。

61. 2005 年 4 月 28 日，攀钢召开直选工会主席试点工作启动会，攀钢干部人事制度改革向纵深推进。此后，攀钢先后实施了领导干部公开招聘、党委书记及党支部书记直选等工作。

62. 2005 年，攀钢稳步推进信息化建设，建成了 ERP 整体产销系统，实现了信息流、物流、资金流、价值流的有机集成。

63. 2005 年 10 月，攀钢被评为"全国文明单位"，截至目前，攀钢已连续6 次荣膺这一殊荣。

64. 2006 年 2 月 8 日，攀钢与美国客户签订出口 6000 吨钢轨的合同。这是国产钢轨首次出口美国市场。

65. 2006 年 11 月 15 日，国务院国资委召开攀钢董事会试点工作会议，正式启动攀钢董事会试点工作，标志着攀钢建立现代企业制度、完善公司法人治理结构工作进入新的阶段。

66. 2006 年 12 月 26 日，攀枝花市最大的经济适用房小区——攀钢"阳光家园"经济适用房开工建设。2007 年 12 月 26 日，攀钢"阳光馨园"经济适用房开工建设。

67. 2007 年 11 月 5 日，攀钢集团整体上市正式启动。攀钢集团下属 3 家上市公司攀钢钢钒、ST 长钢、攀渝钛业发布公告，攀钢集团将以攀钢钢钒为平台，通过吸收合并 ST 长钢、攀渝钛业两家公司和向攀钢集团等四家公司定向增发的方式，实现集团经营性资产整体上市。2009 年 5 月 6 日，攀钢整体上市换股吸收合并宣告完成，攀钢钢钒、长城股份及攀渝钛业三家上市公司的整合结束；8 月，攀钢钢钒定向增发股份，购买了攀钢集团、攀钢有限、攀成钢、攀长钢相关业务与资产，整体上市顺利完成。

68. 2007 年，攀钢被评为"全国企业文化建设优秀单位"。

69. 2008 年，攀钢遭遇"5·12"汶川特大地震和"8·30"攀枝花地震，造成攀钢经济损失 14.2 亿元，企业生产经营和职工群众生活受到严重影响。攀钢启动应急预案，众志成城、顽强拼搏，夺取了抗击两次地震等严重自然灾害的重大胜利，累计向社会捐款捐物 6465 万元。

70. 2008 年 7 月 28 日，攀钢被命名为国家首批创新型企业。

71. 2009 年，攀钢选钛扩能、高钛渣二期、海绵钛项目开工建设，攀长特钛材一期工程正式投产；其后又成功轧制热轧钛卷和冷轧钛板卷，打造从钛矿、海绵钛、钛锭、热轧到高端冷轧钛板的完整钛产业链取得新突破。

72. 2009 年底，四川省攀枝花市工商局正式向攀钢集团有限公司颁发了企业法人营业执照，标志着攀钢正式整体改制为国有独资公司。

73. 2009 年，攀钢钒高炉平均利用系数突破 $2.5t/(m^3 \cdot d)$，居全国同类型高炉冶炼高钛型钒钛磁铁矿之首，攀枝花钒钛磁铁矿综合利用水平进一步提高。

74. 2010 年 1 月 18 日，在攀钢集团有限公司首届八次职工代表大会上，提出了坚持"一四五"战略，坚定不移地抓好以西昌钒钛资源综合利用项目为核心的重点工程建设，加快推进攀钢二次创业。

75. 2010 年 4 月，根据攀枝花新钢钒股份有限公司 2010 年第一次临时股东大会决议，经工商行政管理部门变更登记，攀枝花新钢钒股份有限公司更名为攀钢集团钢铁钒钛股份有限公司。

76. 2010 年 7 月 28 日，鞍钢与攀钢重组大会在北京京西宾馆召开。

77. 2011 年 11 月，攀钢被国务院扶贫开发领导小组评为"全国扶贫开发先进集体"。

78. 2011 年 12 月 22 日，攀钢举行西昌钒钛资源综合利用项目竣工庆典。

79. 2013 年 1 月 11 日，攀钢海绵钛工艺流程全线打通，成为我国唯一拥有完整钛产业链的大型企业。

80. 2013 年 2 月 7 日，国家发改委审议并正式批准设立攀西战略资源创新开发试验区，该试验区是当时全国批准设立的唯一一个资源开发综合利用试验区。作为开发利用攀西钒钛资源国家队和排头兵的攀钢，该试验区的设立对攀钢的发展具有重要的战略意义。

81. 2013 年 7 月，积微物联成立。2018 年被纳入国务院国企改革"双百"企业，并先后荣获国家发改委共享经济典型平台、工信部 2020 年大数据产业发展试点示范项目、中国大宗商品电商百强企业、中国 B2B 百强企业、中国 B2B 独角兽企业、中国十大物流创新园区、中国最具影响力钢铁电商平台等近百项荣誉。

82. 2015 年 3 月 3 日晚，纪念攀枝花开发建设暨攀钢成立 50 周年晚会在攀钢俱乐部隆重举行。会上发布了"十大攀钢技术""十大攀钢品牌产品"，表彰了"十大感动攀钢人物"。

83. 2016 年 1 月 23 日，在攀钢三届一次职代会上，攀钢总经理、党委副书记段向东作《深化保命经营　加快改革发展　以坚定的决心和勇气推动新攀钢建设》主题报告，第一次明确提出新攀钢建设理念，从此开启了新攀钢建设征程。

84. 2016 年 10 月 30 日，攀成钢公司轧管系统实现停产，产线相关配套设备同时关闭。2016 年 12 月 31 日，攀成钢公司完成了产线停产人员分流安置工作。

85. 2018 年，攀钢实现营业收入 780 亿元、经营利润 53 亿元，均创历史最好水平。

86. 2019 年 6 月，攀钢钒公司被评为"2019 绿色发展二十大优秀企业"称号。2019 年 12 月 28 日，西昌钢钒公司获"2019 最具影响力绿色发展企业品牌"殊荣。

87. 2019 年 11 月 11 日，中诚信国际信用评级有限责任公司发布《攀钢集团有限公司 2019 年度跟踪评级报告》，将攀钢集团有限公司的主体信用等级由 AA+ 上调至 AAA，这是攀钢集团首次上升到市场最高信用等级，实现了历史性突破。

88. 2019 年 12 月，经国家工信部核查认定，攀钢 1 号高炉，弄弄坪主厂区工业建筑群，提钒炼钢厂 1 号转炉、3 号汽轮鼓风机组，朱家包包铁矿（狮子山大爆破遗址）、009 号电力机车，兰家火山大坪硐，渡口造船厂船坞及码头入选第三批国家工业遗产名单。

89. 2019 年 12 月 2 日，国务院扶贫办官网和新华社主办的《经济参考报》深度聚焦攀钢精准扶贫成就，以《攀钢集团：打出定点扶贫"组合拳"助农奔小康》为题，浓墨重彩地推广了攀钢在抓好党建促扶贫，"输血"变"造血"，消费扶贫帮助村民卖山货等方面取得的成效及典型做法。

90. 2020 年 6 月 16 日，中国共产党攀钢集团有限公司第九次代表大会召开，选举出中共攀钢集团有限公司第九届委员会和纪律检查委员会，段向东当选为党委书记，谢俊勇、申长纯当选为党委副书记。

91. 2021 年 11 月 8 日，鞍钢集团有限公司党委在攀钢召开攀钢集团有限公司干部大会，宣布关于攀钢集团有限公司领导班子调整的决定。鞍钢集团有限公司党委、鞍钢集团有限公司决定：李镇同志任攀钢集团有限公司党委书记，聘任为攀钢集团有限公司董事长。

92. 2022 年 1 月，攀钢《大型国有企业"六位一体"精准扶贫模式的构建与实践》，获评第二十八届全国企业管理现代化创新成果二等奖。这是攀钢精准扶贫模式首次获得国家级成果奖。

93. 2022 年 8 月 20 日下午 2 时，一支规格为 208×1078×8000 毫米、重8.1 吨的 TA1 钛锭，从钛材公司高端钛及钛合金生产线电子束冷床炉（EB 炉）顺利出炉。这标志着攀钢高端钛及钛合金生产线项目取得突破性进展，对填补攀枝花市钛型材生产、加工空白，完善攀西资源钛产业链有着重要意义。

94. 2022 年 11 月 25 日，历时 13 年自主研发，被誉为"争气机"的国内首台国产 F 级 50 兆瓦重型燃气轮机，在四川德阳发运交付，进入工程应用阶段。攀钢生产的叶片钢用于该重型燃气轮机核心部件。

95. 2022 年 12 月 9 日，鞍钢集团召开钒钛产业发展大会，加快构建"双核 + 第三极"产业发展新格局，推动钒钛产业大发展，奋力打造"第三极"排头兵，为加快建设世界一流企业提供有力支撑。

96. 2023 年 2 月 9 日，攀枝花市政府与攀钢签订共同推动高质量发展共建共同富裕试验区战略合作框架协议，标志着地企双方融合发展迈入了全方位、多层次、高水平的新阶段，开启了地企携手共同推动高质量发展新篇章。

97. 2023 年 2 月，攀钢 5G 采矿实现了冶金矿山车铲钻现场作业无人化车铲协同、5G 云网融合应用于矿山采场无人化作业、高温电磁环境矿山采场无人化作业等三个"首创"。

98. 2023 年 3 月 16 日，国务院国资委官网正式发布《关于印发创建世界一流示范企业和专精特新示范企业名单的通知》，攀钢集团钒钛资源股份有限公司入选"创建世界一流专精特新示范企业"。

99. 2023 年 5 月 15 日，攀钢以攀钢钒为主体，对西昌钢钒、国贸公司、物贸公司和冶材公司实行全要素一体化管控，初步构建起普钢板块市场化运营体系和机制。

100. 2023 年 8 月，攀钢 3.5 万吨海绵钛扩能项目建成投产。12 月，攀钢 6 万吨氯化法钛白粉项目按期建成，打造钒钛"第三极"实现高起点开局。

攀钢历任主要领导

姓　名	单位及职务	任职时间
李　原	西昌钢铁公司筹备处负责人	1964 年 8 月—1964 年 12 月
胡　山	西昌钢铁公司党委书记	1964 年 11 月—1966 年 4 月
赵仲云	西昌钢铁公司经理	1964 年 11 月—1966 年 4 月
郭遵义	东风钢铁公司筹备处主任 东风钢铁公司革命领导小组负责人	1967 年 8 月—1968 年 8 月 1968 年 8 月—1969 年 3 月
刘京俊	东风钢铁公司筹备处负责人 攀钢公司党委书记	1968 年 6 月—1968 年 8 月 1980 年 4 月—1982 年 9 月
李海清	东风钢铁公司革命领导小组负责人 东风钢铁公司革委会主任 攀钢公司革委会主任	1968 年 8 月—1969 年 3 月（军代表） 1969 年 3 月—1972 年 5 月 1972 年 6 月—1974 年 4 月
徐培琦	东风钢铁公司筹备处负责人	1968 年 10 月—1969 年 3 月
孟东波	攀钢公司党委书记	1973 年 4 月—1973 年 11 月
白良玉	攀钢公司革委会主任 攀钢公司党委书记	1973 年 11 月—1978 年 4 月
廖井丹	攀钢公司党委第一书记	1975 年—1978 年 1 月（兼）
李　超	攀钢公司党委书记	1978 年 4 月—1980 年 4 月（兼）

续表

姓　名	单位及职务	任职时间
赵景有	攀钢公司代经理	1978 年 10 月—1980 年 4 月
黎　明	攀钢公司经理	1980 年 4 月—1982 年 4 月
赵忠玉	攀钢公司经理 攀钢公司总经理 攀钢公司董事长	1982 年 5 月—1993 年 6 月 1993 年 6 月—1996 年 4 月 1996 年 4 月—1998 年 3 月
周德泽	攀钢公司党委书记	1983 年 6 月—1985 年 7 月
薛世成	攀钢公司党委书记 攀钢（集团）公司党委书记	1985 年 7 月—1993 年 6 月 1993 年 6 月—1998 年 3 月
洪及鄙	攀钢（集团）公司总经理 攀钢（集团）公司董事长	1996 年 4 月—2001 年 9 月 1998 年 3 月—2006 年 6 月
黄容生	攀钢（集团）公司党委书记	1998 年 3 月—2003 年 12 月
罗泽中	攀钢（集团）公司总经理	2001 年 9 月—2006 年 6 月
樊政炜	攀钢（集团）公司党委书记 攀钢（集团）公司董事长 攀钢（集团）公司总经理 攀钢集团有限公司董事长、总经理	2003 年 12 月—2009 年 10 月 2006 年 5 月—2010 年 1 月 2009 年 11 月—2010 年 1 月 2010 年 1 月—2012 年 4 月
余自甦	攀钢（集团）公司总经理 攀钢（集团）公司党委书记 攀钢集团有限公司党委书记 攀钢集团有限公司总经理	2006 年 6 月—2009 年 11 月 2009 年 11 月—2010 年 1 月 2010 年 1 月—2013 年 1 月 2012 年 4 月—2013 年 1 月
姚　林	攀钢集团有限公司党委书记、董事长	2013 年 1 月—2015 年 3 月
段向东	攀钢集团有限公司总经理 攀钢集团有限公司党委书记、董事长	2015 年 4 月—2017 年 2 月 2017 年 2 月—2021 年 10 月
李　镇	攀钢集团有限公司党委书记、董事长	2021 年 11 月—2024 年 1 月
徐世帅	攀钢集团有限公司董事长	2024 年 1 月至今
谢俊勇	攀钢集团有限公司党委副书记、总经理 攀钢集团有限公司党委书记、总经理	2019 年 12 月—2024 年 1 月 2024 年 1 月至今

写在后面的话

1

2019 年初，攀钢集团全面实施"新攀钢 新文化"工程，公司党委决定由党委宣传部联合四川省钒钛钢铁产业协会组织写作组，编撰一本反映攀钢建设发展的书。

看似寻常最奇崛。这些年来，写攀钢的书不说浩如烟海，却也是车载斗量。策划编撰一本什么样的书？怎么样谋篇布局，方能独具特色地展现攀钢近六十年历史？接手任务后，我们深感责任重大。

前期考察调研、座谈、专访一样都不敢偷懒，查史实、搜图片、做访谈提纲，采访名单列出一长串，有省市专家、攀钢领导，希望一个都不少；劳模标兵、技术人员、基层代表，尽可能面面俱到；边座谈交流边沉思写作纲要，一点都不敢怠慢和潦草。

从写作提纲到写作纲要，反复征求各方意见，一改再改，有时思量过度，夜不能寐，但每有收获，大家都欣喜万分。历时四个多月，终于构思成型，七易其稿，不断完善，终以《寻源——攀钢从三线走来》为书名，以"1 总论 + 7 篇章"设定写作框架。

2

2019 年仲夏，写作组开始动笔，殚精竭虑至银杏金黄的深秋，完成了 25 万字的初稿。

捧着这个凝结着写作组心血和汗水的结晶，就像捧着一个满脸褶皱的新生婴儿，我们请中国三线建设研究会、攀钢老领导检视，拜请国务院三线建设办公室、省参事室、省委宣传部、省委党校、省社科院、四川大学、四川人民出版社、鞍钢集团党委宣传部、攀枝花中国三线博物馆等专家审阅。蔡竞、杨泉明、王春才、秦万祥、张成明、谢玉先、张海、李章忠、姜小琳、廖冲绪、王军、刘周远、张鸿春等诸位先生（女士），分别审阅了书稿中的若干篇章，提出了不少建设性意见。

特别感谢王春才老先生，他虽年事已高，但仍对三线建设和攀钢怀有深厚感情。他提供的许多丰富史料和深刻感悟，让我们受益良多。

中国三线建设研究会陈东林副会长提出总论要站位高远，高度契合国家倡导的三线精神，要体现攀钢就是三线精神的生动实践这一新视角。令人豁然开朗。于是便有了《三线之光——攀钢向共和国报告》的新书名。

由衷感谢吴溪淳老先生，他作为攀钢建设的亲历者、冶金部和中钢协的老领导，一直支持和关注攀钢发展。我们请他为本书作序时，老先生正生病住院治疗。可一出院，赓即动笔，一字一句地为本书作序。言之殷殷，情之切切，令人感佩！

《三线之光——攀钢向共和国报告》，是集体智慧的浓缩和升华。

3

我们把《三线之光》定位于"报告"，希望把她做成一本与众不同的"书"。

《三线之光》不是攀钢志或攀钢建设发展史，也不是攀钢发展"论"和回忆录，而是一本主要写给三线建设者和攀钢人看的书。期待达到三个目的，一是喜读，二是存史，三是导引。让人们读《三线之光》的时候，能够有史、有论、有人、有物，见人、见事、见思想，看到攀钢从无到有的成长，看到一家三线企业在各个领域和在不同时期取得的成就，看到不同时代的攀钢人一以贯之，赓续奋斗，看到新攀钢建设的全新面貌，并引发思考，让人们深刻地体会到，没有党的正确领导和社会主义制度的优越性，没有中国人民的艰苦奋斗和无私奉献，就没有今天的攀钢。

2020年的这个春节，注定一生难忘。突如其来的新冠疫情搅乱了大家的生活，打破了所有的工作计划。

特殊时期，抛开羁绊，静下心来，封闭统稿。足不出户20多天，潜心推敲，再从理论视角审视全书，可用三个词凸显：一为史实，纵览攀钢近六十年，横跨业界，概立于事，不铺陈，不虚构，可立史存照；二为史诗，讴人歌物颂事，流畅简明感美，如生栩栩；三为史论，以事明理，予人见神，奋斗进取，溢于行间。《三线之光》全书框架就是一条主线，即攀西资源综合利用，也是攀钢的生命线；两个基本点，即奋斗和创新，这是攀钢人格的精神内核。从内容来看，奋进、创新、变革、文化这四个篇章，解读着攀钢历程和三线建设的内在逻辑；攀西资源综合利用的三次飞跃，三代技术体系，三次管理变革，三次文化创新，体现了攀钢近六十年创新、奋进的轨迹。全书可一言以蔽之，"一线两点四个三"。"一线两点"是暗线，内隐于全书，靠悟；"四个三"是明线，为三线之光谱，可读。还有三章，一为总论，全书之纲；一为责任，全书之花；一为旗帜，全书之魂。

在内容编排上，采取"葡萄架"式构建，正文、图片、攀钢人和小故事穿插编排，特别是把攀钢人和小故事插编在各个章节，用优秀个体的讲述和对他们的介绍，凸显攀钢人的付出与努力，使精神故事化、道理人物化，让读者见事同时"见"人；让捧书者阅读时得到精神"小憩"，增加本书的生动性和可读性；借此"补白"式编排，达到喜读、存史和导引之初心。

4

攀钢集团高度重视《三线之光》的编写、出版工作。时任鞍钢集团党委常委、副总经理，攀钢党委书记、董事长段向东对本书总体策划、创作思路给予了重要指导，提出了明确要求。

时任攀钢集团党委常委、副总经理陈勇多次接受访谈，提出了不少修改意见。

攀钢集团党委宣传部承担了本书编撰的组织协调工作，为成书付出了艰辛劳动。

攀钢集团党委组织部、办公室、纪委、工会、产业发展部、管理创新部、运营改善部、科技创新部、安全环保部、攀钢研究院、股份公司、攀钢钒、西昌钢钒、矿业公司、攀成钢、攀长特、国贸公司等单位为本书的选稿、取材、审稿提出了宝贵建议和意见。在此，一并致以谢意。

攀钢老领导赵忠玉、黄容生、罗泽中、余自甦、周家琮、刘新会等为写作本书提供了相当丰富的史实资料，提出了很多重要建议。我们对他们的帮助和支持，以及他们对攀钢的深深情怀和对攀钢做出的贡献，深表敬意。

感谢写作组成员何高鹏、周军、吉广林、汪洋、汪必奎、何仕贵、富成虎、黎伟、曾彦平、易海林、史俊、林绍才、杨娇、龙海、王幸、何惠平等的辛勤笔耕；感谢马海波对本书编审出版提供的指导与帮助；感谢张家成的辛勤校阅；感谢黄长银、孟祥林、方淑芳及攀钢传媒中心等对图片与资料收集整理的费心劳力。

时任攀钢党委副书记、工会主席张治杰作为本书主编，对创作全过程进行悉心指导；吴铁军担任副主编工作；执行副主编张邦绪提出全书框架结构，具体组织书稿编撰、统稿及审定；吉广林作为全书总执笔，为本书的最终成稿付出了大量心血。

感谢冶金工业出版社苏长永社长及工作团队对本书出版的大力支持，使《三线之光》如跃门之鲤，煌然面世。

<h1 style="text-align:center">5</h1>

光阴荏苒，白驹过隙，昔日之新已然成今时之旧。

《三线之光》展现了党和国家决策建设、领导攀钢和攀钢波澜壮阔的近六十年发展史，其主题和格调紧扣时代脉动旋律，渗透着鲜明的年轮印迹。字里行间，融入了我们对攀钢深切的感情，为此我们喜欢你正阅读的《三线之光》。英雄的史诗，激荡心灵。盼展卷者品鉴有益，触动情怀。

2022年，党的二十大胜利召开。攀钢全面学习、全面把握、全面落实党的二十大精神，深刻认识中国式现代化的重大意义，提出了要加快建设高质量发展新攀钢的发展目标。攀钢又将开启新征程，创造属于攀钢的新荣光，那又将是成绩满满的新辉煌。

限于时间和水平等原因，《三线之光》难免挂一漏万，存有遗憾和不足，恳请广大阅读者批评指正。

历史的画卷，在砥砺前行中铺展；时代的乐章，在拼搏奋斗中奏响。

书成之际，受访者赵忠玉、丁爱谱辞世。此书也是对他们及无数谢世建设者的怀念！

谨以此书献给英雄的攀钢人！

向三线建设者们致敬！

张邦绪

2023 年 12 月于成都